행동을 위한 사랑 속에 **살고**,
타인의 욕구를 이해 속에 **살도록 함**이
자유로운 인간의 근본 원칙이다.

자유의 철학

현대 세계관의 특징: 자연 과학적 방법에 따른 영적 관찰 결과

루돌프 슈타이너 저술   최혜경 옮김

1판 1쇄   2024년 8월 10일

펴낸이   **[사] 발도르프 청소년 네트워크 도서출판 푸른씨앗**

편집 백미경, 최수진, 안빛 | **디자인** 유영란, 문서영
번역 기획 하주현 | **홍보 마케팅** 남승희, 이연정 | **운영 지원** 김기원

등록번호 제 25100-2004-000002호 등록일자 2004.11.26.(변경 신고 일자 2011.9.1.)
주소 경기도 의왕시 청계로 189 전화 031-421-1726
카카오톡 @도서출판푸른씨앗 전자우편 gcfreeschool@daum.net

www.greenseed.kr   @greenseed-book

값 29,000원
ISBN 979-11-86202-83-3

자유의 철학

현대 세계관의 특징: 자연 과학적 방법에 따른 영적 관찰 결과

루돌프 슈타이너 저술
최혜경 옮김

GA4

도서출판
프르씨O
푸른씨앗

일러두기

- 이 책은 1894년 초판 발행 후, 25년이 지난 1918년 개정 발행된 것을 제목이나 내용의 축약 없이 그대로 옮긴 것이다.

- 장 끝에 있는 '개정판에 즈음한 주석'은 모두 1918년 루돌프 슈타이너가 덧붙인 것이다.

- 1918년 개정판 발행 당시 발행자가 삽입한 각주를 원발행자로 옮겨 실었다.

- 본문 중 GA 번호는 루돌프 슈타이너 전집 서지 번호이다.

차례

머리말(개정판, 1918년)

1.　　　이 책을 통해 논의되어야 할 모든 것은 인간의 영혼생활에서 솟아나는 두 가지 근본 질문에 따라 정리되었다. 그중 하나는 인간 존재를 관조하는 데 있어서 그 관조가, 체험이나 학문을 통해서 인간이 접하는 모든 것, 그 자체로는 지탱될 수 없다는 느낌이 드는 모든 것을 위한 버팀목으로, 달리 말해 의심과 비판적 판단에 의해 불확실의 영역으로 내몰아질 수 있다는 느낌이 드는 모든 것을 위한 버팀목으로 입증될 가능성이 있는가 하는 것이다. 다른 하나는, 의지 존재로서 인간이 자유를 자신의 소유라 주장할 수 있는지, 아니면 이 자유가 자연 현상처럼 인간의 의지가 매달려 조종되는 필연이라는 끈을 꿰뚫어 보지 못하기 때문에 생기는 막연한 환상인가 하는 질문이다. 이 질문은 인위적이고 사변적인 망상이 불러내는 게 아니다. 특정 상태의 영혼 앞에 너무나 자연스럽게 나타난다. 그리고 영혼이 자유 혹은 의지의 필연이라는 두 가지 가능성 앞에 완전히 진중하게 질문하는 자세로 서 있는 자신을 한 번쯤은 보지 않는다면, 그것이 되어야 할 상태에서 어떤 것이 떨어져 나간다는 느낌이 들 수 있다. 이 책에서 보여 주어야 할 것은, 인간이 두 번째 질문을 통해서 경험해야 하는 영혼

체험은 첫 번째 질문에 대해 어떤 관점을 받아들일 수 있느냐에 달려 있다는 것이다. 인간 존재에 대한 하나의 관조가 있으며, 이것이 다른 모든 인식을 떠받치는 버팀목이 된다는 것을 증명하고, 더 나아가 자유로운 의지가 계발될 수 있는 영혼 영역이 먼저 발견될 때만 의지 자유의 관념을 위한 완벽한 정당성이 그 관조를 통해 획득된다는 것을 암시하기 위한 시도가 이루어질 것이다.

2.　　　이 두 가지 질문에 대해 이 책에서 논의될 관조는 일단 획득되면 생동하는 영혼생활의 한 부분이 될 수 있다. 한 번 습득한 후에 기억 속에 저장해서 확신으로 지니고 다니는 종류의 이론적인 대답은 주어지지 않을 것이다. 이 책의 근저에 놓인 표상 성향을 고려해 보면, 그런 대답은 단지 겉치레에 불과하다. 그런 식의 완결된 대답은 주어지지 않고 영혼의 체험 영역이 가리켜질 것이다. 이 영역에서 인간이 필요하다고 느끼는 매 순간 새롭게 내적인 영혼 활동 자체를 통해 질문에 생생하게 대답할 것이다. 이 질문이 생겨나는 영혼 영역을 일단 발견한 사람에게는, 그가 이미 성취한 것을 이용해 비밀에 가득 찬 삶을 갈망과 숙명이 들어서도록 부추기는 넓이와 깊이

로 변화시키는 데 이 두 가지 인생 수수께끼를 위해 필요한 것
을 그 영역의 진정한 관조가 제공한다. 이로써 그 독자적인 삶
을 통해서, 그리고 인간 영혼생활 전체에 대한 그 독자적인 삶
의 유사성을 통해서 정당성과 가치가 증명되는 인식이 명확
하게 밝혀진 것으로 보인다.

3.   25년 전 내가 이 책을 집필한 당시에 내용에 대해 그렇
게 생각했다. 이 책의 목표가 되는 사고내용을 특징지어야 한
다면, 오늘날에도 나는 같은 말을 다시 적어 내릴 것이다. 당
시 원고에는 앞에 특징지은 두 가지 근본 질문과 **좁은 의미에
서** 관계하는 것 **이상으로** 서술하지 않도록 한정했다. 나중의
내 저술물[01]에 서술된 정신적 경험 세계 영역에 관한 내용이
전혀 언급되지 않아서 이상하다고 생각하는 사람은, 당시 이
책에서 정신적 연구 결과의 설명이 아니라 우선 그 결과를 지
탱할 수 있는 근저를 다지고자 했다는 사실을 참작해야 한다.

---

01 원발행자 루돌프 슈타이너 전집 목록(www.greenseed.kr)을 참조하라.
이 책의 〈머리말 5문단〉, 〈마지막 의문 사항, 일원론의 귀결에서
개정판에 즈음한 주석❷〉, 〈두 번째 부록〉에서도 초판 이후에 출간된
저술물을 참조시킨다.

『자유의 철학』은 특수한 정신과학적 결과도, 특수한 자연 과학적 결과도 전혀 내포하지 않는다. 하지만 그런 인식에 대한 확신을 추구하는 사람은 이 책에 담긴 것을 포기할 수 없을 것이라 생각한다. 이 책의 내용은 개인적인 어떤 이유 때문에 내 정신과학적 연구 결과와 전혀 관계하고 싶지 않은 사람도 수긍할 수 있도록 서술되었다. 내 정신과학적 연구 결과에 매료된 사람에게도 역시 이 책에서 시도된 것이 중요해질 수 있다. 중점은 앞에 특징지은, **모든 인식을 위한 두 가지 근본 질문**을 포괄하는 편견 없는 고찰이 진정한 정신세계 내부에 인간이 살고 있다는 관조로 어떻게 이끌어 가는지 증명하는 것이다. 이 책에서는 정신적 경험에 들어서기 **이전에** (가능한) 정신 영역의 인식을 정당화하려는 시도가 이루어졌다. 이 정당화는, 이런 종류의 글에 동의할 수 있거나 동의하려는 자세가 있다면, 이 글에서 말한 것을 수긍하기 위해 내가 나중에 주장한 경험을 몰래 엿볼 필요가 전혀 없도록 실행되었다.

4.   한편으로 이 책은 사실상의 내 정신과학적 저술물과 완전히 동떨어진 위치를 차지하고 있는 것처럼 보인다. 그럼에도 불구하고 다른 한편으로는 그것과 극히 밀접하게 연결되

어 있는 듯하다. 이 모든 것이 25년 만에 원본 내용을 본질적으로 거의 수정하지 않고 다시 출판하는 계기를 마련해 주었다. 상당수의 장후 끝에 주석을 덧붙였을 뿐이다. 내가 언급한 것들이 오해를 불러일으킨다고 경험했기에, 어쩔 수 없이 그에 대해 상세히 부연해야 했다. 사반세기 전에 말하고자 한 것이 오늘날의 시각에서 보아 졸렬하게 표현되었다고 생각하는 부분만 교정했다.(그렇게 교정된 부분에 대해서는 단지 악의를 품은 사람들에게나 내가 근본적인 확신을 변경했다고 말할 빌미를 줄 것이다)

5.　　　이 책은 이미 여러 해 전에 절판되었다. 앞의 설명에서 알아볼 수 있듯이, 25년 전에 특징지은 두 가지 질문에 관해 상술한 것을 오늘날 다시 반복해서 써야 할 것처럼 보이는데도 불구하고, 나는 오랜 시간 개정판의 완성을 망설였다. 초판이 출판된 이래 수많은 철학적 이의가 등장했고, 그런 부분에 대해 논쟁을 해야 하는지 몇 번이고 되풀이하여 숙고했다. 그리고 지난 몇 년 동안 순수한 정신과학적 연구에 집중하느라 내가 선호하는 방식으로 그렇게 할 여건이 되지 못했다. 가능한 한 근본적으로 현대 철학적 작업을 조망해 본 결과 그런 논

쟁이 그 자체로 상당히 유혹적이기는 하지만, 이 책을 통해 표현되어야 하는 것을 위해서는 현대 철학에서 하는 방식으로 이루어질 수 없다고 확신하게 되었다. 『자유의 철학』에서 얻은 관점을 근거로 새로운 철학적 방향에 관해 언급해야 할 필요가 있다고 보이는 것은 『철학의 수수께끼』[02] 제2부에 담겨 있다.

---

02 원발행자 『윤곽으로 그린 철학 역사 속 철학의 수수께끼Die Rätsel der Philosophie in ihrer Geschichte als Umriss dargestellt』(GA18)

자유의 과학

1. 의식하는 인간의 행위

1.　　　인간은 사고와 행위에 있어 정신적으로 **자유로운** 존재인가, 아니면 순수하게 자연 법칙적인, 엄격한 필연의 속박하에 있는가? 이 질문만큼 많은 예지叡智가 동원된 것은 세상에 몇 가지 되지 않는다. 인간 의지의 자유의 관념은 열혈 신봉자뿐만 아니라 완고한 반대자도 무수히 얻었다. 자유처럼 명백한 **사실**을 부정할 능력이 있는 사람은 편협한 정신의 소유자라고 비장한 윤리적 느낌에 젖어 단언하는 사람들이 한편에 있다. 그 건너편에 다른 사람들이 있다. 이들은 어떤 사람이 인간 행동과 사고 영역에서는 자연 법칙성이 중지된다고 믿으면, 그런 것이야말로 비과학성의 절정이라 여긴다. 하나이며 동일한 것이 가장 값비싼 자산인 동시에 가장 지독한 환상으로 일컬어진다. 어떻게 인간의

자유가 인간 스스로 속하는 자연 내부에서 인간 활동과 조화를 이루는지 해명하기 위해 끝없이 꼬투리를 잡으며 꼬치꼬치 파고들어 설명한다. 어떻게 그런 망상이 생겨날 수 있는지를 이해시키기 위해 반대편이 들이는 노고 역시 결코 적지 않다. 자신의 성격 중에서 가장 두드러진 특징이 철저함의 반대가 아닌 사람은, 이 주제가 인생과 종교, 학문과 실천에서 가장 중요한 문제 중에 하나와 관계하고 있다는 점을 반드시 느낀다. 그러므로 최근의 자연 과학적 연구 결과를 바탕으로 '새로운 믿음'을 각인해 보려는 책(**다비드 프리드리히 슈트라우스**, 『**낡은 믿음과 새로운 믿음**』[01])에 이 질문에 관해 다음과 같은 문장 외에 아무것도 들어 있지 않다는 사실은 현대 사상의 피상적 성격의 서글픈 징후에 속한다. "이 결과에 따라 인간 의지의 자유에 대한 질문은 여기에서 다루지 않는다. 이름값을 제대로 하는 철학은 세간에 공평한 선택의 자유라고 회자되는 것을 언제나 일종의 허상으로 간파했다. 그러나 인간 행위와 의향의 윤리적 가치 규정은 자유에 대한 질문과 전혀 접촉하지 않은 채 머문

---

01 원발행자 다비드 프리드리히 슈트라우스David Friedrich Strauß(1808 ~1874)_ 독일 작가, 철학가, 개신교 신학자. 『낡은 믿음과 새로운 믿음 Der alte und der neue Glaube』(라이프치히, 1872) 제6권(본, 1877) 167쪽 §76 참조

다. …" 이 문장을 예로 드는 이유는 이 책이 특별한 의미가 있다고 믿어서가 아니고, 문제가 되는 그 주제에 있어 우리 시대의 사고하는 동지 중 다수가 비상할 수 있는 수준을 대변하는 듯해서다. 오늘날 학문적 아동화를 더 이상 신을 수 없을 정도로 성장했다고 자부하는 사람이라면 누구나 자유의 의미가 두 가지 가능한 행위 중 마음에 드는 것을 선택한다는 데에 있을 수 없다는 것을 아는 듯이 보인다. 그래서 주장하기를, 여러 가지 가능한 행위 중에서 하필이면 특정한 한 가지를 실행으로 옮기는 데에는 언제나 완전히 특정한 **이유가** 있다고 한다.

2   이는 의심할 여지없이 분명해 보인다. 그럼에도 불구하고 자유를 부정하는 사람들의 주요 공격은 오늘날에 이르기까지 오로지 선택의 자유에 대해서일 뿐이다. 자신의 의견이 날마다 확산되고 있다는 생각으로 사는 **허버트 스펜서**가 다음과 같이 말하지 않는가? "**누구나 마음 가는 대로 갈망할 수 있는가 혹은 없는가 하는 것은** 자유로운 의지에 관한 도그마에 들어 있는 사실상의 문장이며, 이것은 의식 분석을 통해서뿐 아니라 (심리학의) 선행하는 장章에 언급한 내용을 통해서도 부정된다."(허버트 스펜서의 『심리

학 원리』[02]) 다른 사람들도 자유로운 의지의 개념에 반대하는 경우 이와 동일한 관점에서 출발한다. 이와 관계하는 모든 상술은 이미 **스피노자**[03]에서 싹텄다. 스피노자가 자유의 개념을 부정하면서 명철하고 간단하게 주장한 것들이 그 이후로 무수히 반복되었다. 다만 꼬투리 잡기 식의 이론적 교시로 포장되기 때문에 담백하지만 실은 가장 중요한 사고 과정을 알아보기 어렵게 되었을 뿐이다. 스피노자는 1674년 10월 혹은 11월에 쓴 편지에 다음과 같이 서술했다. "저는 오로지 그 본성의 필연성으로 인해 존재하고 활동하는 것만 **자유롭다고** 부릅니다. 그 존재와 작용이 다른 어떤 것에 의해 엄밀하고 확실한 방식으로 결정된 것은 **강요당한 것**이라고 부르겠습니다. 예를 들어 신은 오로지 그 본성

---

02 원발행자 허버트 스펜서Herbert Spencer(1820~1903)_ 영국 철학자, 사회학자.『심리학 원리The Principles of Psychology』(페터 박사Dr. B. Vetter, 생몰연도 미상)의 독일어 번역판(슈투트가르트, 1882) 제1권 522쪽(219절) 인용문에 '(심리학의)'는 루돌프 슈타이너가 부가했다.

03 원발행자 바뤼흐 스피노자Baruch Spinoza(1632~1677)_ 네덜란드 철학자.『스피노자 앞으로 보낸 여러 철학자의 편지와 그의 대답, 양자가 스피노자의 철학을 이해하는 데 도움이 되는 한에서Die Briefe mehrerer Gelehrten an Benedict von Spinoza und dessen Antworten soweit beide zu besseren Verständnis seiner Schriften dienen』(하이델베르크, 1882) 204쪽 이하 (260번째 편지, 1674년 10월 혹은 11월)

의 필연성에 의해서만 존재하기 때문에 필연적이지만 동시에 자유롭습니다. 이와 마찬가지로 신은 그 본성의 필연성에 의해서만 모든 것을 인식한다는 사실을 따르기 때문에 자신과 모든 다른 존재가 자유롭다고 인식합니다. 보시다시피 저는 자유가 자유로운 결정이 아니라 자유로운 필연성에 있다고 생각합니다.

3.   그래도 이제 좀 더 확실하고 엄밀한 방식으로 존재하고 작용하기 위해 전체로서 외부의 원인에 의해 규정된 창조물로 한번 하강해 보고자 합니다. 이 주제를 더 명확하게 파악하기 위해서 아주 단순한 것을 상상해 봅시다. 돌멩이 하나가 충격이라는 외부 원인에 의해 일정 정도 움직인다고 합시다. 그런데 나중에 외부 원인인 그 충격이 멈춘 후에도 돌멩이는 어쩔 수 없이 계속해서 움직입니다. 돌멩이가 계속해서 움직이는 그 상태는 외부 원인인 충격을 통해서만 규명될 수 있기 때문에 강요된 것이지 필연적인 것이 아닙니다. 이 돌멩이에 해당하는 것은 모든 개체에 해당합니다. 아무리 잘 조합되고, 아무리 많은 것을 위해 적합하다 해도 모든 것은 확실하고 엄밀한 방식으로 존재하고 작용하도록 불가피하게 외부 요인에 의해 규정됩니다.

4.   **이제 다음과 같이 가정해 보십시오. 돌멩이가 그렇게**

움직이면서 자신이 할 수 있는 한 계속해서 움직이기 위해 노력하는 중이라 생각하고, 또한 그것을 알고 있다고 합시다. 자신의 추구를 의식하며 절대 무심한 태도를 취하지 않는 돌멩이는 자신이 완전히 자유로운 존재라 믿을 것입니다. 그렇게 계속해서 움직이는 이유는 자신이 원하기 때문이지 다른 이유는 없다고 믿을 것입니다. 이것이 바로 모든 사람들이 소유한다고 주장하는 인간의 자유입니다. **인간의 자유는 사람들이 자신의 욕망은 의식하지만 그들을 규정하는 원인은 모른다는 상태에 기인합니다.**[04] 이런 식으로 배고픈 아이는 엄마 젖을 자유롭게 요구한다고 믿고, 분노한 소년은 복수를 자유롭게 행한다고 믿으며, 두려움에 떠는 사람은 자유롭게 도주한다고 믿습니다. 더 나아가 주정뱅이는 취중이 아니라면 하지 않을 말을 자유로운 결정에 따라 한다고 믿습니다. 이 편견은 모든 인간이 천성으로 타고나기 때문에 쉽사리 벗어날 수 있는 종류가 아닙니다. 인간은 욕망을 거의 조절하지 못한다는 것을, 상반된 번뇌에 사로잡혀서 나은 것을 알아봐도 나쁜 짓을 한다는 것을 경험이 충분히 가르치는데도 불구하고 사람들은 자신이 자유롭다고

---

04 원발행자 이 부분은 스피노자가 아니라 루돌프 슈타이너가 굵은 글씨체로 강조했다.

상상하는데, 이는 어떤 것은 그리 심하게 원해지지 않고 어떤 욕망은 자주 떠오르는 다른 기억을 통해 쉽게 억제될 수 있어서일 뿐입니다."

5.　　　여기에는 간명하고 확실하게 표현된 의견이 있기 때문에 그 속에 박힌 근본 오류를 밝히는 게 어렵지 않다. 일정 정도의 충격을 받은 돌멩이가 당연히 일정 정도로 움직이듯 인간도 어떤 이유로 인해 어떤 행위를 하도록 내몰리면 어쩔 수 없이 그렇게 해야 한다. 다만 인간은 자신의 행위를 의식하기 때문에 자신이 그 행위의 자유로운 주도자라 여길 뿐이라 한다. 그러니까 어떤 원인에 의해 내몰려서 무조건 따를 수밖에 없다는 사실을 인간이 간과하고 있다는 것이다. 이 사고 과정의 오류는 금세 발견된다. 스피노자, 그리고 그와 비슷하게 생각하는 모든 이가 간과하는 것이 있다. 인간은 자신의 행위뿐만 아니라 행위를 하게 만드는 원인도 의식할 수 있다는 것이다. 젖을 먹으려고 보채는 아이는 **자유롭지 않으며**, 나중에 후회할 말을 하는 주정뱅이가 **자유롭지 못하다**는 사실에 누구도 이론을 제기하지 않을 것이다. 젖먹이와 주정뱅이, 이 양자는 유기체 속 깊은 곳에서 발생하는 원인을 알지 못한다. 그뿐만 아니라 자신이 그 원인의 거역할 수 없는 강제성하에 처해 있다는 것도

알지 못한다. 이런 종류의 행위를, 인간이 행위 자체뿐 아니라 그 행위를 하도록 만드는 원인 역시 의식하는 경우와 똑같은 식으로 취급하는 게 과연 정당한가? 인간 행위 모두가 천편일률적으로 똑같은 종류인가? 전쟁터의 군인, 실험실의 과학자, 복잡하게 얽히고설킨 외교 관계에서의 정치가, 그들의 행위가 젖을 보채는 아이의 행동과 학문적으로 동일 선상에 놓일 수 있는가? 과제의 해결 방안은 가장 단순한 곳에서 가장 쉽게 찾을 수 있다는 잘 알려진 진실이 있다. 그런데 현재까지는 분별력의 부재가 자주 끝없는 혼란을 야기했다. 내가 어떤 일을 하는 이유를 알고 있는지 혹은 모르는지, 이에는 심대한 차이가 있다. 일단은 이것이 자명한 진실로 보인다. 그럼에도 불구하고 인간 의지의 자유를 부정하는 자들은, 내가 꿰뚫어 보아 알고 있는 행위의 동기가 젖을 먹으려고 보채는 아이의 유기적 과정과 같은 의미에서 강제성을 뜻하는지, 이에 대한 질문은 전혀 하지 않는다.

6.　　　에두아르트 폰 하르트만은 『윤리적 의식의 현상학』05(451쪽)에서 인간의 욕구가 두 가지 주요 요소, 즉 동

─────────

05 원발행자 에두아르트 폰 하르트만Eduard von Hartmann(1842~1906)
　＿ 독일 철학자. 『윤리적 의식의 현상학, 미래의 모든 윤리학에 대한

기와 성격에 의존한다고 주장한다. 인간 모두를 비슷한 존재로 본다면, 혹은 인간의 다양성을 사소한 것으로 본다면, 인간의 욕구는 **외부로부터**, 특히 한 인간이 접하는 주변 환경에 의해 규정되는 것으로 보인다. 그런데 사람들 저마다 행위를 하려는 욕구가 어떤 표상을 통해 부추겨지는 성격인 경우에 비로소 그 표상을 행위의 동기로 삼는다는 점을 감안하면, 인간은 **외부로부터가** 아니라 **내면으로부터** 규정되는 듯이 보인다. 인간은 외부에서 밀려드는 표상을 자신의 성격에 따라 먼저 동기로 전환해야 하므로 자신이 자유롭다고, 달리 말해 외적인 동기에서 독립적이라고 믿는다. 그런데 에두아르트 폰 하르트만에 따르면 진실은 다음과 같다. "비록 우리 자신이 표상을 일단 동기로 전환한다 해도, 우리는 그것을 자의적으로 하는 게 아니고 성격학적 소질의 불가피성에 따라 하는 것이다. **고로 우리는 자유롭지 못하다.**" 여기에서도 내 의식으로 꿰뚫어 본 다음에 나한테 작용시키는 동기와 모르면서 무작정 따르는 동기, 이 두 가지 사이에 존재하는 차이는 전혀 고려하지 않는다.

7.　　　　바로 이것이 하나의 관점으로 직접 이끌어 가며, 그

서문Phänomenologie des sittlichen Bewusstseins, Prolegomena zu jeder künftigen Ethik』(베를린, 1879) 451쪽 이하(제2부, A, Ⅲ, 5)

관점에서 여기 이 주제를 주시해야 한다. 인간 의지의 자유에 대한 질문이 이렇게 일방적으로 그 자체로만 제시되어야 하는가? 만약에 그렇지 않다면, 어떤 다른 질문과 필수적으로 연결되어야 하는가?

8.　　　내 행위를 위한 의식적 동기와 무의식적 자극 사이에 차이가 있다고 하자. 그렇다면 전자는 눈먼 충동에서 나오는 행위와는 반드시 다르게 판단되어야 하는 행위를 야기할 것이다. 그러므로 첫 번째로는 이 차이에 대한 질문을 해야 할 것이다. 그리고 이 질문에서 나오는 것에 따라 우리가 과연 어떤 식으로 자유에 대한 사실상의 질문을 해야 하는지가 결정될 것이다.

9.　　　사람이 행위의 원인을 **안다**는 것은 무엇을 의미하는가? 지금까지 사람들은 이 질문을 거의 고려하지 않았다. 왜냐하면 실은 나눌 수 없는 전체, 즉 인간을 불행하게도 언제나 두 부분으로 쪼개었기 때문이다. 인간을 행동하는 자와 인식하는 자로 나누고, 거기에서 빈손으로 나간 자는 다른 무엇보다 가장 먼저 고려되어야 하는 자, 즉 인식하기 때문에 행동하는 인간이다.

10.　　　인간은 동물적 욕망의 영향하에 있지 않고 오로지 이성의 지배하에 있을 때만 자유롭다고 말들 한다. 혹은 자유

란 인간이 자신의 목표와 결단에 따라 인생과 행위를 규정할 수 있다는 것을 의미한다고도 말한다.

11.　　　이런 종류의 주장으로는 아무것도 얻을 수 없다. 혹시 이성이, 목표와 결단이 동물적 욕망과 같은 방식으로 인간에 압박을 가하는 것은 아닌가 하는 질문이 떠오르기 때문이다. 나는 전혀 신경 쓰지 않는데 어떤 이성적 결단이 허기나 갈증과 똑같은 불가피성으로 내 마음속에 떠올라서 어쩔 수 없이 따라야 한다면, 내 자유는 환상에 불과한 것이다.

12.　　　또 다른 관용구는 다음과 같다. "자유롭다 함은, 사람이 원하는 것을 원할 수 있다는 것을 의미하지 않고, 원하는 것을 할 수 있다는 것을 의미한다." 시인이자 철학자인 **로베르트 하멜링**이 『의지의 원자론』[06]이라는 책에서 이 생각을 예리하게 서술했다. " … 인간은 물론 원하는 것을 **행할** 수 있다. —그런데 인간 의지가 **동기에** 의해 규정되기 때문에 원하는 것을 **원할** 수 없다니!— 자신이 원하는 것을 **원할** 수 없다고? 이 문장을 좀 더 자세히 들여다보자. 이 말에

---

06 원발행자　로베르트 하멜링Robert Hamerling(1830~1889)_ 오스트리아 시인. 『의지의 원자론, 현대 인식 비판에 대한 기고문Die Atomistik des Willens, Beiträge zur Kritik der modernen Erkenntnis』(함부르크, 1892) 제2권 213쪽 이하

어떤 이성적 의미가 있는가? 그러니까 아무 이유나 동기도 없이 어떤 것을 원할 수 있다는 데에 인간 의지의 자유가 있다는 말인가? 그렇다면 다른 일보다는 이 일을 더 하고 싶거나 추구하는 **이유가 있는 것**과 욕구는 무엇이 다르다는 말인가? 아무 이유나 동기도 없이 어떤 것을 원한다는 것은 **어떤 것을 원하지 않으면서** 원한다는 게 아닌가? 욕구의 개념은 동기의 개념과 **뗄 수 없이** 결합되어 있다. 규정하는 동기가 없는 의지는 텅 빈 **자산**이다. 먼저 동기가 있어야 의지가 활동하고 실재가 된다. 그러므로 의지의 방향이 언제나 가장 강한 동기를 통해 규정되는 한 인간 의지는 '자유롭지' 못하다는 말은 완전히 옳다. 하지만 다른 한편으로는, 이 '부자유'에 대조해 생각할 수 있는 의지의 '자유'에 관해 말하면서 이 자유는 원하지 **않는** 것을 원할 수 있는 쪽으로 가는 것이라 한다면, 어이없는 짓이라 인정하는 수밖에 없다."(『의지의 원자론』 2권 213쪽)

13.　　　여기에서도 동기에 관해 일반적으로 말할 뿐 무의식적인 것과 의식적인 것의 차이는 고려하지 않는다. 만약에 여러 개의 동기 중 하나가 가장 강한 것으로 내게 영향을 미치고, 내가 어쩔 수 없이 그것을 따라야 한다면, 자유에 대한 생각 자체가 무의미하게 된다. 내가 어떤 것을 하도록 동

기에 의해 **강요된다면**, 그것을 할 수 있는지 없는지가 나한테 도대체 무슨 의미가 있다는 말인가? 동기가 나한테 영향을 미치면 그것을 할 수 있는지 없는지, 이것은 일단 중요하지 않다. 중점은, 강제적인 불가피성으로 작용하는 동기만 있는가 하는 것이다. 만약에 내가 어떤 것을 **무조건 원해야** 한다면, 상황에 따라서는 내가 그것을 할 수 있는지는 전혀 문제가 되지 않는다. 내 성격 때문에, 그리고 내 주변을 지배하는 상황 때문에 어떤 동기가 생겨났는데, 곰곰이 생각해 보니 그것이 비이성적인 것으로 밝혀진다고 하자. 그렇다면 내가 하고 싶은 그것을 할 수 없을 때 오히려 더 기뻐해야 할 것이다.

14.　　중요한 것은, 내가 내린 결단을 실행할 수 있는가 하는 것이 아니라 어떻게 그 **결단이 내 마음속에 생겨났는가** 하는 것이다.

15.　　다른 모든 유기적 존재로부터 인간을 구분하는 것은 인간의 이성적 사고에 놓여 있다. 활동한다는 것은 인간과 다른 유기체에 있는 공통점이다. 인간 행위를 위한 자유의 개념을 밝히기 위해 동물계에서 유사성을 찾는다면, 얻는 것이 전혀 없다. 현대 자연 과학은 그런 비유를 애호한다. 그리고 동물에서 인간의 행동과 비슷한 어떤 것을 발견하

는 데 성공하면, 인간에 관한 학문에서 가장 중요한 질문을 건드렸다고 믿는다. 이런 의견이 어떤 오해를 불러 일으키는지 예를 들어 다음 책에서 드러난다. 1885년 **파울 레**가 『의지의 자유에 대한 환상』[07](5쪽)에서 자유에 관해 다음과 같이 서술했다. "우리에게 돌멩이의 운동은 필연적인 것으로 보이는데 당나귀의 의지는 그렇지 않아 보이는 이유는 사실 간단하게 해명할 수 있다. 돌멩이가 움직이는 원인은 외부에 있어서 우리 눈에 보인다. 당나귀가 원하는 능력이 있다고 전제한다면, 그 움직임의 원인이 그 내면에 있어서 우리 눈에 보이지 않는다. 당나귀의 활동을 발생시키는 장소와 우리 사이에 당나귀의 두개頭蓋가 있으니 말이다. … 사람들은 이 인과적 규정성을 보지 않는다. 그리고 그런 까닭에 그런 것이 없다고 생각한다. (당나귀가) 빙빙 도는 원인이 욕구라 하면서도 이 욕구 자체가 무조건적이라고, 절대적 시작이라고 해명한다." 여기에서도 인간이 그 원인을 의식하는 행위는 간단하게 무시하고 만다. "당나귀의 활동을 발생시키는 장소와 우리 사이에 당나귀의 두개가 있다"고 파울 레가 말하지 않는가? 다른 것은 필요 없고 그저 이

---

07 원발행자 파울 레Paul Rée(1849~1901)_ 독일 경험 철학자, 의사. 『의지의 자유에 대한 환상Die Illusion der Willensfreiheit』(베를린, 1885) 5쪽과 6쪽

말만으로도, 물론 당나귀의 행위는 해당하지 않지만, 인간과 행위 사이에 **의식된** 동기가 있는 행위도 있다는 것을 레는 짐작조차 하지 못한다고 결론 내려도 된다. 파울 레의 무지는 책 몇 쪽 뒤에 다음과 같은 말로 다시 한번 증명된다. "우리 의지가 규정되는 **원인**을 지각하지 않기 때문에 우리는 욕구가 인과적으로 전혀 전제되지 않는다고 생각한다."

16.   수많은 사람이 자유가 도대체 무엇인지도 모르면서 그에 반대해 싸우는데, 그런 예시는 이로써 충분하다.

17.   왜 하는지도 모르고 실행하는 행위는 언급할 여지없이 **자유롭지** 못한 것이다. 그렇다면 원인을 알고 하는 행위는 과연 어떻게 다루어야 하는가? 이것이 다음과 같은 질문으로 이끈다. 사고의 원천과 의미는 과연 무엇인가? 왜냐하면 영혼의 **사고하는** 활동을 통한 인식이 없이는 어떤 것에 대한 앎의 개념뿐만 아니라 어떤 행위에 대한 앎의 개념 역시 불가능하기 때문이다. 사고가 보편적으로 무엇을 의미하는지 알아보면, 그것이 인간 행위에서 어떤 역할을 하는지도 어렵지 않게 간파할 수 있을 것이다. **헤겔**은 "동물도 타고난 영혼을 사고가 비로소 정신으로 만든다."[08]고 말했

08 원발행자 게오르크 빌헬름 프리드리히 헤겔Georg Wilhelm Friedrich Hegel(1770~1831)_ 독일 철학자. 『철학 개요Encyklopädie der

다. 이는 전적으로 옳다. 바로 이런 이유에서도 사고는 인간 행위에 고유한 성격을 부여한다.

18.   우리의 모든 행위가 오로지 이성을 통한 냉철한 고찰에서 흘러나온다고는 절대 주장할 수 없다. 추상적 판단에서 도출되는 행위만 최상의 의미에서 **인간적인 것**으로 내세우려는 것은 내 의도가 전혀 아니다. 그러나 우리의 행위가 순수한 동물적 욕망을 충족시키는 범위를 벗어나는 즉시 동기는 언제나 사고로 관철된다. 사랑, 동정심, 애국심 같은 것은 행위의 원동력 중에서도 냉철한 오성의 개념으로 용해되는 종류가 아니다. 그런 것에서는 가슴과 정서가 정당성을 발휘한다고 말들 한다. 의심할 여지없이 옳은 말이다. 그런데 가슴과 정서는 행위의 동기를 만들어 내지 않는다. 가슴과 정서는 동기를 전제하며, 그것을 자체 영역에 수용한다. 동정심을 불러일으키는 사람에 대한 표상이 내 의식 속에 생겨나면, 가슴속에 동정심이 일어난다. 가슴으로 가는 길은 머리를 통과한다. 이는 사랑의 경우에도 예외가 아니다. 사랑이 단순한 성욕의 표출이 아니라면, 그것은 우리가 사랑하는 사람에 대해 만드는 표상에 기인한다. 그

---

philosophischen Wissenschaften im Grundrisse』(1817, 제2판 서문, 하이델베르크, 1827, 20쪽 이하) 헤겔 전집(베를린, 1840) 제6권 22쪽 이하

표상이 더 이상적일수록 사랑은 더 행복한 것이 된다. 사랑에 있어서도 사고가 느낌의 아버지다. 사랑에 빠지면 눈에 콩깍지가 씌어서 사랑하는 사람의 못난 점을 보지 못한다고들 한다. 그런데 상황을 역으로 보아 다음과 같이 주장할 수도 있다. "사랑이 사랑하는 사람의 장점을 보는 눈을 열어 준다." 수많은 다른 사람은 그 사람에게 그런 장점이 있는지 알아채지 못하고 그저 지나쳤다. 그런데 한 사람이 그 장점을 보고, 그래서 영혼 속에 사랑이 깨어난다. 도대체 이 사람이 한 일은 무엇인가? 수많은 다른 사람은 전혀 지니지 않는 표상을 만들어 냈을 뿐이다. 다른 사람들에게는 그 **표상**이 부재하기 때문에 사랑도 생기지 않는 것이다.

19.   우리는 우리가 원하는 대로 주제를 이해하고 싶어 한다. 그렇기 때문에 인간 행위의 본질에 대한 질문은 사고의 원천에 대한 다른 질문을 전제한다는 것을 반드시 더욱더 명확히 해야 한다. 그러므로 먼저 사고의 원천에 대한 질문을 다루기로 한다.

2. 학문을 향한 본능

"두 영혼이 살고 있네, 아하! 내 가슴속에.
그중 하나가 다른 것을 떠나려 하네.
거친 정욕에 빠져 그 하나는,
갈퀴 같은 손길로 세상에 들러붙네.
다른 하나는 사력을 다하여 흙먼지를 벗어나 오르네,
드높은 조상의 낙원을 향하여."

(『파우스트』**01** 1권 1112~1117 구절)

1.　　괴테**02**는 이 문장으로 인간 천성 속 깊이 천착된 성향

을 표현했다. 단일하게 조직되지 않은 존재가 인간이다. 인

01　원발행자　요한 볼프강 폰 괴테의 『파우스트Faust』 제1권, '대문 앞에서'
　　　1112~1117 구절

02　옮긴이　요한 볼프강 폰 괴테Johann Wolfgang von Goethe(1749~1832)
　　　_ 독일 시인, 정치가, 자연 과학자

간은 세상이 자발적으로 제공하는 것보다 언제나 더 많이 요구한다. 자연이 우리에게 욕구를 주었고, 그중에는 우리 스스로 활동해서 충족시켜야 하는 것도 있다. 우리에게 베풀어진 능력이 풍부하다 해도 우리의 갈망은 그보다 훨씬 더 크다. 우리는 흡사 불만을 위해 태어난 듯이 보인다. 우리의 인식 욕구는 그런 불만의 특이한 경우일 뿐이다. 나무한 그루를 두 번 바라본다. 한 번은 정지 상태의 나뭇가지를, 그 다음에는 움직이는 나뭇가지를 바라본다. 우리는 이 관찰로 만족하지 못한다. 왜 나무가 한 번은 정지 상태에, 그 다음에는 움직이는 상태에 있는가? 이런 식으로 질문이 이어진다. 자연을 향한 눈길 하나하나가 우리 내면에 수많은 질문을 불러일으킨다. 우리에게 다가오는 현상마다 숙제가 함께 주어진다. 모든 체험이 수수께끼가 된다. 어미를 닮은 새가 알을 깨고 나오는 것을 보며 닮은 원인이 무엇인지 물어본다. 생물이 일정 정도 완성될 때까지 성장하는 과정을 관찰한다. 그렇게 경험하는 조건을 찾는다. 어디에서도 우리는 자연이 눈앞에 펼쳐 놓은 것으로 만족하지 못한다. 사실의 **해명**이라 부르는 것을 사방에서 찾는다.

2.   물자체에 직접 주어진 것 이상으로 우리가 찾는 잉여분이 우리 존재 전체를 두 조각으로 분열시킨다. 이로써 우

리가 세계에 대립해 서 있다는 것을 의식하게 된다. 우리가 우리 자신을 독자적 존재로 세계에 대립시킨다. 우주가 대립된 두 가지로 드러난다. **나[03]와 세계.**

3.　　　우리와 세계 사이의 칸막이는 내면에 의식이 빛나는 즉시 우리가 일으켜 세운다. 그러나 우리가 세계에 속한다는 느낌을, 세계와 연결하는 끈이 있다는 느낌을, 우주 **바깥이** 아니라 그 안에 있는 존재라는 느낌을 결코 잃어버리지 않는다.

4.　　　바로 이 느낌 때문에 인간은 그 대립을 극복하기 위해 분발한다. 그리고 근본적으로는 그 대립의 극복에 인류의 정신적 추구 전체가 놓여 있다. 정신생활의 역사는 끊임없이 인간과 세계 사이의 합일을 찾는 것이다. 종교, 예술,

---

03 옮긴이 루돌프 슈타이너의 경우 'Ich'는 우리가 보통 생각하는 나, 자아와는 완전히 다른 의미가 있기 때문에 옮긴이는 루돌프 슈타이너의 정신과학적 저술물의 번역서에 '나'에 언제나 Ich를 병기해서 나/Ich로 쓴다. 이에 관해서는 이미 번역된 『내 삶의 발자취』(푸른씨앗, 2020)나 『신지학』(푸른씨앗, 2020)의 옮긴이 참조를 참조하기 바란다. 이 책에서 그렇게 하지 않은 이유는 루돌프 슈타이너가 정신과학적 연구를 아직 심화하지 않은 젊은 시절에 저술했고, 그의 정신과학적 저서와 관계하고 싶지 않은 사람도 읽을 수 있도록 썼다고 했기 때문이다. 단, 분명하게 인지학적 정신과학의 의미로 쓰인 경우 좀 거북하게 읽힌다 해도 '자아'가 아니라 '나'로 번역하고 다른 글씨체로 구분했다.

학문은 같은 정도로 그 목적을 추구한다. 종교 신자는 단순한 현상 세계로 만족하지 못하는 자신의 나가 그 자신에게 내주는 세계 수수께끼의 답을 신이 내린 계시 속에서 찾는다. 예술가는 내면에 살고 있는 것을 외부 세계와 화해시키기 위해 질료를 이용해 자신 나의 의도를 표현하려고 애쓴다. 예술가 역시 단순한 현상 세계로 만족하지 못하기에 그 세계를 넘어 자신의 나가 숨기고 있는 더 많은 것을 형상화하고자 노력한다. 사상가는 현상의 법칙을 찾는다. 그는 자신이 관찰하며 경험한 것을 사고로 꿰뚫어 보고자 노력한다. 우리가 먼저 **세계 내용**을 우리의 **사고내용**으로 만들면, 그제야 비로소 우리 스스로 떨어져 나온 연관성을 다시 발견한다. 그런데 이 목표에 도달하려면, 우리가 흔히 하는 것보다 훨씬 깊이 학자들의 과제를 이해해야 한다는 것을 차후에 보게 된다. 내가 여기서 설명한 관계 모두 세계 역사의 현상으로, 더 정확히 말해 단일적 세계관 혹은 **일원론**, 그리고 이중적 세계관 혹은 **이원론**, 이 양자의 대립으로 우리에게 다가온다. 이원론은 인간 의식으로 인해 나와 세계 사이에 생겨난 분리만 주시한다. 이원론의 모든 추구는 **정신과 물질, 주체와 객체, 사고와 현상** 등 끊임없이 다른 명칭으로 불리는 대립을 극복하기 위해 벌이는 무기력한 씨름이다. 그 두 세계를 연결하는 다리가 반드시 있을 것이라고 느끼기는 하는데, 그것을 발견할 능력은 없다. 인간이 자신을 '나'로 체험할 때는 **정신** 차원의 '나' 외에 다른 것으로는 생각하지 못한다. 그리고 자신의 나를 세계에 대립시킬 때 이 세계는 감각에 주어진 지각 세계, 즉 **물질적** 세계라고 간주할 수밖에 없다. 이로써 인간 스스로 정신과 물질이라는 대립에 들어선다. 그런데 인간 신체가 물질적 세계에 실제로 속하는 것보다 훨씬 더 심하게 그렇게 하는 수밖에 없다. '나'는 한 부분으로서 정신적인 것에 속한다. 그에 반해 감각을 통해 지각하는 **물질적** 객체와 과정은 '세계'에 속한다. 인간은 정신과 물질에 관련되는 모든 비밀을 자신 존재의 근본 수수께끼에서 다시 발견할 수밖에 없다. **일원론**은 그 시각을 오로지 단일성에 집중하면서 이미 존재하는 대립을 부정하거나 지워 없애려 한다. 일원론이든 이원론이든 둘 다 사실 정황을 올바르게 파악하지 못하기 때문에 절대로 갈증을 풀어 줄 수 없다. 이원론은 정신(나)과 물질(세계)을 근본적으로 완전히 다른 두 가지 실체로 간주한다. 그런 까닭에 그 양자가 어떻게 상호 작용할 수 있는지 파악하지 못한다. 물질의 고유한 성질을 모르는 정신이 물질 속에서 무슨 일이 벌어지는지 어떻게 알 수 있겠는가? 혹은 다르게 질문할 수도 있다. 그런 상황에서 정신이 어떻게 물질에 작용해 자신의 의도를 행위로 옮길 수 있겠는가? 이 문제를 풀기 위해 가장 예리하고 모순되는 가정들이 제시되어 왔다. 일원론이 처한 상황도 별로 낫지 않다. 일원론은 지금까지 삼중적 방식으로 자구책을 강구해 왔다. 정신을 부정하고 유물론이 되거나, 물질을 부정하고 유심론에서 구원을 찾으려 한다. 혹은 가장 단순한 세계 존재에서 이미 정신과 물질이 불가분으로 결합되어 있으며, 그렇기 때문에 어디에서도 분리되어 있지 않은 그 두 가지 현존 양식이 인간 내면에 등장한다 해서 결코 놀랄 필요가 없다고 주장한다.

5.　　　**유물론**은 만족할 만한 세계 해명을 절대 제시할 수 없다. 왜냐하면 그 시도는 언제나 세계 현상에 대한 **사고내용**을 형성하면서 시작하기 때문이다. 그러므로 유물론도 물질이나 물질적 과정의 **사고내용**에서 출발해야 한다. 이로써 이미 유물론은 두 가지 상이한 사실 영역을 앞에 두고 있다. 물질적 세계와 그 세계에 대한 사고내용. 여기에서 유물론은 사고내용을 순수한 물질적 과정으로 간주하면서 파악해 보려 한다. 유물론은 동물 내장 속에서 소화 과정이 일어나는 것과 유사하게 두뇌 속에서 사고가 일어난다고

믿는다. 물질이 기계적 효과와 유기적 효과를 불러일으킨다고 보며, 그와 똑같이 특정 조건하에서 사고하는 능력도 있다고 한다. 다만 유물론은 그렇게 하면서 문제를 그저 다른 곳으로 옮겨 놓았을 뿐이라는 사실을 망각하고 만다. 유물론은 사고 능력을 인간이 아니라 물질에 전가한다. 그로써 다시 출발점에 돌아온다. 왜 물질은 자신의 존재에 대해 곰곰이 생각하게 되었는가? 왜 물질은 자신이 처한 현존을 있는 그대로 받아들이지 못하는가? 왜 물질은 자신에 만족하지 못하는가? 유물론자는 특정 주체에서, 달리 말해 우리 자신의 나에서 시각을 돌려 안개처럼 불명확한 형상에 이르렀다. 여기에서 다시 같은 수수께끼를 만난다. 유물론적 사고관은 문제를 해결하지는 못하고 다른 곳으로 옮길 뿐이다.

6.   그렇다면 유심론은 어떤 입장에 있는가? 순수한 유심론자는 독자적 현존재로서 물질을 부정하고, 단지 정신의 산물에 불과한 것으로 파악한다. 유심론자가 이 세계관으로 자신의 인간적 본질에 대한 수수께끼를 풀어야 하면, 궁지에 몰린다. 정신 쪽에 위치될 수 있는 나에게 어떤 중간 매개도 없이 직접적으로 감각 세계가 맞서 있다. 이 세계로 들어가는 **정신적** 입구는 열릴 기미가 보이지 않기 때

문에 나는 물질적 과정을 통해 그 세계를 지각하고 체험하는 수밖에 없다. '나'가 자신을 정신적 존재로만 인정하려고 하면, 자신 내면에서 그런 물질적 과정을 발견하지 않는다. '나'가 정신적으로 성취하는 것에는 감각 세계가 조금도 들어 있지 않다. '나'가 비정신적 방식으로 세계와 관계를 맺지 않는다면, 세계는 나에 폐쇄된 상태로 남아 있으리라는 것을 인정하는 수밖에 없어 보인다. 그러므로 우리가 어떤 것을 실행하고자 한다면, 물질적 재료와 동력을 도움 삼아 의도를 실현해야지 다른 방도는 없다. 이는 우리가 외부 세계에 의존한다는 의미다. 가장 극단적인 유심론자, 혹은 절대적 관념론을 통해서 자신이 극단적인 유심론자라고 공공연히 드러냈다고 말할 수 있는 철학자는 **요한 고틀리프 피히테**[04]다. 그는 세계 구조 전체를 '나'에서 도출해 내고자 했다. 그렇게 해서 정말 성공한 것은, 경험 내용이 전혀 없는 세계에 대한 웅대한 **심상**心象이다. 유물론자가 정신이 사라지도록 명령할 수 없듯이, 유심론자 역시 물질적 외부 세계가 사라지도록 명령할 수 없는 것이다.

7.　　　인간이 '나'에 대한 인식을 추구하는 경우 일단은 관

---

04 원발행자 요한 고틀리프 피히테Johann Gottlieb Fichte(1762~1814)
　　_독일 철학자

념 세계를 생각으로 형성하는 데에서 '나'의 활동을 지각하기 때문에, 유심론을 지향하는 세계관은 인간 존재를 주시할 때 정신 중에서도 관념 세계만 인정하려는 유혹에 빠진다고 느낀다. 이런 식으로 유심론은 일방적인 관념론이 된다. 관념 세계를 **통해서 정신적** 세계를 찾으려고 하지 않는다. 이는 유심론이 관념 세계 자체에서 정신적 세계를 보고 있다는 의미다. 이로써 유심론은 마치 주술에 걸린 듯이 자신의 세계관과 더불어 '나' 자체의 효과 속에 머무를 수밖에 없는 처지에 빠진다.

8.   관념론의 기이한 변종은 **프리드리히 알베르트 랑게**의 견해다. 랑게는 항간에 많이 읽히는 『유물론의 역사』[05]에서 주장하듯이 사고를 포함한 모든 세계 현상을 순수한 물질적 과정에서 나온 산물로 설명하는 유물론을 완전히 옳은 것으로 가정한다. 그런데 역으로 물질과 그 과정 자체는 다시금 사고의 산물이라고 한다. "감각은 우리에게 물자

---

05 원발행자 프리드리히 알베르트 랑게Friedrich Albert Lange(1828~1875)
_ 독일 철학자, 신칸트학파 선구자. 『유물론의 역사와 현재에 있어 그
의미 비판Geschichte des Materialismus und Kritik seiner Bedeutung
in der Gegenwart』 총 2권(이제르론, 1866과 1875) 인용문은 제2권
431쪽(3부 IV). 인용문에서 세 개의 마침표로 표시한 부분은
'헬름홀츠가 말했듯이'다.

체는 고사하고 그것의 신실한 형상조차 주지 않는다. 감각이 우리에게 주는 것은 … 사물의 **효과**다. 그런데 이 단순한 효과에는 두뇌와 두뇌 속에서 생각되는 분자 운동을 포괄하는 감각 기관 자체도 속한다." 사고는 물질적 과정에 의해 생성되고, 이 과정은 '나'의 사고에 의해 생성된다는 것이다. 랑게의 철학은 자기 머리끄덩이를 잡아 올려서 스스로 수렁에서 빠져나왔다는 용감한 뮌히하우젠 전설[06]을 개념으로 번역한 것일 뿐이다.

9. 일원론의 세 번째 형태는 가장 단순한 존재(원자) 속에 이미 정신과 물질이라는 두 가지 실존이 합일되어 있다고 보는 것이다. 그런데 이것으로도 우리는 의식 속에 생겨난 질문을 다른 무대로 옮길 뿐 아무것에도 도달하지 못한다. 만약에 원자처럼 단순한 존재가 분리되지 않은 합일이라면, 어떻게 그것이 이중적 방식으로 자신을 표현할 수 있겠는가?

10. 이 모든 입장을 마주 대해 이 기본 대립, 근원 대립이 일단은 의식 속에서 우리에게 다가온다는 사실을 분명히

---

06 옮긴이 실존 인물인 히에로니무스 카를 프리드리히 폰 뮌히하우젠 남작 Hieronymus Carl Friedrich Freiherr von Münchhausen(1720~1797)을 주인공으로 삼은 『허풍선이 남작의 모험』

해야 한다. 자연이라는 모체母體에서 우리를 떼어 내 '나'로 '세계'에 대립시키는 것은 우리 자신이다. 비록 그 양식에 있어서 완전히 비과학적이라고 할 수 있겠지만 괴테는 '자연'이라는 논설[07]에서 이 점을 고전적으로 표현했다. "우리는 그녀(자연)의 품속에서 살아도 그녀가 낯설기만 하다. 그녀는 끊임없이 우리에게 속삭이지만 비밀은 탄로하지 않는다." 그러나 괴테는 그 이면도 알고 있었다. "인간 모두 그녀 안에 존재하고, 그녀는 우리 모두 안에 존재한다."

11.   우리 스스로 자연으로부터 소원해진 것이 사실인 만큼 우리가 그 안에 있으며 그것에 속한다고 느끼는 것도 사실이다. 이는 자연 자체에서 나오는 효과일 수밖에 없고, 이효과 역시 우리 안에 살고 있다.

12.   우리는 자연으로 돌아가는 길을 다시 발견해야 한다. 조금만 숙고해 보면 그 길이 보인다. "비록 우리가 자연에서 떨어져 나왔지만, 분명 어떤 것을 우리 존재 속에 함께 가지고 나왔을 것이다. 우리 안에 있는 자연 존재, 그것을 찾아야 한다. 그러면 자연에 대한 연관성을 다시 발견하게

---

07 원발행자 요제프 퀴르슈너의『독일 민족 문학 전집』일환으로 루돌프 슈타이너가 도입문과 주해를 곁들여 발행한 괴테의『자연 과학 논설 Naturwissenschaftliche Schriften』(GA1a~e). 인용문은 제2권(GA1b) 5~7쪽

될 것이다." 이원론은 이 사실을 간과한다. 이원론은 인간 내면을 자연에 완전히 낯선 정신 존재로 여기고, 이 정신 존재를 자연에 연결하려고 애쓴다. 그러니 이원론이 연결 고리를 발견하지 못한다 해도 전혀 놀라운 일이 아니다. 먼저 우리가 **내면에서** 자연을 알아볼 때만 외부에서 그것을 발견할 수 있다. 내면에 있는 자연의 동일형이 우리를 위한 인도자가 될 것이다. 이로써 우리가 가야 할 길이 그려졌다. 우리는 자연과 정신 사이에 일어나는 상호 작용에 대해 어떤 추측도 하지 않을 것이다. 그 대신에 우리 존재 깊은 곳으로 하강할 것이며, 자연을 벗어나 도피할 때 구해 내서 함께 가져온 요소를 바로 그곳에서 발견하고자 한다.

13. 　　우리 존재의 연구가 반드시 수수께끼의 답을 가져다주도록 되어 있다. 다음과 같이 말할 수 있는 지점에 도달해야 할 뿐이다. "여기에서 우리는 더 이상 단순한 '나'에 그치지 않는다. 여기에는 '나'를 넘어서는 어떤 것이 놓여 있다."

14. 　　지금까지 읽어 오면서 내 설명이 '오늘날 학문적 기준'에 미치지 않는다고 생각하는 사람들이 적잖이 있을 것이다. 그런 사람들에게 할 수 있는 대답은 단 하나일 뿐이다. 지금까지 나는 과학적인 결과와 전혀 관계하고 싶지 않았고, 사람이라면 누구나 의식 속에서 체험하는 것을 쉽게

설명하려 했다고. 그러면서 세계와 소통하는 시도에 대한 몇 가지 문장 역시 흘러들었는데, 그것은 실제 정황을 더 명확하게 하려는 의도일 뿐이다. 바로 그런 까닭에 '나', '정신', '세계', '자연' 등 개별적 용어를 심리학이나 철학에서 보통 하는 엄밀한 방식으로 이용하는 데에 어떤 가치도 두지 않았다. 평범한 의식은 과학의 예리한 구분을 알지 못한다. 그리고 지금까지 주제도 일상적 사실 정황을 파악하는 것일 뿐이었다. 내 관심사는, 과학이 오늘날까지 의식을 어떻게 해석해 왔는지가 아니라, 의식이 시시각각 어떻게 살고 있는가 하는 것이다.

3. 세계 파악에 매진하는 사고

1.   당구 시합에서 어떻게 당구공 하나가 그 움직임을 다른 공에 전달하는지 관찰만 하는 경우 나는 그 진행 경과에 아무 영향도 미치지 않는다.[01] 두 번째 공의 운동 방향과 속도는 첫 번째 공의 운동 방향과 속도에 따라 결정된다. 단순한 관찰자로 머무는 한 두 번째 공이 일단 움직이기 시작해야 비로소 그에 관해 어떤 것을 말할 수 있다. 그런데 관찰 내용에 대해 숙고하기 시작하면, 문제는 달라진다. 내 숙

---

01 원발행자 데이비드 흄David Hume(1711~1776)_ 스코틀랜드 철학자, 경제학자, 역사학자.『인간 이해력 탐구An Enquiry Concerning Human Understanding』, 키르히만H. v. Kirchmann이 주해를 덧붙인 독어판『Eine Untersuchung in Betreff des menschlichen Verstandes』(하이델베르크, 1888) 제4판 31~33쪽(IV부, I 장, 이성의 활동에 관한 회의적 의심)

고의 의도는 과정에 대한 개념을 형성하는 데 있다. 특정 기계 역학적 개념에 탄력적 공의 개념을 연결시키고, 발생할 과정에서 우세한 특정 상태를 참작한다. 그러니까 내 관여 없이 일어나는 과정에 개념 영역에서 완결되는 두 번째 과정을 더하는 시도를 하는 것이다. 여기서 후자는 나한테 달려 있다. 이는, 내가 그렇게 할 욕구가 없다면 관찰한 것에 만족하고 개념을 찾지 않을 수도 있다는 데에서 증명된다. 그런데 욕구가 있다면, 당구공, 탄력성, 운동, 충돌, 속도 등의 개념을 특정하게 연결하고, 관찰된 과정이 그 연결과 특정한 관계에 있을 때 비로소 만족할 것이다. 앞에 관찰한 과정이 나와 무관하게 일어난 것이 명백한 사실인 것처럼 개념적 과정은 내 관여 없이 절대 일어날 수 없다는 것도 명백한 사실이다.

2.　　　이러한 행위가 정말로 내 독자적 존재의 표출인지, 혹은 우리는 원하는 대로 생각할 수 없고 바로 지금 우리 의식 속에 있는 사고내용과 그 연계가 결정하는 대로 사고하는 수밖에 없다는 현대 심리학자들의 말이 옳은지, 이 질문은 차후에 논의할 대상이다.(비교. **치헨** 『생리학적 심리학 입문서』[02] 예나, 1893년, 171쪽) 지금은 한 가지 사실만 분명

02　원발행자　테오도르 치헨Theodor Ziehen(1862~1950)_ 독일 정신과 의사

하게 밝히고 싶다. 그것은 우리의 관여 없이 그냥 주어진 대상물과 과정에 그것들과 특정 관계에 있는 개념과 개념 관계를 찾아 주어야 한다고 끊임없이 강요된다는 느낌이 우리한테 있다는 것이다. 그렇게 하는 것이 정말로 **우리** 행위인지, 혹은 변경될 수 없는 필연성에 따라 우리가 실행하는 수밖에 없는 것인지, 이 질문은 잠시 옆에 밀어 두기로 하자. 지금은 그렇게 하는 것이 의심할 여지없이 우리 것으로 보인다. 우리가 현재 정확하게 알고 있는 사실은, 대상이 주어지는 동시에 그 개념도 함께 주어지지 않는다는 것이다. 나 자신이 행위자라는 것은 허구에 기인할 수도 있지만, 어쨌든 직접적인 관찰에 따르면 대상과 개념은 동시에 주어지지 않는 것으로 드러난다. 이제 질문은 다음과 같다. "우리가 한 가지 과정에 그 개념적 짝을 발견한다고 해서 얻는 것은 과연 무엇인가?"

3.　　어떤 과정의 부분들이 그에 해당하는 개념들을 발견한 이전과 이후에 나를 위해 어떤 상호 관계에 있는지, 이 양자 사이의 양식은 극명하게 구분된다. 단순히 관찰만 한

신경학자, 심리학자, 철학자. 『생리학적 심리학 입문서Leitfaden der physiologischen psychologie, in 15 Vorlesungen』 제2판(예나, 1893) 171쪽 이하

다면, 주어진 과정이 진행되는 동안 그 부분들을 추적할 수 있다. 하지만 각 부분이 어떤 관계에 있는지는 개념에서 도움을 구하지 않는 한 어둠 속에 묻혀 있다. 첫 번째 당구공이 두 번째 당구공을 향해 특정 속도로 굴러가는 것을 지켜본다고 하자. 두 번째 당구공을 성공적으로 맞춘 다음에 무슨 일이 일어날 것인지는 기다려 보아야 하고, 상황이 일어나면 눈으로만 확인할 수 있다. 그런데 당구공 두 개가 서로 부딪치는 바로 그 순간에 하필이면 어떤 사람이 내 앞을 가로막아서 그 장면을 놓쳤다고 하자. 그러면 나는 —단순하게 관찰만 하는 사람으로서— 무슨 일이 벌어졌는지 알 수 없을 것이다. 반면에 다른 사람이 내 시야를 가리기 전에 내가 당구대에서 벌어지는 상황에 상응하는 개념을 발견했다면, 문제는 달라진다. 이 경우에는 관찰 가능성이 없어도 무슨 일이 일어나는지 말할 수 있다. 단순하게 관찰된 과정이나 대상 자체에서는 다른 과정이나 대상에 대한 연관성을 전혀 알아볼 수 없다. 이 연관성은 관찰이 사고와 연결되면 비로소 드러난다.

4.　　　인간이 정신적 추구에 대해 알고 있는 한, **관찰과 사고**는 그 모든 추구를 위한 양대 출발점이다. 인간 이성의 세속적인 처리와 고도로 복합적인 과학 연구가 우리 정신의

이 양 기둥으로 지탱된다. 철학자들은 다양한 근원 대립에서 출발했다. 그것은 관념과 실재, 주체와 객체, 현상과 물자체, 자아와 비자아, 표상과 의지, 개념과 물질, 기와 질료, 의식적인 것과 무의식적인 것 등으로 불린다. 그런데 이 모든 대립들 가장 앞에 인간을 위한 가장 중요한 대립으로서 **관찰과 사고**가 놓여야 한다는 것을 어렵지 않게 알아볼 수 있다.

5.   어떤 원리를 확립하고자 한다면, 어디서든 그것을 관찰했다는 것을 증명하거나, 누구나 생각으로 따를 수 있도록 명료한 사고 형태로 설명해야 한다. 자신의 근본 원리에 관해 말하기 시작하는 철학자는 개념 형태를 이용해야 하고, 어쩔 수 없이 동시에 사고를 해야 한다. 그로써 자신의 활동에 이미 사고를 전제한다고 간접적으로 인정하는 것이다. 세계 발달에서 주요 요소가 사고인지, 아니면 다른 어떤 것인지에 대해서는 아직 결정내리지 않기로 한다. 하지만 철학자가 사고를 하지 않고는 세계 발달에 대해 어떤 앎도 얻지 못한다는 점은 처음부터 명백하다. 사고가 세계 현상이 성립하는 데에는 조연일 수 있지만, 그에 대한 의견이 성립하는 데에는 주연을 맡은 게 확실하다.

6.   관찰과 관련해서는 우리가 그것을 필요로 하도록 조

직되어 있다고 말해야 한다. 말馬이라는 대상과 말에 대한 우리 사고는 우리를 위해 따로 떨어져서 등장하는 각기 다른 것이다. 말이라는 대상은 오로지 관찰을 통해서만 접근할 수 있다. 우리가 말 한 마리를 그저 뚫어지게 쳐다본다고 해서 말에 대한 개념을 만들어 낼 수 없듯이, 어떤 대상에 대해 골똘히 생각만 한다고 해서 그것을 만들어 낼 수는 없다.

7.   시간적으로 보면 관찰이 사고에 선행한다. 왜냐하면 사고 역시 우리가 먼저 관찰을 통해 접하고 배워야 하기 때문이다. 이 장을 시작하면서 설명한 것은 본질적으로 관찰에 관한 것이다. 어떻게 사고가 하나의 과정에서 점화되고, 인간의 관여 없이 주어진 것을 넘어서 나아가는가 하는 것을 그려 본 것이다. 우리는 체험 범위에 들어서는 모든 것을 관찰을 통해 비로소 알아챈다. 느낌, 지각, 관조, 감성, 의지 행위, 꿈과 환상, 표상, 개념과 관념, 온갖 망상과 환각 내용 등, 이 모든 것이 **관찰**을 통해서 우리에게 주어진다.

8.   단, 관찰 객체로서는 사고가 다른 모든 것과 본질적으로 구분된다. 탁자나 나무 같은 대상물이 체험의 지평선에 떠오르면, 그 즉시 나는 관찰하기 시작한다. 그런데 그렇게 대상물을 관찰하는 동시에 대상물에 대한 사고는 관

찰하지 않는다. 내가 탁자를 관찰한다. 그리고 그 탁자에 대해 사고를 실행한다. 하지만 그 순간에 탁자에 대한 내 사고는 관찰하지 않는다는 말이다. 내가 탁자를 관찰하는 동시에 그것에 대한 사고도 관찰하고자 한다면, 먼저 나 자신의 활동 외부에 있는 관점으로 옮겨 가야만 한다. 대상과 현상을 관찰하고 그에 대해 생각하는 것은 끊임없이 내 삶을 채우는, 완전히 평범하고 일상적인 상태다. 그에 반해 사고를 관찰하는 것은 일종의 예외 상황이다. 바로 이 사실을, 특히 다른 모든 관찰 내용에 대한 사고의 관계를 규명해야 하는 경우 반드시 적절한 방식으로 참작해야 한다. 사고를 관찰할 때 사고에 적용하는 취급 방식은 사고를 제외한 모든 세계 내용의 고찰을 위해 보통 상태를 이루지만, 이 보통 상태가 진행되는 동안에는 사고 자체를 위해 들어서지 않는다는 사실을 반드시 분명히 해야 한다.

9.　　　혹자는, 내가 여기에서 사고에 관해 말한 내용이 느낌과 나머지 다른 정신적 활동에도 똑같이 해당한다고 이의를 제기할 수 있을 것이다. 예를 들어서 즐거운 느낌이 있다면, 이것은 어떤 대상에서 불붙은 것이고, 나는 그 대상을 관찰할 뿐 즐거운 느낌은 관찰하지 않는다고 말할 수 있다. 이런 이의는 오류에 기인한다. 즐거움은 그것을 불러일으

킨 대상에 대해 사고가 형성하는 개념과 같은 관계에 있지 않다. 어떤 대상의 개념은 내 활동을 통해 형성된다는 것을 나는 의심할 여지없이 확실하게 의식한다. 반면에 즐거움은 좀 다르다. 예를 들어서 어떤 물건에 돌멩이가 떨어지면 그 물건에 변화가 생기는데, 즐거움도 그와 유사한 방식으로 어떤 대상을 통해서 내면에 생겨난다. 관찰 대상이라는 면에서 보면, 즐거움도 그것을 불러일으키는 과정과 똑같은 방식으로 주어진다. 이것이 개념에는 해당하지 않는다. "왜 특정 과정이나 대상이 나에게 즐거운 느낌을 생성시키는가?" 하는 질문은 할 수 있다. 하지만 다음과 같은 질문은 절대로 할 수 없다. "왜 어떤 과정은 나한테 특정 수의 개념이 생겨나게 할까?" 이 질문은 아무 의미가 없다. 내가 어떤 과정에 대해 숙고할 때 중점은 나한테 미치는 효과에 있지 않다. 누가 창문에 돌을 던졌기 때문에 생긴 변화를 관찰하고, 그에 상응하는 개념을 알아낸다고 하자. 그렇게 함으로써 나에 대해 경험할 수 있는 것은 전혀 없다. 하지만 특정 과정이 내면에 일깨운 느낌을 내가 잘 알고 있다면, 당연히 나 개인에 대해 어떤 것을 경험하는 것이다. 내가 어떤 것을 관찰한 후에 "이것은 장미다."라고 말한다면, 나 자신에 대해서는 조금도 말하지 않은 것이다. 그런데 그 장미를 보면서 "장미가 있으니 기분이 상쾌하다."라고 말한다면, 나는 장미뿐만 아니라 장미에 대한 내 관계에서 나 자신도 설명한 것이다.

10.　　　관찰과 관련해 사고와 느낌을 동일시하는 것은 논의할 여지가 없다. 인간 정신의 다른 활동을 위해서도 별 어려움 없이 같은 결과를 얻어 낼 수 있다. 사고와 달리 그런 활동은 모두 관찰된 대상과 과정의 대열에 속한다. 사고는 오직 관찰되는 대상 쪽으로만 향할 뿐 사고하는 사람 쪽으로는 절대 향하지 않는 활동이라는 것, 바로 이것이 사고의 고유한 성질에 속한다. 이는 우리가 어떤 것에 대해 생각한 것을 말로 표현하는 양식에서 저절로 드러나는데, 느낌이나 의지 행위를 말로 표현할 때와 완전히 대조된다. 예를 들어서 내가 어떤 대상물을 보고, 그것이 탁자라는 것을 알아보면, 보통 "이것은 탁자다."라고 말하지, "나는 탁자에 대해 생각한다."고는 말하지 않는다. 이에 반해 "이 탁자는 정말 내 마음에 든다."는 말은 별 문제없이 할 수 있을 것이다. 전자에서 중점은, 내가 탁자와 어떤 관계에 있는지를 설명하는 데에 있지 않다. 반면에 후자에서 중점은 바로 그 관계를 표현하는 데에 있다. "탁자에 대해 생각한다."는 말을 하면서 나는 이미 앞에서 설명한 예외 상태에 들어선다. 이

상태에서 나는 내 정신적 활동에 언제나 내포되어 있지만 관찰된 객체는 아닌 어떤 것을 관찰 대상으로 만든다.

11. 　　　사고하는 사람이 사고하는 동안 그 사고를 망각한다는 것, 바로 이것이 사고의 고유한 성질이다. 사고가 사람을 바쁘게 하는 게 아니다. 관찰 대상, 즉 사고 대상이 사람을 바쁘게 하는 것이다.

12. 　　　그러므로 우리가 사고에 대해 하는 첫 번째 관찰은 그것이 평상시의 정신생활에서 관찰되지 않는 요소라는 것이다.

13. 　　　우리가 평상시의 정신생활에서 사고를 관찰하지 않는 이유는 사고가 우리 자신의 활동에 기인하는 데에 있다. 이 외에 다른 이유는 없다. 내가 스스로 생성시키지 않은 것이 대상으로서 내 관찰 영역에 들어선다. 그러면 나는 내가 없이 생겨난 그 대상 건너편에 있는 나를 본다. 대상이 나한테 다가오고, 나는 그것을 내 사고 과정의 전제 조건으로 그냥 받아들이는 수밖에 없다. 그 대상에 대해 숙고하는 동안 나는 그것을 다루느라 바쁘다. 내 시각이 그 대상에 집중한다는 말이다. 어떤 대상을 다루느라 바쁜 것, 이것이 바로 사고하는 고찰이다. 내 주의력은 활동이 아니라 활동의 객체에 집중한다. 달리 말하자면, 사고하는 동안에는 나 자

신이 생성시키는 사고가 아니라, 내가 생성시키지 않은 것, 즉 사고의 대상을 바라본다는 것이다.

14.　　심지어는 내가 예외 상황이 들어서도록 한 다음에 내 사고 자체에 관해 숙고할 때도 그렇다. 내가 현재 하고 있는 사고는 절대 관찰할 수 없다. 사고 과정을 거치면서 한 경험만 차후에 사고의 대상으로 만들 수 있다. 지금 하고 있는 사고를 관찰하고자 한다면, 나를 양분해야 할 것이다. 지금 사고하고 있는 나와 사고하는 나를 바라보는 다른 나. 그런 것은 불가능하다. 나는 그것을 두 가지 활동으로 나누어서 실행할 수밖에 없다. 관찰해야 할 사고는 진행 중인 사고가 절대 아니고 다른 사고여야 한다. 사고를 관찰할 목적이라면, 내가 과거에 했던 사고를 관찰 대상으로 삼을 것인지, 혹은 타인의 사고 과정을 추적할 것인지, 혹은 이 장을 시작할 때 이야기한 당구공의 움직임같이 인위적으로 만들어 낸 사고 과정을 전제로 할 것인지, 이런 것은 전혀 문제되지 않는다.

15.　　서로 화합할 수 없는 두 가지가 있다. 능동적 창조 활동과 대상화해서 정관하기. 이는 모세 5경 중 제 1경[03]에 이미 기록되어 있는 사실이다. 신은 처음 엿새 동안 천지 만

03　원발행자 창세기 1장 31절

물을 창조했다. 그리고 세상이 존재하자 비로소 그것을 정관할 가능성도 생겼다. "이렇게 만드신 모든 것을 하느님께서 보시니 참 좋았다." 우리 사고에 있어서도 그와 같다. 우리가 사고를 관찰하고자 한다면, 그것이 일단 존재해야 한다.

16.　　　현재 진행 과정에 있는 사고를 관찰 불가능하게 만드는 이유는 우리에게 세계의 어떤 다른 과정보다 더 직접적이고 내밀하게 사고를 인식하게 만드는 것과 동일하다. 다름 아니라 바로 우리 스스로 사고를 불러일으키기 때문에 그 과정의 특성을, 그 과정에서 고려되는 사건이 완결되는 양식을 이미 잘 알고 있다. 다른 관찰 영역에서는 간접적인 방식으로만 발견할 수 있는 것, 즉 객관적으로-부합하는 연관성과 각 대상 사이의 관계 등을 사고에서는 우리가 직접적으로 알고 있다. 번개가 친 다음에 천둥이 친다. 내가 이 현상을 관찰하는 데에만 그치면 왜 그런지 그 이유를 알 수 없다. 하지만 내 사고가 번개에 천둥이라는 **개념을** 연결시키는 이유는 내가 두 개념의 내용에서 직접적으로 알아본다. 천둥과 번개에 관해 올바른 개념을 가지고 있는지에 관한 문제가 전혀 아니다. 중점은, 내가 지니는 개념들의 연관성이 무엇보다도 그것들 자체를 통해서 나한테 명

료한가 하는 것이다.

17.   사고 과정과 관련하는 이 투명성은 사고의 생리학적 근거에 대한 우리의 지식과 무관하다. 여기에서 나는 우리의 정신적 활동을 관찰해서 나온 결과인 한에서의 사고에 관해 이야기하고 있다. 내가 사고내용으로 작업하는 동안 어떻게 내 두뇌의 물질적 과정이 다른 과정을 야기하거나 다른 과정에 영향을 미치는지, 이런 것은 전혀 고려하지 않는다. 내가 사고에서 관찰하는 것은, 두뇌 속에서 어떤 과정이 번개의 개념을 천둥의 개념과 연결시키는가 하는 게 아니라 무엇이 나한테 그 두 개념을 특정 관계로 연결하게 만드는가 하는 것이다. 내 관찰에 따르면, 내 사고내용의 연결을 위해 기준으로 삼을 것이 내 사고내용 자체 외에는 전혀 없다는 결론이 나온다. 나는 내 두뇌 속의 물질적 과정을 기준으로 삼지 않는다. 우리 시대만큼 물질주의가 횡행하지 않았던 시대에 이런 말을 했다면, 당연히 쓸데없는 군소리를 한다고 핀잔을 받았을 것이다. 오늘날에는 상황이 다르다. 오늘날에는 물질의 정체를 알면 물질이 어떻게 생각하는지도 알 수 있을 것이라고 믿는 사람들이 있다. 그래서 두뇌 생리학과 금세 충돌하지 않으면서도 사고에 관해 이야기할 수 있다고 반드시 미리 밝혀야 한다. 사고의 개념

을 순수하게 있는 그대로 파악하기란 오늘날 대부분의 사람들한테 굉장히 어려운 문제다. 이 책에서 사고에 대해 발달시킨 표상에 곧바로 "간이 담즙을, 침 분비샘이 침을 분비하듯이, 두뇌는 사고를 분비한다."는 **카바니스**[04]의 문장을 들이대는 사람은 내가 무슨 말을 하는지 전혀 모르는 것이다. 그는 우리가 세계 내용의 다른 대상물에서 하는 것과 같은 방식으로 단순한 관찰 과정을 통해서 사고를 발견해보려 애를 쓴다. 그런 방식으로는 사고를 결코 발견할 수 없다. 그 이유는, 내가 이미 입증한 것처럼 사고는 일상적 관찰 영역을 벗어나기 때문이다. 물질주의를 극복할 수 없는 사람은 앞에서 설명한 예외 상태를 불러일으킬 능력도 없다. 다른 모든 정신 활동에서 무의식적으로 머무는 것을 의식하게 만드는 그 예외 상태 말이다. 입장을 바꾸어 이 관점에서 보겠다는 긍정적 의지가 없는 사람과는 사고에 관해 이야기할 것이 별로 없다. 이는 시각 장애인과 색채에 관해 이야기할 게 없는 것과 똑같다. 그런데 그 사람한테 한 가지 부탁할 게 있는데, 우리가 생리학적 과정을 사고로 간주

---

04 원발행자 피에르-장-조르주 카바니스Pierre-Jean-Georges Cabanis (1757~1808)_ 프랑스 의사, 심리학자, 철학자. 『인간의 육체와 도덕의 관계에 관하여Rapports du physique et du moral de l´homme』 총 2권 (파리, 1802) 제1권 151쪽

한다고 믿지는 말라는 것이다. 어쨌든 그 사람은 사고를 보지 않으니 해명도 하지 않는다.

18.　　그런데 사고를 관찰할 능력이 있는 사람에게는 -그렇게 할 긍정적 의지가 있기만 하다면, 보통으로 조직된 누구나 그 능력이 있다.- 그 관찰이 그가 할 수 있는 제일 중요한 것이 된다. 왜냐하면 그 사람은 자신이 만들어 낸 어떤 것을 관찰하기 때문이다. 그는 낯선 대상이 아니라 자신의 행위를 마주 대하는 자신을 본다. 자신이 관찰하고 있는 것이 어떻게 생겨났는지 잘 알고 있다. 관찰 대상의 상태와 관계를 투시할 수 있다는 의미다. 이로써 이제 근거가 있는 희망을 품고 나머지 세계 현상을 해명하기 위해 첫발을 내딛을 수 있는 탄탄한 지점을 얻은 것이다.

19.　　이렇게 탄탄한 지점이 있다는 느낌으로 현대 철학의 창시자인 데카르트는 단 한 문장을 바탕 삼아 인간의 모든 지식을 확립했다. **"나는 생각한다, 고로 나는 존재한다."[05]** 다른 모든 대상, 다른 모든 사건은 내 관여 없이 세상에 존재한다. 그것들이 진실로 존재하는지, 아니면 꿈이나 요술

---

05 원발행자　르네 데카르트René Descartes(1596~1650)_ 프랑스 철학자, 수학자, 과학자. 『방법서설Discours de la méthode』(1673) I, 7~10, 그리고 (문자 그대로는 아니고 의미상으로) 『제1 철학에 관한 성찰 Meditationes de prima philosophia』(1641) 2. 성찰

로 존재하는지, 나는 알 수 없다. 그런데 바로 나 자신이 확실하게 존재하도록 만들었기 때문에 내가 절대적으로, 속속들이 알고 있는 것이 딱 하나 있다. 바로 내 사고다. 그 현존에 다른 원천이 있을 수도 있다. 그러니까 그것이 신이나 다른 것에서 나왔을 수도 있다. 다만, 내가 스스로 만들어 냈다는 의미에서 사고가 존재한다는 것, 바로 이것을 나는 확신한다. 데카르트가 이와 다른 의미를 위 문장에 부가할 권리는 일단 전혀 없었다. 데카르트는 "나는 가장 고유한 활동, 즉 사고할 때 세계 내용 내부의 나를 파악한다."고 주장할 수 있을 뿐이다. "나는 사고한다."에 덧붙여진 **"고로 나는 존재한다."**에 어떤 의미가 있는지 많은 논란이 있어 왔다. 이는 오로지 한 가지 조건에서만 의미가 있을 수 있다. 어떤 대상에 관해 내가 할 수 있는 가장 단순한 진술은 "그것이 **있다**. 그것이 존재한다."는 것이다. 어떻게 그 현존을 더 상세히 규정할 것인지는 어떤 대상이든 내 체험의 지평선에 떠오르는 순간에는 절대 말할 수 없다. 어떤 대상을 존재하는 것으로 단정할 수 있기 위해서는 먼저 다른 대상에 대한 관계를 예외 없이 검토해야 한다. 체험된 과정은 여러 지각의 합일 수 있다. 하지만 꿈이나 환상, 혹은 다른 것일 수도 있다. 이는, 한 가지 과정이 어떤 의미에서 존재하는지

나는 말할 수 없다는 것이다. 그 의미는 과정 자체에서 얻을 수 있는 게 아니라, 내가 다른 대상에 대한 관계에서 그것을 고찰할 때 경험하게 된다. 여기에서도 나는 그 과정이 다른 것과의 관계에서 어떤 위치에 있는가 하는 것 **이상으로는** 알 수 없다. 그 자체에서 현존재의 의미를 퍼낼 수 있는 객체를 발견해야 비로소 내 구함이 확고한 기반에 서게 된다. 그런데 그것은 사고하는 자로서 나 자신이다. 왜냐하면 내가 사고하는 활동의 특정 내용을, 그 자체에 근거하는 내용을 내 현존재에 부여하기 때문이다. 이제 이 지점에서 출발하며 질문할 수 있다. "다른 것도 이와 같은 의미에서 존재하는가, 아니면 다른 의미에서 존재하는가?"

20.　　사고를 관찰 객체로 만들면, 인간이 보통은 알아차리지 못하고 놓치는 것을 나머지 관찰된 세계 내용에 부가하는 것이다. 그렇기는 해도 인간이 다른 대상에 대해 취하는 태도의 양식은 바뀌지 않는다. 관찰 객체의 수를 증가시킬 뿐, 관찰 방법은 그대로다. 우리가 다른 대상을 관찰하는 동안 간과되는 한 가지 과정이 세계 사건에 ─여기서 나는 세계 사건에 관찰을 포함시킨다─ 개입한다. 거기에는 다른 모든 사건과 구분되는 것, 참작되지 않는 것이 있다. 그런데 내 자신의 사고를 관찰하는 경우에는 참작되지 않는 요

소가 전혀 없다. 왜냐하면 사고를 관찰하는 동안 그 배후에 떠돌고 있는 것은 역시 사고 그 자체이기 때문이다. 그러니까 사고를 관찰할 때는 관찰 대상이 그 대상을 향하는 활동과 질적으로 동일하다는 말이다. 바로 이것이 사고의 고유한 특성이다. 우리가 사고를 관찰 대상으로 만들면, 그렇게 하기 위해서 질적으로 다른 것의 도움을 받도록 강요된다는 생각이 들지 않는다. 우리는 동일한 요소 안에 머물 수 있다.

21.　　　내 관여 없이 그냥 주어진 대상을 사고 속에 자아 넣는다면, 그로써 나는 관찰을 벗어나는 것이고, 이 단계에서 다루어야 할 주제는 바로 다음과 같다. "무엇이 내게 그렇게 할 권리를 주는가? 왜 나는 대상이 나한테 그저 작용하도록 버려두지 않는가? 내 사고가 그 대상과 관계하는 것은 어떤 방식으로 가능한가?" 이는, 자신의 사고내용 과정에 대해 숙고하는 사람이라면 누구나 반드시 해야 하는 질문들이다. 그런데 사고 자체에 관해 숙고하는 경우에는 그런 질문이 필요 없어진다. 우리가 사고를 사고하는 경우에는 낯선 요소를 전혀 부가하지 않는다. 그러므로 그런 부가를 정당화할 필요도 없는 것이다.

22.　　　**셸링**은 다음과 같이 말했다. "자연을 인식한다 함은,

자연을 창조하는 것이다."**06** 독단적인 자연 철학자의 이 말을 문자 그대로 받아들이는 사람은 분명 평생 동안 자연 인식을 포기해야 할 것이다. 왜냐하면 어쨌든 자연은 이미 존재하고, 이렇게 이미 존재하는 것을 다시 만들어 내려면, 그 창조 원리를 알아야 하기 때문이다. 자연을 만들어 내고 싶다면, 이미 있는 자연에서 그 현존 조건을 보고 배울 수밖에 없다. 창조하기 전에 무조건 전제되는 보고 배우기, 이것이 바로 자연 인식이다. 보고 배운 다음에 실제로 전혀 창조하지 않는다 해도 그것은 자연 인식으로 남는다. 인간이 **먼저** 인식하지 않고도 창조할 수 있는 것은 아직 존재하지 않는 자연일 뿐이다.

23.   자연의 경우에 불가능한 것은 그것을 인식하기 전에 창조하는 것이다. 이에 반해 사고의 경우에는 우리가 그 불가능한 것을 실행한다. 사고를 다 인식한 다음에 사고를 하겠다고 마음먹고 사고하지 않으면서 기다리려 한다면, 우리는 절대로 사고를 할 수 없을 것이다. 우리 자신이 한 것

---

06 원발행자 프리드리히 빌헬름 요제프 폰 셸링Friedrich Wilhelm Joseph
von Schelling(1775~1854)_ 독일의 철학자.『자연 철학 체계의 첫 번째
도안Erster Entwurf eines Systems der Naturphilosophie』
(예나와 라이프치히, 1799) 6쪽에 "자연에 관해 철학한다 함은 곧 자연을
창조한다는 것이다."『헤겔 전집』제1부, 3권(슈투트가르트, 1858) 13쪽

을 나중에 관찰해서 인식에 도달하기 위해 먼저 단호하게 사고해야 한다. 사고의 경우에는 우리 자신이 먼저 관찰 대상을 창조한다. 다른 모든 대상은 우리의 관여가 없어도 존재하도록 배려된다.

24.　　"사고를 고찰할 수 있기 전에 무조건 먼저 사고해야 한다."는 말에 혹자는 다음과 같은 주장도 그와 똑같이 정당한 것으로 제기할 수 있을 것이다. "소화 과정을 다 관찰할 때까지 소화하기를 기다릴 수는 없다." 이것은 **파스칼**이 '나는 산책을 간다, 고로 나는 존재한다'고 말할 수도 있다고 주장하며 데카르트에게 제기한 것과 비슷한 이의다.[07] 인간이라면 소화의 생리학적 과정을 공부해서 알기 전에

---

07 원발행자　블레즈 파스칼Blaise Pascal(1623~1662)_ 프랑스 수학자, 물리학자. 파스칼이 여기에 인용한 문장을 실제로 말했는지는 증명되지 않았다. 데카르트 스스로 피에르 가상디Pierre Gassendi(1592~1655, 프랑스 신학자, 자연 과학자, 철학자)의 이의를 요약하기 위해 이 문장을 썼다. 데카르트는 『제1 철학의 성찰Meditationes de prima Philosophia』을 출판하기 전에 이미 일련의 철학자와 신학자들에게 내주고 이의를 제기하도록 해서 1641년 첫 발행본에 그에 대한 대답을 부록으로 부가했다. 여섯 가지 이의 중에 다섯 번째인 '나는 산책을 간다, 고로 나는 존재한다ego ambulo, ergo sum'는 가상디가 제기한 것이다. 데카르트는 이의에 대한 대답 제1부에서 두 번째 성찰에 제기된 이 이의에 대답한다.(『데카르트 전집Oeuvres de Descartes』 파리, 1904 제7권, 352쪽)

당연히 소화하는 수밖에 없다. 사고의 고찰과 이 주장을 비교할 수 있는 것은 소화한 다음에 소화를 사고하면서 고찰하지 않고 그저 먹고 소화하고 싶어 할 때일 뿐이다. 소화는 소화의 대상이 될 수 없는 반면에 사고는 분명하게 사고의 대상이 될 수 있는데, 아무 이유 없이 그런 게 아니다.

25.　　　그러므로 우리가 사고 속에 세계 사건의 한 끄트머리를 쥐고 있다는 것은 의심할 여지가 없다. 어떤 일이 이루어져야 한다면, 우리는 반드시 그 끄트머리를 쥐고 있어야 한다. 그리고 바로 이것이 결정적인 것이다. 왜 사물들이 내 건너편에 수수께끼처럼 그렇게 서 있는지, 그 이유가 이제서야 분명해진다. 그것들이 이루어지는 과정에 내가 전혀 관여하지 않아서다. 나는 그것들을 그저 있는 그대로 발견한다. 반면에 사고는 그렇지 않다. 나는 사고가 어떻게 생겨났는지 잘 알고 있다. 그런 까닭에 어떤 세계 사건이든 그것을 고찰하기 위해 사고보다 더 원천적인 출발점은 존재하지 않는다.

26.　　　이제 사고와 관련해 널리 유포된 오류를 하나 더 언급하겠다. 그것은 다음과 같이 표현된다. "그렇게 그 자체 그대로인 사고는 어디에도 없다. 우리가 경험으로 관찰한 것을 연결해서 개념의 그물을 짜는 사고는, 나중에 다시 관

찰 대상에서 벗겨 내 고찰 대상으로 만드는 사고와 절대로 동일하지 않다. 일단 무의식적으로 대상에 자아 넣는 것은 그 다음에 의식적으로 다시 풀어서 끄집어 내는 것과 완전히 다른 것이다."

27. 이렇게 결론 내리는 사람은 그런 방식으로는 사고에서 벗어날 가능성이 전혀 없다는 것을 이해하지 못한다. 내가 사고를 고찰하고 싶어 하면, 사고에서 절대로 벗어날 수 없다. 의식하기 전의 사고와 나중에 의식하는 사고를 구분하는 사람은 한 가지 사실을 잊지 말아야 한다. 그 구분은 완전히 외형상의 것으로 주제 자체와는 아무 관계도 없다는 것이다. 내가 어떤 것을 사고하면서 고찰한다고 해서 그것이 완전히 다른 것으로 변하지는 않는다. 나와 완전히 다른 종류의 감각 기관을 가지고 있고 완전히 다르게 기능하는 지능을 가진 존재는 말馬에 대해 나와는 완전히 다른 표상을 가질 수 있다는 것 정도는 생각할 수 있다. 하지만 내가 내 사고를 관찰하기 때문에 그것이 다른 것으로 변한다고는 생각할 수 없다. 내가 스스로 만들어 낸 것을 나 스스로 관찰한다. 어떻게 내 사고가 다른 지능의 존재에게 다른 것이 되는지, 지금 이에 관해 거론하는 게 아니다. 여기서 중점은, 그것이 나를 위해 어떤 모양을 띠는가 하는 것이다.

그런데 다른 지능의 존재 속에 **내** 사고의 그림은 어떤 경우에도 내 자신의 것보다 절대로 더 진실할 수 없다. 내가 스스로 사고하는 존재가 아니라서 사고가 낯선 존재의 활동으로 내 앞에 들어서는 경우에만 나는 사고의 내 그림이 특정 방식으로 등장한다고 말할 수 있을 것이다. 하지만 그 낯선 존재의 사고가 그 자체로 어떤지, 이는 내가 알 수 없는 것이다.

28.　　내 사고를 다른 존재의 입장에서 바라볼 하등의 이유가 지금은 잠정적으로 전혀 없다. 나는 사고의 도움으로 (사고를 제외한) 나머지 세계 모두를 고찰한다. 그렇다면 왜 내가 내 사고만 예외로 취급해야 한다는 말인가?

29.　　나는 세계를 고찰할 때 사고에서 출발한다고 했는데, 이로써 그 근거를 충분히 설명했다고 본다. 지렛대를 고안한 후 아르키메데스는 그것을 떠받치는 지점을 발견할 수만 있다면, 그 지점을 기점으로 삼아 전 우주를 일변시킬 수 있으리라 믿었다. 아르키메데스는 다른 것을 통해서가 아니라 그 자체를 통해서 존재하는 것을 필요로 했던 것이다. 바로 사고에 그 자체를 통해서 존재하는 원리가 들어 있다. 그러므로 이제 사고를 기점으로 삼아 세계를 파악하기 위한 시도를 해야 한다. 우리는 사고를 그 자체를 통해서 파

악할 수 있다. 그렇다면 이제 생겨나는 질문은 단 하나뿐이다. 우리가 사고를 통해서 다른 것도 파악할 수 있는가?

30.　　　나는 지금까지 사고에 관해 말하면서 그 담당자, 즉 인간 의식은 전혀 고려하지 않았다. 오늘날 철학자 대다수는 사고가 있기 전에 의식이 있어야 한다는 이의를 제기할 것이다. 그런 까닭에 사고가 아니라 먼저 의식에서 출발해야 한다는 것이다. 의식이 없이는 사고도 없다고 한다. 그런 의견에는 다음과 같이 대답해야 한다. "사고와 의식 사이에 어떤 관계가 있는지 해명하고자 한다면, 그에 대해 반드시 숙고해야 한다. 이로써 사고를 전제한다." 그러면 다음과 같은 대답이 나올 수 있다. "철학자가 의식을 **파악하고자** 할 때 사고를 이용한다. 이런 의미에서 철학자는 사고를 전제하는 것이다. 다만 평범한 인생이 흘러가는 과정에서는 사고가 의식 속에서 생겨나므로 의식이 전제된다." 사고를 만들어 내려는 세계 창조자에게 이 대답을 주려는 것이라면, 의심할 여지없이 옳은 말이다. 먼저 의식을 완성시키지 않은 상태에서는 당연히 사고를 생성시킬 수 없다. 다만 철학자가 하는 일은 세계 창조가 아니라 창조된 세계를 파악하는 것이다. 그러므로 그는 창조를 위한 출발점이 아니라 세계 파악을 위한 출발점을 찾아야 한다. 철학자가 다

른 무엇보다 자기 원리의 정확성만 다루고, 파악하려고 하는 대상은 안중에 두지 않는다는 이유로 사람들한테 비난을 받는다면, 나는 그런 현상이 참으로 이상하다고 생각한다. 사고의 담당자를 어떻게 찾을지, 다른 모든 것에 앞서 바로 이것을 세계 창조자는 틀림없이 알고 있었을 것이다. 하지만 철학자는 이미 존재하는 것을 파악하기 위한 확고한 지반을 일단 찾아야 한다. 의식에서 출발한 다음에 그 의식을 사고하는 고찰에 예속시킨다 한들, **사고하는** 고찰을 통해서 사물을 해명할 가능성이 있다는 사실을 그 이전에 알지 못했다면, 그런 것이 우리한테 무슨 쓸모가 있는가?

31.   우리는 일단 사고하는 주체나 사고되는 객체에 연결시키지 않고 완전히 중립적으로 사고를 고찰해야 한다. 주체와 객체 같은 용어에 이미 사고를 통해 형성된 개념이 들어 있기 때문이다. 그러므로 다음 사실은 부정될 수 없다. **"다른 것이 파악될 수 있기 전에, 반드시 사고되어야 한다."** 이것을 부정하는 사람은, 인간으로서 자신이 창조에 있어 최초 구성원이 아니라 최종 구성원이라는 사실을 간과하는 것이다. 바로 그렇기 때문에 인간은 개념을 통해 세계를 해명하기 위해 현존재의 요소 중에서 시간적으로 최초의 것이 아니라, 우리에게 가장 가깝게, 가장 근접하게 주어진

것에서 출발할 수 있다. 고찰을 시작하기 위해 세계의 시초로 건너뛸 수는 없는 노릇이다. 일단 현재 이 순간에서 출발한 다음에 시간적으로 나중의 것에서 이전의 것으로 거슬러 올라갈 가능성이 있는지 보아야 한다. 지질학이 현재 지구 상태를 해명하기 위해 상상으로 고안해 낸 변혁에 대해 말하는 상태에 있었던 한 그저 암흑 속에서 더듬거릴 뿐이었다. 현재의 지구에 어떤 과정이 아직도 일어나고 있는지 조사한 다음에 그 이전에 무슨 과정이 있었는지 연역하는 식으로 연구하기 시작하자, 비로소 확고한 기반이 생겼다. 원자, 운동, 물질, 의지, 무의식 등과 같은 온갖 가능한 원리를 가정하는 한 철학은 그저 공중에 둥둥 떠 있는 격이다. 철학자는 완전히 최종적인 것을 최초의 것으로 간주할 때 비로소 목표에 도달할 수 있다. 세계 발달이 가져다 준 최종적인 것, 그것은 다름 아니라 바로 **사고**다.

32.   다음과 같이 말하는 사람들이 있다. "사고가 그 자체로서 옳은지 그른지는 우리가 확실하게 단언할 수 없는 문제다. 그렇기 때문에 결국 출발점이 의심스러운 것으로 남는다." 이런 말은 저 바깥에 서 있는 나무가 그 자체로 옳은지 그른지 의심하는 것과 똑같이 똑똑한 것이다. 사고는 기정사실이다. 그리고 기정사실에 관해 옳은지 그른지 논한

다는 것은 무의미하다. 내가 기껏해야 의심할 수 있는 것은 사고가 올바르게 적용되는가 하는 것이다. 특정 용도의 기구 제작에 적합한 목재를 특정 나무에서 얻을 수 있는가 하고 의심하는 것처럼 말이다. 어느 정도로 옳거나 그르게 사고를 세계에 적용하는지, 바로 이것이 이 글의 과제가 될 것이다. 세계에 관한 사고를 통해서 어떤 것이 밝혀질 수 있다는 것에 대해 의심을 품는 사람이 있다면, 나는 그 사람 마음을 이해한다. 하지만 어떻게 사고 자체의 정당성을 의심할 수 있는지는 도무지 이해가 가지 않는다.

개정판에 즈음한 주석

33.　　　지금까지 설명으로 사고와 다른 모든 영혼 활동 사이에는 의미심장한 차이가 있다는 것을 주목시켰다. 이는 진정으로 편견 없는 관찰에서 나온 사실이다. 이 편견 없는 관찰을 추구하지 않는 사람은 이 상술에 다음과 같은 이의를 제기해야 한다는 유혹에 빠진다. "내가 장미에 대해 생각하면, 그로써 결국 장미에 대한 내 '나'의 관계만 표현하는 것 아닌가? 이것이 장미의 아름다움을 느끼는 것과 뭐가 다

른가? 사고할 때도 '나'와 대상물 사이에는 예를 들어서 느낄 때나 지각할 때와 똑같은 관계가 존재한다." 이런 이의를 제기하는 사람은 **오직** 사고 활동에 있어서**만** '나'가 행위의 모든 세부 사항에 이르기까지 행위하는 자와 **한** 존재라는 것을 알고 있다는 사실을 참작하지 않는다. 이 현상은 어떤 영혼 활동에서도 사고의 경우처럼 그렇게 완벽하게 일어나지 않는다. 예를 들어서 즐거움을 느끼는 경우 섬세하게 관찰하는 사람은 어느 정도까지 '나'가 행위자와 하나라는 것을 알고 있는지, 그리고 어느 정도까지 자신 내면에 수동적인 것이 있어서 그 즐거움이 '나'를 위해 그냥 등장하는지 어렵지 않게 구분할 수 있다. 다른 영혼 활동의 경우에도 마찬가지다. 단, '사고내용의 그림을 가지는 것'과 사고를 통해서 사고내용을 작업하는 것을 혼동해서는 안 된다. 사고내용의 그림은 꿈처럼, 흐릿한 영감처럼 영혼 속에 등장할 수 있다. **사고**는 그런 식으로 등장하지 않는다. 여기에서 혹자는 다음과 같이 말할 수 있다. "사고에 대해 그런 식으로 말한다면, 그 사고 속에는 의지가 박혀 있는 것이다. 그러면 사고뿐만 아니라 사고의 의지에 관한 문제이기도 하다." 이 생각은 다음과 같은 말을 정당화할 뿐이다. "진정한 사고는 반드시 원해야 되는 것이다!" 단, 이것은 지금까지 이 글에서 설명한 것과 같은 사고의 특징과 아무 관계가 없다. 사고의 본질이 불가피하게 사고가 **원해지도록** 만들 수는 있다. 그런데 이 경우에도 중점은 사고가 실행되는 동안 완벽하게 조망 가능한 나 자신의 활동으로서 '나' 앞에 드러나지 않는 것은 절대로 원해지지 않아야 한다는 것이다. 심지어는 다음과 같이 말해야 한다. "이 책에서 정당화된 사고의 본질 **때문에** 사고가 관찰자에게 전적으로 **원해지는 것으로** 드러난다." 사고를 판단하기 위해 참작해야 할 모든 것을 정말로 투시하기 위해 애쓰는 사람은 이 지면에서 설명한 고유성이 이 영혼 활동에 속한다는 것을 깨달을 수밖에 없다.

34.   이 책의 저자가 사상가로서 매우 존경하는 인물[08]이

---

08 원발행자 철학자 에두아르트 폰 하르트만Eduard von Hartmann (1842~1906)을 일컫는다. 루돌프 슈타이너의 박사 학위 논문 확장판 〈진리와 과학, '자유의 철학' 서곡Wahrheit und Wissenschaft, Vorspiel einer 'Philosophie der Freiheit'〉(바이마르, 1892)에 다음과 같은 헌사가 실려 있다. "진심어린 경의를 표하며 에두아르트 폰 하르트만 박사님께 증정한다." 『자유의 철학』도 하르트만에게 보냈다. 하르트만은 철저하게 내용을 검토해 수많은 논평과 어구 주석을 달고 밑줄을 친 책을 2주 후에 돌려 보냈다. 그 논평과 어구 주석은 〈루돌프 슈타이너 전집에 대한 기고문〉 제85/86호(도르나흐, 1984, 미하엘리)에 게재되었다.

있다. 그는 사람들이 능동적인 사고로서 관찰한다고 믿는 것은 그저 착각에 불과하기 때문에 이 책에서 설명하는 식으로는 사고에 대해 말할 수 없다는 이의를 제기했다. 그의 말에 따르면, 사실은 사람들이 사고의 근저에 놓인 의식되지 않은 활동의 결과만 관찰할 뿐이라는 거다. 이 의식되지 않은 활동은 관찰되지 않는다는 이유 때문에 관찰되는 사고가 그 자체를 통해서 존재한다는 착각이 생겨난다고 한다. 굉장히 빠른 속도로 전깃불을 켰다 끄고 켰다 끄기를 계속해서 반복하면, 그 조명 아래 있는 사람들이 움직이는 것처럼 보이는 착시 현상과 같은 이치라고 한다. 이런 반론은 상황을 부정확하게 관찰하는 데에 기인한다. 이런 반론을 펼치는 사람은, 사고 **안에** 서서 **자신의** 활동을 관찰하는 것이 '나' 자신이라는 사실을 고려하지 않는 것이다. 굉장히

루돌프 슈타이너가 여기에 언급하는 하르트만의 이의는 이 장 18문단에 "왜냐하면 그 사람은 자신이 만들어 낸 어떤 것을 관찰하기 때문이다. 그는 낯선 대상이 아니라 자신의 행위를 마주 대하는 자신을 본다."와 관계한다. 여기에 하르트만이 "아닙니다!", "아닙니다!"라 쓰고 다음과 같은 논평을 덧붙였다.

"그는 여기에서도 자신이 만들어 내는 활동 자체를 관찰하는 게 아니라, 자신의 활동 결과만 관찰할 뿐입니다. 이것은 우리가 전기 섬광같이 빠르게 연속적으로 이어지는 조명을 통해 움직임을 본다고 믿는 것과 똑같은 기만입니다."

빠른 속도로 연속적으로 껐다 켜지는 조명을 받을 때처럼 기만될 수 있으려면, '나'는 사고의 외부에 있어야 한다. 오히려 다음과 같이 말해야 한다. "그런 비교를 예로 드는 사람은, 빛이 움직이는 것을 보면서 그 빛으로 밝아지는 각각의 장소마다 보이지 않는 손이 매번 새롭게 불을 켜는 것이라고 말하는 사람처럼 엄청난 착각에 빠져 있다." '나' 자체 내면에서 조망 가능한 활동으로서 생성된 것 외에 다른 것을 사고 안에서 보려고 하는 사람은 일단 관찰로 주어진 단순한 사실을 볼 눈이 멀어야 하고, 그런 다음에 가정된 활동을 사고의 근거로 만들 수 있을 뿐이다. 그럴 눈이 멀지 않은 사람은 이런 방식으로 사고에 '부가해서 사고하는' 모든 것은 사고의 본질을 벗어나도록 한다는 것을 인정하는 수밖에 없다. 편견 없이 관찰하면, 사고 자체 **안에서** 발견되지 않는 것은 어떤 것도 사고의 본질로 간주될 수 없다는 결론이 나온다. 사고의 영역을 벗어나면 인간은 사고가 **발생시킨** 것에 접근할 수 없다.

4. 지각으로서의 세계

1.　　　사고를 통해서 **개념**과 **관념**이 생겨난다. 개념이 무엇인지는 단어로 말할 수 없다. 단어는 인간이 개념을 지닌다는 사실을 주목시킬 수 있을 뿐이다. 어떤 사람이 나무 한 그루를 보면, 그의 사고가 그 관찰에 반응한다. 이는, 관찰 대상에 관념적 짝이 생겨나고, 관찰자는 그 대상과 관념적 짝을 서로 속하는 것으로 간주한다는 말이다. 대상이 관찰 범위에서 사라지면, 관념적 짝만 남는다. 이 후자가 대상의 개념이다. 우리 경험이 폭넓어질수록 개념도 더 많아진다. 그런데 개념들은 따로따로 분리되어 존재하지 않고, 법칙적 전체로 함께 맞물려 있다. '유기체'라는 개념은 예를 들어서 '법칙적 발달, 성장' 등과 같은 다른 개념에 연결되어 있다. 개별적인 것에서 형성된 다른 개념들이 하나의 개념

에 완전히 합류한다. 내가 사자에 대해 형성한 모든 개념은 '사자'라는 총체적 개념에 합류한다. 이런 식으로 개별적 개념들이 하나의 완결된 개념 체계로 연결되고, 각 개념은 그 체계 속에서 나름대로 특별한 위치에 있다. 관념은 질적으로 개념과 별로 다를 바가 없다. 관념은 내용이 더 포화되고, 방대하고 알찬 개념일 뿐이다. 바로 이 지점에서, 내가 출발점으로 **사고**를 표시했지 사고를 통해서 비로소 획득되는 **개념과 관념**을 가리키지 않았다는 사실이 유념되는 데에 특별한 가치를 두지 않을 수 없다. 개념과 관념은 이미 사고를 전제한다. 그러므로 내가 그 자체에 근거하는, 다른 어떤 것으로도 규정되지 않는 사고의 본질과 관계해서 말한 것은 단순하게 개념에 적용될 수 없다.(이것을 강조하는 이유는, 나와 헤겔 사이의 의견 차이가 바로 이 점에 있기 때문이다. 헤겔은 개념을 최초의 것이고 원천적인 것으로 간주한다)

2.   개념은 관찰에서 얻을 수 없다. 이는, 인간이 성장하는 동안 주변 대상물에 대한 개념을 천천히 차츰차츰 형성한다는 상황에서 이미 결과로 나오는 사실이다. 개념은 관찰에 부가되는 것이다.

3.   유명한 현대 철학자(**허버트 스펜서**)는 인간이 관찰

할 때 실행하는 정신적 과정을 다음과 같이 상술했다.

4.　　　"9월 어느 날 우리가 가을 벌판을 걷고 있는데 갑자기 서너 걸음 앞에서 무슨 소리가 들린다. 길가에 움푹 파인 고랑에서 소리가 나는 듯하다. 그 주변 덤불이 움직이는 것도 보인다. 아마도 우리는 왜 그런 소리가 나는지, 왜 덤불이 움직이는지 궁금해서 그쪽으로 다가갈 것이다. 거기에 도착하자마자 고랑에서 까투리 한 마리가 푸드득 날아간다. 그로써 궁금증이 풀렸다. 현상의 해명이라는 것을 얻었으니 말이다. 이 해명은 더 나아가 다음과 같은 결론에 이른다. 작은 물체들이 정적인 상태에 있다가 갑자기 동요되면, 그 동요하는 물체들 사이에 있는 다른 물체도 함께 움직인다. 바로 이 현상을 우리가 살아오면서 너무나 자주, 수없이 보아 왔고 그런 동요와 그에 따른 움직임 사이의 관계를 일반화했기 때문에, 그와 유사한 관계에서 동요가 발생했다고 알아보는 즉시 해명된 것으로 간주한다."[01] 그런데 더 꼼꼼하게 들여다보면, 문제는 여기서 이야기한 것과 완전히 다르게 나타난다. 내가 어떤 소리를 들으면, 일단 그 관

---

01 원발행자 이 책 1장 각주02를 참조하라. 『심리학 원리The Principles of Psychology』(페터 박사Dr. B. Vetter, 생몰 연도 미상)의 독일어 번역판 (슈투트가르트, 1875) 69쪽 이하(제5장, 모든 인식의 상대성, §23)

찰에 대한 개념을 찾는다. 개념을 발견하면, 그제야 비로소 그 개념이 나한테 소리 이상의 것을 가리킨다. 어떤 소리를 듣고도 더 이상 생각하지 않는 사람은 그 소리를 들은 상태에 만족하고 지나친다. 반면에 곰곰이 생각을 하면, 그 소리를 (어떤 것에서 나온) 효과로 이해해야 한다는 것이 분명해진다. 달리 말해서 내가 소리의 지각에 **효과**의 개념을 연결하면, 그제야 비로소 개별적 관찰을 넘어서서 (그 효과의) **원인**을 찾아보려는 이유가 생기는 것이다. 효과의 개념이 원인의 개념을 불러일으킨다. 그러면 나는 원인이 되는 (소리를 내는) 대상을 찾아 나서고, 결국 까투리에서 (소리의) 원인을 발견한다. 원인과 결과, 이 개념들은 아무리 많은 예시를 들여다보아도 단순한 관찰을 통해서는 절대로 얻을 수 없는 것이다. 관찰은 사고를 불러일으킨다. 그리고 개별적 체험을 다른 것과 연결시키는 길을 나한테 알려 주는 것은 사고다.

5.　　'엄격하게 객관적인 과학'에 오직 관찰을 통해서만 내용을 얻으라고 요구하는 사람은 동시에 사고도 모두 포기하라고 요구해야 한다. 왜냐하면 사고는 그 본질에 따라 관찰을 넘어서기 때문이다.

6.　　이제 사고를 떠나 사고하는 존재로 넘어갈 단계에 이

르렀다. 왜냐하면 이 존재를 통해서 사고가 관찰에 연결되기 때문이다. 인간 의식은 개념과 관찰이 서로 만나는 무대, 서로 결합하는 무대다. 이로써 동시에 (인간) 의식의 특성이 설명되었다. 사고와 관찰 사이에서 매개하는 자, 이것이 인간 의식이다. 인간이 대상을 관찰하는 한, 대상은 그에게 그냥 주어진 것으로 드러난다. 인간이 사고하는 한, 스스로 활동 중인 것으로 드러난다. 인간은 사고하면서 대상물을 **객체로**, 자신을 사고하는 **주체로** 간주한다. 인간이 자신의 사고를 관찰에 집중시키기 때문에 객체를 의식한다. 인간이 사고를 자신에 집중시키기 때문에 자신을 의식하거나, 혹은 **자의식**을 지닌다. 인간 의식은 **사고하는** 의식이기 때문에 필연적으로 자의식이 될 수밖에 없다. 왜냐하면 사고가 그 자체의 활동에 시각을 집중하면, 그것이 그 자체의 고유한 존재를, 즉 자신의 주체를 객체로 만들어 대상으로 삼기 때문이다.

7.　　　이제 간과하면 안 되는 것이 한 가지 있다. 우리는 오직 사고의 도움으로만 우리를 주체라 규정하고 객체를 우리 앞에 마주 세울 수 있다는 것이다. 이런 까닭에 사고를 단순히 주관적 활동으로 이해해서는 절대로 안 된다. 사고는 주체와 객체를 초월해서 존재한다. 사고가 이 두 가지

개념뿐 아니라 다른 모든 개념도 형성한다. 우리가 사고하는 주체로서 어떤 객체에 개념을 연결할 때, 이 관계를 단순히 주관적인 것으로 이해해서는 안 된다. 이 관계를 야기하는 것은 주체가 아니라 사고다. 주체는 주체라서 사고하는 것이 아니다. 사고할 능력이 있기 때문에 자신이 주체가 된 것처럼 보일 뿐이다. 인간이 **사고하는** 존재로서 하는 활동은 단순하게 주관적인 것이 절대로 아니다. 그 활동은 주관적이지도 객관적이지도 않은 것으로 이 양 개념을 초월한다. 내 개인적 주체가 생각한다고 말해서는 절대로 안 된다. 오히려 개인적 주체는 사고의 은혜로 산다고 말해야 한다. 그러므로 사고는 내가 나 자신을 초월해 나아가도록 인도하고, 그렇게 나를 벗어난 나를 객체와 연결하는 요소다. 그런데 동시에 나와 객체를 분리시킨다. 사고가 객체 맞은편에 나를 주체로 마주 세우며 그렇게 한다.

8.　　　바로 여기에 인간의 이중적 천성이 기인한다. 인간은 사고를 함으로써 자신과 나머지 세계를 포괄한다. 그와 동시에 스스로는 사고를 매개로 객체를 마주 대하는 개인으로만 규정할 수 있을 뿐이다.

9.　　　이제 다음과 같은 질문을 해야 한다. "우리가 지금까지 단순히 관찰 객체라고 명명한 요소들, 그리고 우리 의식

안에서 사고와 만나는 다른 요소들은 어떻게 의식에 들어
서는가?"

10.　　　이 질문에 대답을 하려면, 사고를 통해 우리의 관찰
영역에 들어서는 모든 것을 그 영역에서 철저히 분리해 내
야 한다. 왜냐하면 우리의 의식 내용 하나하나가 언제나 개
념에 의해 극히 다중적 방식으로 관철되어 있기 때문이다.

11.　　　완벽하게 발달된 인간 지능을 가진 존재가 무에서 생
겨나 이 세계에 들어섰다고 상상해 보자. 그 존재가 사고를
작동시키기 전에 이 세계에서 지각하는 것, 바로 이것이 순
수한 관찰 내용이다. 그 상태에서 세계는 그 존재에게 상호
간에 무관한 **감각 객체들의** 집합체를 보여 줄 것이다. 색채,
음향, 압력, 온기, 미각, 후각 그리고 결과적으로 호불호 등
이 서로 아무 관계 없이 무작위로 늘어서 있다. 바로 이 집
합체가 사고내용이 없는 순수한 관찰 내용이다. 그 건너편
에는 공격할 곳이 있기만 하면 즉시 활동을 펼칠 준비가 된
사고가 있다. 경험은 사고가 그곳을 즉시 발견한다고 가르
친다. 사고는 한 가지 관찰 요소에서 다른 관찰 요소로 실마
리를 풀어낼 위치에 있다. 그 요소들에 특정 개념을 결합시
켜서 관계가 이루어지도록 한다. 우리가 산책을 가다가 들
은 소음을 어떻게 다른 관찰과 연결하는지 앞에서 보았다.

전자를 후자의 결과라 생각하기 때문에 그 양자를 연결하는 것이다.

12. 　그런데 사고 활동을 주관적인 것으로 이해해서는 안된다는 사실을 상기한다면, 사고를 통해 생겨나는 관계 역시 단순히 주관적 타당성만 있는 것이라 생각하는 우를 범하진 않을 것이다.

13. 　이제 여기서 다루어야 할 중점은, 위에 제시한 것과 같이 직접적으로 주어진 관찰 내용이 우리의 의식하는 주체에 대해 지니는 관계를 심사숙고해서 찾는 것이다.

14. 　일반적 용어 사용이 불명확하기 때문에 내가 이 책에서 계속해서 쓸 단어 하나를 상세히 설명해서 독자에게 이해시켜야 할 필요가 있는 듯이 보인다. 앞에 언급한 직접적 감각 객체는 의식하는 주체가 관찰을 통해서 그것을 알아보는 한 **지각**이라고 명명하겠다. 달리 말해 관찰 과정이 아니라 관찰 **객체를** 지각이라는 단어로 표시한다는 것이다.

15. 　내가 **감각**이라는 용어를 선택하지 않는 이유는 지각에 대한 내 개념보다 협소한 특정 의미가 생리학에 있기 때문이다. 내 내면의 느낌은 지각이라 부를 수 있다. 하지만 생리학적 의미에서 감각이라고 부를 수는 없다. 내 느낌에 대한 앎을 얻는 것도 그것이 나를 위해 **지각**이 되어야 가능

하다. 그리고 우리가 관찰을 통해 우리 사고에 대한 앎을 얻
는 양식을 보자면, 사고도 최초로 등장할 때는 우리 의식을
위해 지각이라 불릴 수 있다.

16.   순진한 사람은 자신 앞에 직접 드러나는 그대로의 의
미에서 지각을 고찰한다. 그에게 지각은 자신과 무관하게
별도의 현존재를 지니는 대상이다. 순진한 사람이 나무 한
그루를 본다고 하자. 그는 그 나무가 지금 보고 있는 그대로
의 형태로, 나무 둥치와 가지와 잎이 지금 보고 있는 그대로
의 색으로, 눈길이 닿는 바로 그 장소에 서 있다고 일단 믿
는다. 그가 아침에 일어나 지평선에 둥그렇게 떠오르는 해
를 보고, 그 둥근 모양이 움직이는 대로 따라간다고 하자.
그 모든 것이 자기가 관찰하는 방식으로 (그 자체 그대로)
발생하고 존속한다고 생각한다. 순진한 사람은 자신의 지
각과 상충하는 다른 지각을 만날 때까지 그 믿음을 굳건히
고수한다. 거리에 대한 경험이 많지 않은 어린아이가 달을
잡으려고 손을 뻗친다. 그리고 처음에 보았을 때는 실재라
믿었던 것을 그에 모순되는 다른 지각을 통해서 정정한다.
내 지각 범위를 확장할 때마다 세계에 대한 내 그림을 정정
해야 한다. 이것은 일상생활에서뿐만 아니라 인류 정신 발
달 과정에서도 드러난다. 지구와 태양의 관계, 지구와 다른

천체의 관계에 대해 고대 인류가 만들어 낸 그림은 코페르니쿠스[02]에 의해 다른 것으로 대체되어야 했다. 왜냐하면 그 그림이 그 당시에는 알려지지 않은 지각과 일치하지 않았기 때문이다. 선천성 시각 장애인이 프란츠 박사한테 수술을 받아 눈을 뜬 후에 대상을 보니 그 크기가 손으로 만졌을 때와는 완전히 다르다고 말했다.[03] 그는 촉각을 통한 지각을 시각을 통한 지각으로 정정해야 했던 것이다.

17.　　　그렇다면 어떤 이유에서 우리는 이렇게 끊임없이 관찰을 정정하도록 강요받는가?

18.　　　조금만 생각해 보면 이 질문에 대한 답이 나온다. 오솔길 한쪽 끝에 서면, 멀리 떨어진 다른 쪽 끝에 있는 나무

---

02 옮긴이 니콜라우스 코페르니쿠스Nicolaus Copernicus(1473~1543)
_ 폴란드 천문학자

03 원발행자 1840년. 〈수술 이전과 이후의 선천성 시각 장애인의 지각 세계 선천성 시각 장애인으로 18세에 성공적 수술을 받은 젊은 남성에 관한 보고. 아우구스트 프란츠C. J. August Franz(생몰 연도 미상, 이 인물에 관해 알려진 사실이 없음) 박사의 생리학적 관찰과 실험, 라이프치히〉. 〈루돌프 슈타이너 유고국 소식지〉(〈루돌프 슈타이너 전집에 대한 기고문〉의 예전 명칭) 제19호. 도르나흐, 1967, 미하엘리, 9~13쪽
루돌프 슈타이너가 자주 인용한 테오도르 치헨의 저서 『생리학적 심리학 입문서』(예나, 1893) 제2판 59쪽에 프란츠 박사의 환자와 다른 선천성 시각 장애인 한 명에 대한 보고가 있다.

들은 내가 서 있는 쪽 나무들보다 작고 서로 촘촘히 붙어 있는 것처럼 보인다. 내가 관찰 장소를 옮기면 내 지각 그림도 달라진다. 달리 말해 지각이 다가오는 형태는 객체가 아니라 지각하는 사람, 즉 나한테 달려 있는 요소를 통해 결정된다. 오솔길은 내가 어디에 서 있는지 전혀 상관하지 않는다. 하지만 내가 오솔길에서 얻는 그림은 근본적으로 내 위치에 따라 결정된다. 이와 마찬가지로 태양이나 천체 구조 역시 인간이 지구상에서 관측을 하든 말든 그런 것과는 무관하게 존재한다. 하지만 관측하는 사람에게 보이는 지각 그림은 그가 서 있는 장소를 통해 규정된다. 지각 그림이 관찰 장소에 달려 있다는 사실은 그나마 가장 쉽게 투시할 수 있는 것에 속한다. 지각 세계가 우리 신체 조직과 정신 조직에 어떤 식으로 의존하는가? 이것을 밝혀야 한다면, 문제는 어려워진다. 물리학자는 어떤 소리가 나는 공간 내부에 공기 진동이 일어난다는 것을, 그리고 그 소리가 나온다고 생각되는 물체 역시 진동한다는 것을 보여 준다. 정상적인 귀가 있다면 우리는 그 진동을 음향으로 지각한다. 그런 귀가 없다면 세상 전체가 우리에게 영원히 조용하게 머물 것이다. 생리학은 주변의 화려한 색채 향연을 전혀 알아보지 못하는 사람들이 있다고 가르친다. 그런 사람들의 지각 그림은 다양한 단계로 된 회색조를 띨 뿐이다. 어떤 사람은 예를 들어서 빨간색 같은 특정 색채만 지각하지 못한다. 그 사람의 세계에는 빨간색이 없다. 그래서 그는 보통 사람과는 실제로 다른 세계 그림을 지닌다. 나는 지각 그림이 내 관찰 장소에 의존하는 것은 수학적 문제고, 내 조직에 의존하는 것은 질적인 문제라 말하고 싶다. 전자를 통해서는 내 지각의 대소 관계와 상대적 거리가, 후자를 통해서는 내 지각의 질이 규정된다. 내가 빨간색 벽을 빨갛다고 보는 것은 —질적 규정성은— 내 눈의 조직에 의존한다는 것이다.

19.　　　이에 따르면 내 지각 그림은 일단 주관적이다. 우리 지각의 주관적 성격에 대한 앎은 지각의 근저에 객관적인 어떤 것이 어쨌든 있는가 하는 의심으로 쉽사리 이끌어 간다. 우리 유기체의 특정 기관이 없는 경우 예를 들어 빨간색이나 특정 음향 등 어떤 종류의 지각이 불가능하다는 사실을 알면, 그 색채나 음향이 —우리의 주관적 유기체는 일단 간과하고— 전혀 존재하지 않는다고, 지각 활동이 없이는 지각 활동의 객체인 색채나 음향이 어떤 종류의 현존재도 지니지 않는다고 믿을 수 있다. 이 의견은 **조지 버클리**에서 그 전형적 대리자를 발견한다. 버클리의 생각에 따르면, 지각을 위한 주체의 의미를 의식하는 그 순간부터 인간은

의식하는 정신 없이 존재하는 세계를 더 이상 믿을 수 없게 된다. 버클리는 다음과 같이 말한다. "몇 가지 진실은 너무나 가까이에 있고 너무나 분명해서 그것을 보려고 눈을 뜨기만 하면 된다. 나는 그런 진실 중에 하나가 바로 다음과 같은 중요한 문장이라 생각한다. 천상에 울려 퍼지는 모든 합창과 지상에 속하는 모든 것, 한 마디로 말해서 거대한 세계 구조를 이루는 모든 물체는 정신 외부에 전혀 존립하지 않는다. 그것은 지각되거나 인식될 때만 현존한다. 따라서 나에 의해 정말로 지각되지 않는 한, 혹은 내 의식 안이나 다른 창조된 정신의 의식 안에 존재하지 않는 한, 그것은 전혀 존재하지 않거나 혹은 영원한 정신의 의식 안에 존재한다."[04] 지각됨을 도외시하면, 이런 의견을 위해서는 지각에서 남는 것이 전혀 없다. 아무도 보지 않으면 색이 존재하지 않고, 아무도 듣지 않으면 소리도 존재하지 않는다 하니 말이다. 그뿐만 아니라 지각 행위 외에는 색채나 음향뿐 아니라 넓이, 형태, 움직임도 존재하지 않는다고 한다. 그런데 우리는 어디에서도 그저 넓이나 형태만 따로 보지 않는다.

---

[04] 원발행자 조지 버클리George Berkeley(1685~1753)_ 영국 철학자, 성직자. 『인간 지식의 원리에 관한 논술A Treatise Concerning the Principles of Human Knowledge』(1710) VI. 루돌프 슈타이너가 어느 번역판을 인용했는지는 밝혀지지 않았다.

넓이나 형태를 언제나 색채와 결합된 상태에서, 혹은 의심할 여지없이 우리의 주관성에 의존하는 다른 성향과 결합된 상태에서 본다. 이 후자가 지각과 더불어 사라지면, 후자와 결합되어 있는 전자 역시 사라질 수밖에 없다.

20.　　아무리 형태, 색채, 음향 등이 지각 활동이 일어나는 동안에만 존재하고 그 외에는 절대 존재할 수 없다고 해도, 의식 없이 존재하는 대상, 의식되는 지각 그림과 유사한 대상은 있어야 하는 것 아니냐는 이의에 버클리같이 생각하는 사람들은 다음과 같이 대답한다. "한 가지 색채는 한 가지 색채와 유사할 수 있고, 하나의 형태는 하나의 형태와 유사할 수 있을 뿐이다. 우리 지각은 우리 지각과 유사할 수 있을 뿐이지, 절대 다른 것과 유사할 수 없다. 우리가 어떤 대상을 칭하는 것도 한 무리의 지각일 뿐 다른 것이 전혀 아니다. 탁자에서 면적, 형태, 색채 등, 간단히 말해서 그저 내 지각에 불과한 모든 것을 제거하면, 결국 아무것도 남지 않는다." 일관적으로 추적하면 이런 생각은 다음과 같은 주장으로 이끌어 간다. "내 지각 객체는 오로지 나를 통해서만 존재한다. 더 정확히 말해 내가 지각하는 동안에만, 지각하는 한에서만 존재한다. 그것은 지각과 더불어 사라지며, 지각이 없이는 아무 의미도 없다. 그러므로 나는 내 지각 외

에는 어떤 객체도 알지 못하고, 그 객체에 대해 아무것도 알
수 없다."

21.　　　이런 주장에는 내 주체의 조직이 지각을 함께 규정한
다는 상황을 일반적으로 고려하는 한 제기할 이의가 없다.
하지만 한 가지 지각이 성립되는 데에서 우리의 지각 행위
가 어떤 기능을 하는지 제시할 수 있다면, 문제는 본질적으
로 달라진다. 지각 행위가 어떤 역할을 하는지 알면, 우리가
지각 행위를 하는 동안 지각에 무엇이 일어나는지도 알 수
있고, 그로써 그 지각이 지각되기 전에 그것에 있어야 하는
것도 규정할 수 있게 된다.

22.　　　이로써 우리 고찰은 지각 객체에서 지각 주체로 넘어
간다. 나는 다른 대상만 지각하지 않고, 나 자신도 지각한
다. 나 자신의 지각에 일단 들어 있는 내용은 단순히 오가
는 지각 그림과 달리 나는 지속하는 존재라는 것이다. 나의
지각은 내가 다른 지각을 지니는 동안 언제나 내 의식 속에
떠오를 수 있다. 그냥 주어진 대상의 지각에 몰두하는 경우
나는 잠정적으로 그에 대한 의식만 지닌다. 그 다음에 나 자
신의 지각이 그것에 부가해서 들어설 수 있다. 그러면 이제
나는 대상뿐만 아니라, 그 건너편에 서서 그것을 관찰하는
나 개인도 의식한다. 나는 나무만 보지 않고, 동시에 나무

를 보는 **것이 나 자신이라는 사실**을 알고 있다. 그뿐만 아니라 내가 나무를 관찰하는 동안 내면에 어떤 것이 일어나고 있다는 것도 인지한다. 나무는 시야에서 사라져도, 내 의식 속에는 그 과정의 잔류물이 남아 있다. 바로 나무의 그림이다. 이 그림은 내가 관찰하는 동안 내 자아와 결합했다. 내 자아가 더 풍부해졌다. 이는, 내 자아가 새로운 요소를 내용으로 받아들였다는 의미다. 나는 이 요소를 나무에 대한 내 **표상**이라 명명한다. 내가 내 **자아**를 지각하는 중에 표상을 체험할 수 없다면, 나는 절대로 **표상에** 관해 말할 상태에 이를 수 없을 것이다. 지각은 오고 간다. 내가 그것들이 오가도록 버려둔다는 의미다. 내가 내 **자아**를 지각하고, 매번 다른 것을 지각할 때마다 내 자아 내용 역시 변한다는 것을 알아챔으로써, 오직 그렇게 함으로써 나는 대상에 대한 관찰을 나 자신의 상태 변화에 연결시키고 내 표상에 관해 말하도록 강요된다고 본다.

23.　　대상에서 색, 음향 등을 지각하는 것과 같은 식으로 내 자아에서 표상을 지각한다. 이제 두 가지를 구분할 수 있다. 나를 마주 대하는 다른 대상들은 **외부 세계**라 부르고, 내 자아 지각의 내용은 **내면세계**라고 명명한다는 것을. 근대 철학에 생겨난 가장 큰 오해는 표상과 대상의 이 관계를

제대로 알아보지 못한 데에 기인한다. 우리 내면에 일어난 변화의 지각, 즉 내 자아가 경험하는 변화는 전면에 밀어붙이고, 이 변화를 야기하는 객체는 시야에서 완전히 잃어버렸다. 그렇다 보니 다음과 같이 말하게 되었다. "우리는 대상이 아니라 우리의 표상만 지각한다." 내가 탁자를 관찰하면, 관찰 대상인 탁자 자체에 대해서는 아무것도 알지 못하고, 나 자신에 일어난 변화에 대해서만 안다는 말이다. 그런데 이 생각을 앞에서 언급한 버클리의 생각과 혼동하면 안 된다. 버클리는 내 지각 내용의 주관적 성격을 주장하지, 내 표상에 대해서만 알 수 있다고는 말하지 않는다. 버클리는 표상 외에는 아무 대상도 없다는 의견이기 때문에 내 앎을 내 표상에 한정시키는 것이다. 내가 탁자로서 바라보는 것은 내 눈길이 그것을 향하지 않는 즉시 버클리의 의미에서는 더 이상 존재하지 않는다. 이런 까닭에 버클리는 직접적으로 신의 능력을 통해 내 지각을 생성시킨다. 내가 탁자를 보는 것은 신이 내 내면에 그 지각을 불러일으키기 때문이다. 그렇게 생각하기 때문에 버클리는 인간 정신과 신 외에 실재하는 다른 존재를 전혀 모른다. 우리가 세계라 부르는 것은 오로지 정신 내부에만 존재한다. 순진한 사람이 외부 세계라고, 물질적 자연이라고 부르는 것, 그런 것은 버클리에게 존재하지 않는다. 이 의견 건너편에 현재 주류인 칸트[05] 철학이 있다. 칸트 역시 세계에 대한 우리 인식이 표상에 한정된다고 본다. 단, 우리 표상 외에는 어떤 대상도 존재하지 않는다고 확신해서가 아니다. 칸트가 인식을 표상에 한정하는 이유는, 우리가 내면에 일어나는 변화에 대해서는 어떤 것을 알 수 있지만, 그 변화를 야기하는 물자체에 대해서는 아무것도 경험할 수 없도록 조직되어 있다고 믿기 때문이다. 나는 오직 내 표상만 알고 있다는 이 상황에서 추론하기를, 내 표상과 별개인 독자적 대상이 없는 게 아니라, 주체가 그런 독자적 대상을 직접 수용할 수 없다고 한다. 주체는 "자신의 주관적 사고내용이라는 매개를 통해서" 표상과 별개인 독자적 대상을 "상상하고, 가정하고, 사고하고, 인식한다. 또는 인식하지 못할 수도 있다"는 것이다.(립만, 『실재의 분석에 관하여』)[06] 이렇게 생각하는 사람은 자신이 절대적으로 확실한 어떤 것을, 증명이 전혀 필요하지 않은 명백한 어떤 것을 말한다고 믿는다. "철학자가

---

05 옮긴이 이마누엘 칸트Immanuel Kant(1724~1804)_ 독일 철학자

06 원발행자 오토 립만Otto Liebmann(1840~1912)_ 독일 철학자.『실재의 분석에 관하여, 철학의 근본 문제 규명Zur Analyse der Wirklichkeit, Eine Erörterung der Grundprobleme der Philosophie』증보판 (스트라스부르크, 1880) 28쪽

명확하게 의식에 새겨야 할 첫 번째 근본 명제는, 우리 앎이 미치는 범위는 **일단** 우리 표상일 뿐 그 이상으로는 나가지 않는다는 사실을 인식하는 데에 있다. 우리가 직접 경험하고 체험하는 유일한 것, 그것은 바로 표상이다. 우리가 표상을 직접 경험하기 때문에 어떤 극단적인 의심도 우리에게서 표상에 대한 앎을 뺏어 갈 수 없다. 그에 반해 우리 표상을 넘어서는 것은 ─나는 여기에서 모든 심리적 사건을 포함하는 광범위한 의미에서 이 표현을 이용한다─ 그 의심으로부터 방어될 수 없다. 그러므로 **철학을 시작하려면**, 표상을 넘어서는 모든 앎은 명백하게 의심할 여지가 있는 것이라 전제할 수밖에 없다." **폴켈트**는 『**이마누엘 칸트의 인식론**』[07]이라는 책을 이렇게 시작한다. 폴켈트가 마치 직접적이고 자명한 진실인 양 제시한 것은 사실 대략 다음과 같이 흘러가는 사고 작업의 결과다. 순진한 사람은 대상이 자기가 지각하는 그대로 자기 의식 외부에 있다고 믿는다. 그런데 물리학, 생리학, 심리학은 우리 조직이 지각을 위해

---

07 원발행자 요하네스 이마누엘 폴켈트(Johannes Immanuel Volkelt (1848~1930)_ 독일 철학자. 『이마누엘 칸트의 인식론을 그 근본 원리에 따라 분석하다. 인식론 확립을 위한 기고문Immanuel Kant's Erkenntnistheorie nach ihren Grundprinzipien analysiert. Ein Beitrag zur Grundierung der Erkenntnistheorie』(라이프치히, 1879) 1쪽

필수적이고, 그래서 우리는 조직이 대상에 대해 전달하는 그 이상은 알 수 없다고 가르치는 듯이 보인다. 이에 따르면 우리의 지각은 조직 안에 일어난 변화일 뿐 물자체는 아니라는 것이다. 실제로 에두아르트 폰 하르트만은, 내가 이 책에서 암시한 사고 과정이야말로 "우리는 오로지 우리 표상에 대해서만 직접적으로 알 수 있다."는 명제를 확신하게 만드는 것이라고 단정했다.(『인식론의 근본 문제』, 16~40쪽을 비교하라)[08] 물체와 공기 진동이 우리에게 음향으로 드러나고, 우리는 그 진동을 우리 유기체 외부에서 발견한다. 이 사실에서 추론하기를, 음향이라 불리는 것은 외부 세계에서 일어나는 진동에 대한 우리 유기체의 주관적 반응일 뿐 그 이상은 아니라 한다. 이와 똑같은 방식으로 색채와 온기도 우리 유기체의 변화일 뿐이라 한다. 더 정확히 설명하자면, 이 두 가지 지각 양식이 외부 세계에서 일어나는 과정의 효과를 통해서 우리 내면에 발생하는 것이기는 해도, 외부 세계 과정은 우리의 온기 체험, 혹은 색채 체험과 완전히 다르다는 말이다. 외부 세계 과정이 내 몸의 피부 신

---

[08] 원발행자 에두아르트 폰 하르트만의 『인식론의 근본 문제, 가능한 인식론적 관점의 현상학적 답사Grundproblem der Erkenntnistheorie, Eine phänomenologische Durchwanderung der möglichen erkenntnistheoretischen Standpunkte』(라이프치히, 1889) 16~40쪽

경을 자극하면 온기에 대한 주관적 지각이 생기고, 내 시신경에 와 닿으면 빛과 색채를 지각한다는 말이다. 그러니까 내 감각 신경이 외부에서 오는 자극에 빛, 색채, 온기로 대답한다는 것이다. 촉각도 외부 세계의 대상이 아니라 내 상태만 알려 줄 뿐이다. 현대 물리학의 관점에서는 물체가 극도로 미세한 소립자로, 즉 분자로 이루어져 있다고 생각한다. 이 분자들은 다닥다닥 붙어 있지 않고 서로 간에 특정 간격을 두고 있다. 달리 말해 분자들 사이에 빈 공간이 있다는 것이다. 이렇게 공간을 둔 분자들이 상호 간에 잡아당기거나 밀쳐 내는 힘으로 작용한다. 내가 어떤 물체에 손을 갖다 댄다고 하면, 내 손의 분자들은 그 물체를 절대 직접 건드리지 않는다. 내 손과 물체 사이에는 언제나 일정 간격이 있다. 내가 물체에서 (단단하다는 등) 저항으로 느끼는 것은 그 물체의 분자가 내 손에 밀쳐 내는 힘으로 작용해서 생기는 효과일 뿐이다. 그러니까 나는 완전히 물체 외부에 있고, 내 유기체에 생긴 효과만 지각할 뿐이라는 말이다.

24.   이른바 특정 감각 에너지 학설이 이 생각을 보충하면서 등장한다. **뮐러**[09]가 만들어 낸 그 학설에 따르면, 각 감각

---

09 원발행자 요하네스 페터 뮐러Johannes Peter Müller(1801~1858)_ 독일 생리학자, 의사, 비교 해부학자, 동물학자. 『인간과 동물의 안면 감각 비교

기관은 외부에서 오는 모든 자극에 한 가지 특정 방식으로만 반응하는 성질이 있다고 한다. 어떤 자극이 시신경에 작용하면, 우리가 빛이라 부르는 것을 통해서인지 혹은 기계적 압력이나 전류 같은 것을 통해서인지와는 무관하게 무조건 빛을 지각한다는 것이다. 더 나아가 똑같은 외적 자극이라 해도 각기 다른 감각에 다른 지각을 불러일으킨다고 한다. 이 생각에 따르면, 우리 감각은 그 자체 속에서 일어나는 것만 전달할 수 있지 외부 세계에 대해서는 아무것도 알려 주지 않는다는 결론이 나온다. 감각이 그 성질에 따라 지각을 규정한다는 것이다.

25.　　생리학도 대상이 우리 감각 기관에 야기하는 것에 대한 직접적 앎을 거론할 처지가 되지 못한다는 것을 보여 준다. 생리학자는 신체 속에 일어나는 과정을 추적하며 외부 운동의 효과가 이미 감각 기관에서 극히 다양한 방식으로 변한다는 사실을 발견한다. 우리는 눈과 귀에서 그것을 가장 분명하게 볼 수 있다. 이 양자는 아주 복잡한 구조로 된

생리학에 관하여Zur vergleichenden Physiologie des Gesichtssinnes der Menschen und Tiere』(라이프치히, 1826), 『환상적인 안면 현상에 관하여Über die phantastischen Gesichtserscheinungen』(코블렌츠, 1826), 『인간 생리학 입문Handbuch der Physiologie des Menschen』(코블렌츠, 1833~40) 총 2권

기관으로, 외부 자극을 해당 신경에 전달하기 전에 본질적으로 변화시킨다. 그렇게 이미 변화된 자극이 말초 신경에서 두뇌로 전달된다. 여기에서 일단 중심 기관이 자극되어야 한다. 이로써 외부 과정이 의식에 도달하기도 전에 이미 일련의 변화를 거친다는 결론이 나온다. 보다시피 두뇌 속에서 일어나는 것은 수많은 중간 과정을 통해서 외부 과정과 연결되므로 이 과정과 어떤 유사성이 있으리라고는 생각할 수 없다. 두뇌가 영혼에 최종적으로 매개하는 것은 외부 과정도 감각 기관 속 과정도 아닌 두뇌 안에서 일어나는 과정일 뿐이다. 그런데 영혼은 이 마지막 과정도 직접 지각하지 않는다. 우리 의식 속에 최종적으로 있는 것은 두뇌 과정조차도 아닌 **느낌**일 뿐이다. **빨간색**의 느낌은 내가 빨간색을 감지할 때 두뇌 속에 일어나는 과정과 전혀 유사하지 않다. 빨간색의 느낌은 영혼 속에 효과로 비로소 다시 등장하고, 이는 두뇌 과정을 통해서 야기된다. 그런 까닭에 하르트만은 『인식론의 근본 문제』(37쪽)[10]에서 다음과 같이 말했다. "고로 주체가 지각하는 것은 언제나 심리 상태의 변화일 뿐 그 외에 다른 것이 전혀 아니다." 그런데 나한테 어떤 느낌이 생겼다 해도, 아직은 이 느낌을 내가 대상으로 지

---

10 원발행자 이 책 4장 각주08 참조

각하는 것에 분류해 넣을 수 없다. 왜냐하면 두뇌를 통해서는 따로따로 분리된 느낌만 나한테 매개될 수 있기 때문이다. 딱딱하거나 부드러운 느낌은 촉각을 통해서, 색채와 빛에 대한 느낌은 시각을 통해서 매개된다. 그런데 이 각각의 느낌 모두 한 가지 대상에 합일되어 있다. 그리고 이 합일은 영혼 자체에 의해 이루어져야 한다. 이는, 영혼이 두뇌를 통해서 매개된 각각의 느낌을 함께 모아서 물체로 구성한다는 것을 의미한다. 내 두뇌가 시각, 촉각, 청각 등 개별적인 감각을 내게 전달한다. 그것도 완전히 다른 길을 통해서 전달하는데, 영혼이 그것들을 이를테면 트럼펫의 표상으로 함께 조립한다는 것이다. 이 과정에서 나온 최종 산물(트럼펫의 표상)이 바로 내 의식을 위해 최초로 주어진 것이다. 내 바깥에 있으며 애초에 내 감각 기관에 인상을 만든 것은 그 최종 산물 속에 전혀 들어 있지 않다. 외부 대상이 두뇌로 가는 길에서, 그리고 두뇌를 통해 영혼으로 가는 길에서 완벽하게 소실된 것이다.

26.　　　엄청난 예지를 동원해 만들어 낸 것이지만 정확하게 검토해 보면 무로 무너지고 마는 이 사고 구조는 인류 정신 생활사에서 두 번째 예를 발견하기 힘들 것이다. 이런 사고 구조가 어떻게 구축되는지 좀 더 자세히 들여다 보기로 하

자. 이 생각은 일단 순진한 의식에 주어진 것, 즉 지각된 대상에서 출발한다. 그 다음에 우리에게 감각 기관이 없다면 이 대상에 있는 모든 것이 우리를 위해서는 존재하지 않을 것이라고 한다. 눈이 없으면 색도 없다는 말이다. 그러니까 색은 우리 눈에 작용하는 것에 들어 있지 않다. 색은 대상과 눈의 상호 작용을 통해서 비로소 생성된다. 대상에는 색이 없다. 그런데 눈 속에도 색이 없다. 눈 속에는 화학적 과정이나 물리적 과정만 있을 뿐이기 때문이다. 이제 이 과정이 신경을 통해 두뇌로 전달되고, 거기에서 다시금 다른 과정을 야기한다. 그런데 이것도 아직 색이 아니다. 색은 두뇌 과정을 통해 영혼 속에서 비로소 야기된다. 그런데 거기에서도 색은 아직 내 의식에 들어서지 않고, 영혼에 의해 바깥에 있는 대상으로 옮겨진다. 마침내 내가 그 대상에서 색을 지각한다고 믿는다. 이로써 우리는 완벽한 원운동을 거쳤고, 색이 있는 대상을 의식하게 되었다. 이것이 첫 번째다. 이제 이 사고 작업이 주장한다. 내가 눈이 없다면, 대상이 나한테는 무색일 것이다. 그러니까 대상에 색이 있다고 할 수 없다. 색을 찾아서 떠난다. 내 눈 속에 색이 있는지 찾아본다. 헛일이다. 신경 속에서 찾아본다. 헛일이다. 두뇌 속에서 찾아본다. 역시 헛일이다. 영혼 속에서 마침내 색을

발견한다. 그런데 대상과 연결되어 있지 않다. 마침내 색이 있는 대상을 발견한다. 다름 아니라 내가 처음에 출발한 그 곳에서. 원이 완성되었다. 순진한 사람은 외부 공간에 실제로 존재한다고 생각하는 것을 나는 내 영혼의 산물로 인식한다고 믿는다.

27.   이 상태에 그대로 머물러 있는 한 모든 것이 최상의 질서 속에 있는 듯이 보인다. 하지만 문제를 다시 한번 처음부터 들여다보아야 한다. 지금까지는 내게 주어진 대상을, 더 정확히 말해 외적 지각을 다루었다. 이 지각에 관해 예전에는 순진하게도 완전히 틀린 생각을 했다. 예전에 나는 외적 지각이 내가 지각하는 그대로 객관적으로 존재한다고 생각했다. 그런데 이제 보니 지각은 내 표상과 함께 사라진다. 지각은 내 영혼 상태에 일어난 변화일 뿐이다. 그렇다면 외적 지각에서 고찰을 시작할 권리가 나한테 있기라도 한 것인가? 지각이 내 영혼에 작용한다고 말해도 되는가? 예전에 나는 탁자가 나한테 작용해서 내면에 그에 대한 표상을 불러일으킨다고 믿었다. 이제부터는 그 탁자 자체를 표상으로 취급해야 한다. 그리고 일관성이 있다면, 내 감각 기관과 그 속에 일어나는 과정 역시 단순히 주관적인 것으로 보아야 한다. 그러니까 내 눈은 진짜 눈이 아니고, 눈에 대

한 내 표상이라고 해야 옳다는 거다. 이는 신경 체계와 두뇌 과정에도 해당하고, 영혼 자체 속에 갖가지 감각의 혼돈 상태를 근거로 대상을 구축해 낸다는 과정에도 덜 해당하진 않을 것이다. 사고의 첫 번째 원운동이 옳다는 전제하에서 내 인식 행위의 각 부분을 다시 한번 지나가 보면, 이 인식 행위는 그 자체 그대로는 절대 상호 작용할 수 없는 표상들의 그물로 드러난다. "대상에 대한 내 표상이 눈에 대한 내 표상에 작용한다. 그리고 이 상호 작용에서 색에 대한 표상이 생겨난다." 하는 식으로 말할 수는 없는 노릇 아닌가? 그런데 사실 이렇게 장황한 과정을 거칠 필요가 없다. 왜냐하면 내 감각 기관과 그 활동, 내 신경 과정과 영혼 과정 역시 오로지 지각을 통해서만 주어질 수 있다는 사실을 알아보는 즉시, 앞에 설명한 사고의 원운동은 완전히 불가능한 것으로 드러나기 때문이다. 적합한 감각 기관이 없으면 나를 위한 지각 역시 존재하지 않는다는 말이 옳기는 하다. 하지만 지각이 없으면 감각 기관도 존재하지 않는다. 나는 탁자의 지각에서 그것을 바라보는 눈으로, 그것을 만지는 피부 신경으로 건너갈 수 있다. 하지만 내 눈과 피부 신경 속에 무슨 일이 일어나는지는 다시금 지각으로 경험할 수 있을 뿐이다. 그런데 거기에서 금세 알아챌 수 있는 것은 내가 색으로 지각하는 것과 유사한 것이 눈 속에 일어나는 과정에 조금도 들어 있지 않다는 것이다. 그러므로 지각하는 동안 눈 속에 일어나는 과정을 제시하는 것으로는 내 색채 지각을 무효화할 수 없다. 신경과 두뇌 과정 속에서도 나는 색을 다시 발견하지 못한다. 결국 내 유기체 내부의 새로운 지각만 순진한 사람이 유기체 외부에 있다고 생각하는 그 첫 번째와 연결할 뿐이다. 나는 한 가지 지각에서 다른 지각으로 건너갈 뿐이라는 것이다.

28.   이 외에도 전반적 논리 형태에 비약이 있다. 나는 내 유기체 속에 일어나는 과정을 두뇌 속까지 추적할 수 있다. 비록 두뇌 속 중심 과정에 더 가까워질수록 내 가정이 더 심하게 가상적으로 된다 해도 거기까지는 추적이 가능하다. 이 **외적** 관찰의 길은 내 두뇌 속 과정과 더불어, 더 정확히 말해 생리학적 혹은 화학적 보조 수단과 방법으로 두뇌를 다루는 경우 지각할 수도 있는 바로 그 과정과 더불어 중단된다. **내적** 관찰의 길은 느낌으로 시작하고, 그 느낌이라는 소재로 대상을 구축한다. 그러므로 외적 관찰의 길은 두뇌 과정에서 느낌으로 건너가는 곳에서 중단된다는 것이다.

29.   이런 특성의 사고 양식은 그것이 자연적 실재론이라 부르는 순진한 의식의 관점에 반대해 비판적 관념론이라

자칭한다. 그런데 비판적 관념론자는 **하나의** 지각을 표상이라고 설명하면서 다른 지각은 하필이면 자신에 의해 외관상 반박된 자연적 실재론이 하는 것과 같은 의미로 받아들이는 오류를 범한다. 비판적 관념론자는 자신 유기체에 대한 지각을 자연적 실재론자처럼 순진하게 객관적으로 정당한 사실로 받아들이면서 지각의 표상적 성격을 증명하려고 한다. 그에 더해 상호 간에 어떤 매개도 발견할 수 없는 두 가지 다른 관찰 영역을 뒤죽박죽 혼합하고 있다는 사실도 알아채지 못한다.

30.　　　비판적 관념론자는 자신의 유기체가 객관적으로 존재한다고 순진하게-실재적인 방식으로 가정해야 자연적 실재론을 반박할 수 있다. 그는 유기체에서 얻는 지각이 자연적 실재론자가 객관적으로 존재한다고 여기는 지각과 완벽하게 동일한 종류라는 사실을 의식하는 순간, 그 지각을 확고한 근거로 삼을 수 없게 된다. 비판적 관념론자는 주관적 조직 역시 단순한 표상 복합체로 간주하는 수밖에 없다. 그런데 그로써 지각된 세계 내용은 정신적 조직을 통한 효과라고 생각할 가능성이 사라지고 만다. 비판적 관념론에 따르면, '색채'라는 표상은 단지 '눈'이라는 표상의 변화일 뿐이라고 가정해야 한다. 이른바 비판적 관념론은 자연

적 실재론을 모방하지 않고는 증명될 수 없다. 자연적 실재론은 그 자체의 전제 조건을 다른 영역에서 검증 없이 정당화시켜 보기만 하면 부정된다.

31.　　이 모든 것을 통해 적어도 확실해지는 것은, 비판적 관념론이 지각 영역 내부에서는 검사를 통해 증명될 수 없으며, 이로써 지각에서 그 객관적 성격이 벗겨 내질 수도 없다는 것이다.

32.　　그런데 어떤 증명도 필요 없이 그 자체로서 해명되는 것보다 못한 것으로 취급되어야 하는 문장이 있다. **"지각된 세계는 내 표상이다."** 쇼펜하우어는 『의지와 표상으로서의 세계』[11]를 다음과 같은 말로 시작한다. "'세계는 내 표상이다.' 이는 살아서 인식하는 모든 존재와 관련해 유효한 진실이다. 오로지 인간만 반추하는 추상적 의식 속에 이 진실을 떠올릴 수 있지 않은가! 인간은 정말로 그렇게 한다. 마침내 그에게 철학적 신중함이 생겨난다. 그러면 자신이 태양도, 지구도 전혀 알지 못한다는 사실을, 태

---

11 원발행자 아르투어 쇼펜하우어Arthur Schopenhauer(1788~1860)
_ 독일 철학자. 『의지와 표상으로서의 세계Die Welt als Wille und
Vorstellung』 I, §1. 루돌프 슈타이너 박사가 서문을 쓰고 발행한
『쇼펜하우어 전집 총 12권Arthur Schopenhauers sämtliche Werke in
zwölf Bänden』(1894) 제2권 29쪽

양을 바라보는 눈만, 땅을 만지는 손만 알고 있을 뿐이라는 사실을 분명하고 확실하게 깨닫는다. 주변 세계는 단지 표상으로서 존재할 뿐이다. 이는, 세계가 다른 것과의 관계를 통해서만, 즉 자신 스스로인 표상하는 자와의 관계를 통해서만 존재한다는 의미다. 어떤 진실이 선험적으로 말해질 수 있다면, 이것이 바로 그것이다. 왜냐하면 바로 이것이, 시간이나 공간, 인과 관계 등 그 어떤 것보다 더 보편적인 경험 형태, 사람이 생각해 낼 수 있고 세상에서 가능한 모든 경험 형태를 진술하기 때문이다. 시간, 공간, 인과 관계 등이 경험을 전제하기 때문에…" 쇼펜하우어의 이 문장은 내가 이미 앞에서 설명했듯이 눈과 손도 태양이나 지구와 마찬가지로 지각이라는 상태로 인해 처음부터 실패작이다. 이제 쇼펜하우어의 생각에 따라 그의 표현 방식을 차용해서 다음과 같이 대답할 수 있다. "태양을 보는 내 눈과 대지를 느끼는 내 손도 그 태양과 지구처럼 내 표상일 뿐이다." 이로써 더 이상 언급할 필요도 없이 쇼펜하우어의 말은 무효가 된다. 왜냐하면 진짜 눈과 손만 태양과 지구라는 표상을 수정된 상태로 얻을 수 있지, 눈과 손에 대한 표상은 그렇게 할 수 없기 때문이다. 비판적 관념론자는 오로지 이 눈과 손의 **표상**에 관해서만 말할 자격이 있다.

33.　　비판적 관념론은 지각과 표상의 관계에 관해 어떤 의견을 얻기에 전혀 적절하지 못하다. 비판적 관념론은 이 책 91쪽(4장 21문단 이하)에 시사된 차이, 즉 지각하는 동안 지각에 무슨 일이 일어나는지, 그리고 지각이 지각되기 전에 그것에 무엇이 있어야 하는지, 이 차이를 처리할 수 없다. 그렇게 하기 위해서는 다른 방도가 강구되어야 한다.

5. 세계 인식

1.　　　지금까지 고찰한 것에 따르면, 우리의 관찰 내용을 검사해서 지각이 곧 표상이라는 것을 증명하는 게 불가능하다는 결론이 나온다. 그것을 증명하려면 다음 사실을 보여 주어야 한다. 개인의 심리적, 생리적 체질에 대한 자연적–실재론적 가정에 따라 지각 과정이 일어난다고 하자. 이 경우 우리는 물자체가 아니라 물자체에 대한 표상과 관계할 뿐이다. 이제 자연적 실재론이 일관성 있게 추적하면 그 자체의 전제 조건과 정반대되는 결론에 도달한다. 그리고 그 전제 조건은 세계관을 정립하기에 부적절한 것으로 판명되어 포기될 수밖에 없다. 비판적 관념론처럼 전제 조건은 내다 버리고 결론만 정당화하는 것은 어쨌든 당당하지 못한 태도다. 비판적 관념론은 "세계는 내 표상이다."라

고 주장하며, 이에 대한 근거로 앞에 설명한 증명 과정을 내세우지 않는가!(에두아르트 폰 하르트만은 자신의 저서 『인식론의 근본 문제』에서 이 증명 과정을 상세히 설명했다)**01**

2.　　　비판적 관념론의 정당성과 그 증명의 설득력은 별개의 문제다. 전자는 나중에 이 글의 맥락에서 밝혀질 것이다. 그 증명의 설득력은 전무하다. 건물을 짓는데, 2층을 짓는 동안 1층이 무너지면, 당연히 2층도 함께 무너지기 마련이다. 자연적 실재론과 비판적 관념론의 관계는 1층에 대한 2층의 관계와 유사하다.

3.　　　지각된 세계는 모두 표상된 것일 뿐이라고, 더 정확히 말해 알 수 없는 것이 내 영혼에 작용한 결과라고 생각하는 사람한테 사실상의 인식 문제는 영혼 속의 표상에 관한 것에 그치지 않고 의식 저 너머에 우리와 무관하게 존재하는 물자체에 관한 것이 된다. 그러므로 그는 다음과 같이 질문한다. "우리의 관찰은 물자체에 **직접적으로** 접근할 수 없다. 그렇다면 물자체에 관해 **간접적으로** 얼마나 인식할 수 있는가?" 이 입장에 있는 사람은 의식된 지각들 사이의 내적 관계에는 별 관심이 없는 대신 의식되지 않는 (그래서 알 수 없는) 원인을 다룬다. 그 사람의 의견에 따르면, 감각

01　원발행자 이 책 4장 각주08 참조

을 다른 곳으로 옮기는 즉시 지각이 사라지는 반면에 지각의 원인은 그 자신과 무관하게 독립적 현존재를 지닌다. 이 관점에서 보면 우리 의식은 거울처럼 작용한다. 거울 표면이 대상을 향하지 않는 순간에 거울에 비친 그림도 사라지는 것과 같은 이치다. 그런데 대상 자체는 보지 않고 거울에 비친 그림만 보는 사람은, 그 그림에서 실제 대상의 특성을 추론해서 간접적으로 배우는 수밖에 없다. 현대 자연 과학이 바로 이 입장에 서 있다. 자연 과학은 지각 배후에 유일하게 진정으로 현존하는 질료 과정을 해명하기 위해 지각을 최종 수단으로 이용한다. 비판적 관념론을 따르는 철학자가 어쨌든 단 하나의 현존이라도 인정한다면, 그의 인식 추구는 오로지 표상만 간접적으로 이용해 그 현존을 규명한다. 그의 관심은 표상의 주관적 세계를 뛰어넘어 그 표상을 생성시키는 것으로 돌진한다.

4.　　　그런데 비판적 관념론자는 다음과 같이 말할 정도로 극단적이 될 수도 있다. "나는 내 표상 세계 속에 갇혀 있고 그곳에서 빠져나올 수 없다. 내가 내 표상 배후의 물자체를 생각한다면, 이 생각 역시 내 표상일 뿐 다른 게 아니다." 이런 관념론자는 물자체를 완전히 부정한다. 그렇지 않다면 적어도 우리 인간을 위해 무의미하다고 설명한다. 우리가 그에 대해 아무것도 알 수 없기 때문에 존재하지 않는 것이

나 마찬가지라는 것이다.

5.　　　이런 유형의 비판적 관념론자에게는 세계 전체가 꿈처럼 보인다. 세계가 꿈이라면 인식에 대한 모든 갈망이 무의미할 수밖에 없다. 그가 보기에는 두 가지 유형의 인간만 존재할 수 있다. 스스로 지은 몽상의 그물을 진짜 대상으로 여기는 편견에 사로잡힌 자와 이 꿈 세계의 무상함을 투시하는 현자. 후자는 이 세계를 보살피고자 하는 욕구를 차츰차츰 잃어버리고 만다. 이 입장에서는 자신의 개인성마저 막연한 몽상으로 보일 수 있다. 잠자면서 꾸는 꿈속 그림들 중에 우리가 나타나듯이, 깨어 있는 의식 속에 자신 나의 표상이 외부 세계의 표상에 더해진다. 이에 따르면 우리 의식 속에는 진짜 나가 아니라 나-표상만 있다는 것이다. 사물이 있다는 것을 부정하거나 적어도 그에 대해 조금은 알 수 있다는 것을 부정하는 사람은 결국 자신 개인의 현존재 내지 그에 대한 인식 역시 부정할 수밖에 없다. 상황이 이렇게 되면 비판적 관념론자는 다음과 같이 주장한다. "모든 현실이 기이한 꿈으로 변환된다, 꿈꾸어지는 삶도 없이, 그 꿈을 꾸는 정신도 없이. 스스로를 꿈꾸는 꿈과 연결된 꿈으로 변환한다."(**피히테**, 『인간의 숙명』[02])

02　원발행자 요한 고틀리프 피히테의 『인간의 숙명Die Bestimmung des

6.　　　현재 당면하고 있는 이 삶을 꿈이라 믿는 사람이 그 꿈의 배후에 아무것도 없다고 추정하든, 혹은 자신의 표상을 실제로 존재하는 것과 연관시키든, 이와는 무관하게 그에게는 삶 자체가 모든 학문적 관심을 잃어버릴 수밖에 없는 것이 된다. 그런데 우리가 접근할 수 있는 삼라만상이 꿈으로 드러나고 그 이상은 없다고 믿는 사람에게는 무슨 학문이든 어리석은 것인 반면에, 당연히 표상에서 존재를 추론해야 한다고 믿는 사람에게는 학문이 '물자체'를 연구하는 것이 된다. 전자의 세계관은 절대적 **환상론**이라 명명할 수 있다. 후자는 가장 일관성 있게 그것을 주창한 에두아르트 폰 하르트만이 **초월적 실재론**[03]이라 명명했다.[04]

Menschen』 총 2권(이마누엘 헤르만 피히테Immanuel Hermann Fichte가 발행한 피히테 총서 제1부) 제2권(베를린, 1845) 245쪽

03 이 세계관의 의미에서 초월적이란 물자체에 대한 어떤 것이 직접 설명될 수 없고, 알려지지 않은 것, 즉 주체를 넘어서서 존재하는 것 (초월적인 것)에서 알려진 주체에 의해 간접적으로 추론될 수 있다고 의식적으로 믿는 인식을 말한다. 이 의견에 따르면 물자체는 우리가 직접 인식할 수 있는 세계 영역을 넘어선 것, 즉 초월적인 것이다. 우리 세계는 그 초월적인 것에 초월적으로만 관계할 수 있다. 에두아르트 폰 하르트만의 사상이 실재론이라 불리는 이유는 그것이 주관적인 것, 즉 관념적인 것을 벗어나 초월적인 것, 즉 실재적인 것으로 넘어가기 때문이다.

04 원발행자 에두아르트 폰 하르트만의 『초월적 실재론의 비판적 기초,

7.   이 두 가지 사조는 지각을 조사함으로써 세계에 발붙이고자 한다는 데에 자연적 실재론과 공통점이 있다. 그런데 둘 다 지각 영역 어디에서도 확고한 지점을 발견하지 못한다.

8.   초월적 실재론을 신봉하는 사람이 주로 하는 질문 중에 하나는 다음과 같은 것일 수밖에 없다. "어떻게 나 자신을 근거로 표상 세계를 만들어 내는가?" 표상으로 우리에게 주어진 세계는 외부 세계를 향한 감각을 닫는 즉시 사라진다. 이 주어진 세계에 대한 진지한 인식 추구는 그 세계가 독자적으로 존속 중인 나의 세계를 연구하기 위한 간접적 수단이 되는 한에서만 좀 흥미가 있을 것이다. 우리 경험의 대상이 표상이라면, 일상생활도 꿈일 것이고 사실 정황을 인식한다는 것은 깨어남을 의미한다. 꿈속 그림은 꿈을 꾸는 동안에만, 즉 꿈을 꾸고 있다는 것을 알아차리지 못하는 한에서만 흥미롭다. 깨어나는 즉시 우리는 꿈의 내적 연관성이 아니라 그 근저에 놓인 물리적, 생리적, 심리적 과

칸트의 인식론적 원리의 검토와 보충Kritische Grundlegung des transzendentalen Realismus, Eine Sichtung und Fortbildung der erkenntnistheoretischen Prinzipien Kant's』, '물자체와 그 성격Das Ding an sich und seine Beschaffenheit'을 확장한 제2판(베를린, 1875) 참조

정을 궁금해 한다. 이와 마찬가지로 세계를 자신의 표상이라 생각하는 철학자는 그 세계에 개별적인 것들의 내적 연관성에 관심을 두지 않는다. 그가 현존 중인 나를 만에 하나 인정한다면, 자신의 표상 중 하나가 다른 것과 어떻게 연결되어 있는가 하는 질문은 하지 않을 것이다. 그는 자기 의식이 특정 표상 과정을 포괄하는 동안 자신으로부터 독립적인 영혼 속에 무슨 일이 일어나는지 물어볼 것이다. 목에 타는 듯한 통증을 유발하는 술을 마시는 꿈을 꾸다가 기침을 하면서 깨어나면,(**바이간트,**『**꿈의 생성**』**05**) 그 순간에 나는 꿈속의 일에는 더 이상 관심을 두지 않는다. 내 주의력은 기

---

05 원발행자 빌헬름 바이간트Wilhelm Weygandt(1870~1939)_ 독일 정신과 의사. 『꿈의 생성, 생리학적 진단Entstehung der Träume, Eine psychologische Untersuchung』(라이프치히, 1893) 37쪽에 다음과 같이 쓰여 있다.

"호흡 기관 속에 국부적 기침 자극이 한번은 내게 다음과 같은 꿈을 꾸게 했다. 꿈에 내가 아주 작은 잔으로 굉장히 오래된 술을 조심해서 삼키자 후두에 타는 듯한 통증이 일어났다."

루돌프 슈타이너가 그 책 41쪽에 밑줄 친 부분을 참조하라.

"언젠가 한번은 내가 목이 몹시 마른 상태로 잠자리에 들었을 적에 아주 독하고 오래된 코냑을 병째로 마셔서 느낀 타는 듯한 느낌이라고 상상했다. 그 강렬한 느낌은 찌르는 듯한 자극성의 음료수에 대한 표상과 완전히 정확하게 맞아떨어졌다."

침 발작이 상징적 꿈의 그림으로 나타나도록 한 생리적, 심리적 과정에 집중한다. 이와 유사한 방식으로 철학자도 주어진 세계의 표상 성격을 확신하는 즉시 그 세계 배후에 박혀 있는 진짜 영혼으로 건너뛸 수밖에 없다. 그런데 환상론이 표상 배후의 나 자체를 부정하거나, 혹은 적어도 인식할 수 없는 것으로 여기면, 상황은 더욱 곤란해진다. 바로 다음과 같은 상황 때문에 그런 의견에 쉽사리 빠지고 만다. 꿈 건너편에 깬 상태가 있고, 사람이 깨어나면 꿈을 꾸었다는 것을 알아보고 현실에 적응하게 된다. 그런데 이와 유사한 관계에 있는 상태가 깨어 있는 의식 생활에는 없다는 것이다. 이 의견을 신봉하는 사람은, 꿈 건너편에 깨어 있는 상태에서 하는 경험이 있듯이 단순한 지각 건너편에도 어떤 것이 있다는 사실을 이해하지 못한다. 그 어떤 것은 바로 **사**고다.

9.   여기에 암시한 것에 대한 이해가 부족하다고 순진한 사람을 탓할 수는 없다. 그는 삶에 전념하고, 자기한테 드러나는 대상 그대로가 실재라 생각한다. 이 입장을 벗어나기 위한 첫걸음은 다음과 같은 질문을 할 때만 내딛을 수 있다. "사고는 지각에 어떤 식으로 관계하는가?" 나한테 주어진 형상 그대로의 지각이 내 표상 이전과 이후에 똑같이

남아 있는지 그렇지 않은지, 이것은 아무래도 괜찮다. 중점은, 내가 그 지각에 관해 어떤 것을 진술하고자 한다면, 오로지 사고의 도움으로만 그렇게 할 수 있다는 것이다. 내가 "세계는 내 표상이다."라고 말한다면, 이는 사고 과정의 결과를 진술하는 것이다. 그리고 내 사고가 세계에 적용될 수 없다면, 그것은 오류다. 지각과 그에 관한 모든 진술 사이에는 언제나 사고가 끼어든다.

10.　　　어떤 대상을 관찰할 때 대부분 사고가 간과되는데, 그 이유는 이미 앞에서 설명했다.(3장 13문단 이하) 그것은 우리가 사고하는 대상에 집중하는 동안 사고에 주의를 기울이지 않는다는 상황에 있다. 그래서 순진한 의식은 사고를 사물과 전혀 관계 없는 것, 사물에서 완전히 동떨어진 채 세계를 고찰하게 만드는 것으로 취급한다. 사유하는 자가 세계 현상에 관해 만들어 낸 그림은 세계에 속하는 것이 아니라 인간의 머릿속에만 존재하는 것으로 간주된다. 이는, 세계가 그런 그림이 없어도 완성된 상태에 있다고 보는 것이다. 세계는 그 모든 질료와 힘과 기운에 있어 완벽하게 이루어져 있고, 인간은 그렇게 완성된 세계를 보면서 그림을 그린다는 말이다. 이런 식으로 생각하는 사람들에게는 다음과 같은 질문을 반드시 해야 한다. "당신들은 무슨 권리

로 사고가 없이 세계가 완성되었다고 단언하는가? 식물에 꽃이 피는 것과 똑같은 이치로 세계가 인간의 머릿속에 사고를 생성시키는 것은 아닌지? 씨앗을 땅에 심어 보라. 씨앗이 싹을 틔우고 뿌리를 내리고 가지를 친다. 잎들이 자라나고 꽃이 만개할 것이다. 그 식물을 당신들 앞에 세워 보라. 그것이 당신들 영혼 속에서 특정 개념과 결합한다. 왜 이 개념은 잎과 꽃에 비해 식물에 덜 속해야 하는가? 이 개념이 잎과 꽃처럼 식물에 속하지 못할 이유가 있는가? 당신들은 지각하는 주체가 없어도 잎과 꽃이 존재한다고 말한다. 그리고 인간이 식물을 마주 대하면 비로소 개념이 나타난다고 한다. 전적으로 옳은 말이다. 그런데 식물에 잎이 자라고 꽃이 피려면, 먼저 씨앗을 심을 땅이 있어야 하고, 더 나아가 빛과 공기도 있어야 한다. 이와 똑같이 사고하는 의식이 어떤 식물에 다가서면, 그에 해당하는 개념이 생겨난다."

11.   우리가 단순한 지각을 통해 어떤 대상에 대해 경험한 것의 합을 대상의 전체성으로, 대상 전부라고 간주하면, 그리고 **사고하는** 고찰을 통해 나온 결과를 대상 자체와 무관하게 그저 부가된 것으로 여긴다면, 이는 실로 임의적인 태도다. 오늘 내가 봉오리 맺힌 장미 한 송이를 선물 받았다

고 하자. 그러면 내 지각에 드러나는 모양은 일단 아직 활짝 피지 않은 장미 봉오리일 뿐이다. 이 장미 한 송이를 물이 담긴 화병에 꽂아 두면, 분명 다음 날 아침에는 완전히 다른 모양을 보게 될 것이다. 내가 장미에서 눈을 떼지 않는다면, 오늘 상태에서 내일 상태로 건너가는 무수한 중간 단계를 지속적으로 볼 수 있을 것이다. 특정 순간에 내게 드러나는 모양은 지속적으로 변화 중인 대상에서 우연히 잘라 낸 한 부분일 뿐이다. 내가 장미를 물에 담그지 않는다면, 꽃에 가능성으로 잠재하는 일련의 상태가 전개되지 않을 것이다. 혹은 다음 날 다른 일 때문에 꽃을 계속 관찰하지 못해서 나한테 불완전한 그림만 남을 수도 있다.

12.   특정 시기에 드러나는 그림에서 **이것이** 대상이라고 해명하는 의견은 객관성이 전혀 없고 우연에 고착되어 있는 것이다.

13.   대상을 위해 지각 특징의 합을 해명하는 것도 용인될 수 없다. 어떤 정신적 존재가 지각과 동시에 그 개념도 함께 받는 경우가 분명 가능할 것이다. 이 경우 그 존재는 개념이 대상에 속하지 않는 것이라고는 꿈에도 생각하지 못할 것이다. 그는 개념에 대상과 절대 떨어질 수 없이 결합된 현존재가 있다고 생각할 수밖에 없을 것이다.

14.　　　더 명확히 하기 위해 또 한 가지 예를 들고자 한다. 지평선을 향해 돌멩이 하나를 던지면, 그것이 차례대로 다른 위치를 거쳐 지나간다. 돌멩이가 지나간 그 다양한 위치를 선으로 연결한다. 수학에서 선에 관해 여러 가지를 배우는데, 그중에는 포물선도 있다. 한 점이 일정한 법칙성에 따라 움직일 때 생겨나는 선이 포물선이라고 알고 있다. 돌멩이가 움직인 조건을 조사해 보면, 그것이 움직인 선과 내가 배운 포물선이 동일하다는 사실을 발견한다. 돌멩이가 포물선을 그리면서 움직인다는 사실은 주어진 조건에서 필연적으로 나올 수밖에 없는 결과다. 포물선 형태는 그것에서 고려되는 다른 모든 것처럼 현상 전체에 속한다. 앞에 언급한 정신적 존재, 즉 사고라는 우회로를 택할 필요가 없는 존재에게는 눈으로 본 다양한 위치를 합한 것뿐만 아니라 돌이 날아간 포물선 형태 역시 현상에서 분리되지 않은 채 주어진다. 반면에 **우리는** 이 포물선 형태를 사고를 통해서 비로소 현상에 부가한다.

15.　　　대상은 그에 해당하는 개념이 없이 우리에게 일단 주어진다. 그 이유는 대상이 아니라 우리의 정신적 조직에 있다. 우리 존재 전체가 기능하는 방식을 보면, 현실의 어떤 대상이든 그것을 위해 고려해야 하는 요소가 두 방면에서

우리 존재로 흘러들도록 되어 있다. 이 두 방면이란 바로 **지각하기와 사고하기다.**

16.　　　대상을 파악하기 위해 내가 어떻게 조직되어 있는지는 대상의 성격과 무관하다. 지각과 사고 사이에 단절은 관찰자인 내가 대상을 마주 대하는 순간에 비로소 생겨난다. 그런데 어떤 요소가 대상에 속하는지 그렇지 않은지, 이것은 내가 그 요소를 알아보는 방식에 전혀 달려 있지 않다.

17.　　　인간은 제한된 존재다. 우선 인간은 다른 존재 중에 한 존재다. 인간 현존재는 시간과 공간에 속한다. 이로 인해 인간에게는 언제나 우주 전체 중 한 부분만 주어질 수 있다. 그런데 이 제한된 부분은 시간적, 공간적으로 주변에 있는 다른 것들과 연결되어 있다. 세계 사건 하나하나가 동시에 우리 사건이 되는 식으로 우리 현존재가 대상과 연결되어 있다면, 우리와 대상을 전혀 구별할 수 없을 것이다. 개별적 대상이라는 것도 존재하지 않을 것이다. 그런 세계에서는 모든 사건이 상호 간에 지속적으로 넘쳐흐를 것이다. 우주는 합일체고, 그 자체로 완결된 전체일 것이다. 사건 경과가 어디에서도 중단되지 않고 이어질 것이다. 우리의 제한성으로 인해 실제로는 개체가 아닌 것이 우리에게 개체로 보이는 것이다. 예를 들어서 빨간색의 개별 특질은 어디

에도 그 자체로 고립되어 존재하지 않는다. 그것이 속하는 다른 특질로 둘러싸여 있고, 다른 특질이 없이는 역시 존재할 수 없을 것이다. 그런데 우리는 불가피하게 세계에서 특정 단면을 골라내서 그것만 따로 고찰하도록 조직되어 있다. 여러 색으로 된 대상이 있으면, 우리 눈은 그 색들을 하나씩 차례대로 볼 수 있을 뿐이다. 우리의 오성은 함께 연결된 개념 체계에서 개별적 개념만 파악할 수 있다. 이렇게 분리해 내는 것은 우리가 세계 과정과 동일하지 않고 다른 존재 중에 한 존재라는 상황을 통해 전제된 주관적 행위다.

18.   이제 모든 것은 우리 자신의 존재가 다른 존재에 대해 어떤 위치에 있는지 규정하는 데에 달려 있다. 이 규정은 우리 자아가 단순히 의식되는 것과 반드시 구별되어야 한다. 우리 자아는 다른 모든 대상이 의식되는 것과 똑같이 지각에 기인한다. 금속성으로 빛나고 노란색이고 단단하다는 등으로 묘사되는 성격을 '황금'이라는 개체로 총괄하는 것과 똑같이 자아 지각은 내 개인성 전체에 속하는 성격들을 총괄한 합을 보여 준다. 자아 지각은 나한테 속하는 것들의 영역을 벗어나도록 하지 않는다. 이 자아 지각과 **사고하는** 자아 규정은 구별되어야 한다. 외부 세계의 개별적 지각을 사고를 통해서 세계 연관성에 편입하는 것과 똑같

이 나 자신에게서 만든 지각을 사고를 통해서 세계 과정에 편입시킨다. 내 자아 지각은 나를 특정 경계 내부에 가두어 둔다. 반면에 내 사고는 이 경계와 아무 관계가 없다. 이런 의미에서 나는 이중적 존재다. 나는 내 개인성으로서 지각 하는 영역 안에 갇혀 있다. 하지만 더 높은 범주에 서서 제 한된 내 현존재를 규정하는 활동 주체인 것도 맞다. 우리의 사고는 감각이나 느낌처럼 개인적인 것이 아니다. 사고는 보편적이다. 사고는 사람마다 개인적 성향을 띠기는 한다. 그 이유는 그것이 개인의 느낌과 감각에 연관되어 있다는 데에 있을 뿐이다. 이렇게 보편적 사고가 특별하게 채색되 기 때문에 개인이 서로 구별되는 것이다. 삼각형에 대한 개 념은 단 하나만 있을 뿐이다. 이 개념 내용 자체만 보면, 그 것을 파악하는 의식 주체가 이 사람인지 저 사람인지는 사 실 아무 문제가 되지 않는다. 하지만 의식 주체만 보면, 양 자가 각기 개인적 방식으로 그 개념을 파악할 것이다.

19.　　이 생각 건너편에 굉장히 극복하기 어려운 편견이 버 티고 있다. 이 편견에 사로잡혀 있으면, 삼각형에 대해 내 머리가 파악한 개념이 내 옆 사람 머리가 파악한 개념과 동 일하다는 것을 이해하지 못한다. 순진한 사람은 자신이 개 념을 형성한다고 간주한다. 그래서 그는 각자가 자신의 개

념을 지닌다고 믿는다. 철학적 사유가 기본적으로 요구하는 것은 다름 아니라 바로 이 편견을 극복하는 것이다. 삼각형의 합일된 개념은 여러 사람이 생각한다고 해서 여러 개가 되지 않는다. 왜냐하면 여러 사람의 사고 자체가 합일되어 있기 때문이다.

20.   우리는 특수한 우리 개인성을 우주와 하나가 되도록 결합시키는 요소를 사고 속에 주어진 것으로 지닌다. 느끼고 감지할 때, (그리고 지각할 때도) 우리는 개별적 존재다. 사고할 때 우리는 모든 것을 포괄하는 보편적 존재다. 바로 이것이 우리의 이중성에 대한 더 깊은 근거다. 우리 내면에서 완전히 절대적인 힘이 현존으로 드러나는 것을 본다. 이 힘은 보편적이다. 하지만 우리가 그 힘을 만나 알게 되는 곳은, 그것이 직접 솟아나는 세계 중심이 아니라 변두리의 한 지점이다. 세계 중심에서 그 힘을 만난다면 우리가 의식하는 바로 그 순간에 모든 세계 수수께끼가 풀릴 것이다. 우리는 변두리의 한 지점에 서 있고, 우리 현존재는 특정 경계 안에 갇혀 있기 때문에 보편적 세계 존재에서 우리 내면으로 돌출되어 들어오는 사고를 도움 삼아 우리 존재 외부에 놓인 영역을 알아보고 배우는 수밖에 없다.

21.   우리 내면에서 사고가 우리의 특수한 현존을 장악해

서 보편적 세계 현존과 연결하기 때문에 인식을 향한 갈망이 생겨난다. 사고하지 않는 존재는 이 갈망이 없다. 그런 존재한테 어떤 대상을 보여 준다면, 그로써 질문을 준 것은 아니다. 그 존재에게 대상은 외적인 것으로 머문다. 사고하는 존재는 외부 대상을 대하는 순간에 부지불식간에 개념이 솟아난다. 우리가 대상에 대해 외부로부터가 아니라 우리 내면으로부터 받는 것이 바로 개념이다. 내면 요소와 외부 요소, 이 양자의 일치, 합일을 **인식**이 제공해야 한다.

22.   그러니까 지각은 완성된 것, 완결된 것이 아니라 총체적 실재의 한 면이다. 다른 면은 개념이다. 인식 행위는 지각과 개념의 통합이다. 대상의 지각과 개념이 비로소 대상 전체를 이룬다.

23.   지금까지 설명은 사고가 우리에게 제공하는 관념적 내용 외에 다른 공통성을 세상의 개별 존재에서 찾는 것은 무의미하다는 것을 증명한다. 우리 지각을 사고하며 고찰해서 습득하는, 그 자체로 연결되어 있는 관념적 내용 외에 다른 세계 합일을 추구하는 모든 노력은 결국 실패할 수밖에 없다. 어떤 인간적, 인격적 신도, 어떤 힘이나 질료도, (쇼펜하우어가 말하는) 관념이 없는 의지도 우리에게는 보편적 세계 합일이 될 수 없다. 이 존재들 모두 우리 관찰의 제

한된 영역에 속할 뿐이다. 우리는 자신에게서만 인간으로서 제한된 인격체를 지각한다. 외부 대상에서는 힘과 질료를 지각한다. 의지를 보자면, 그것은 제한된 우리 인격체의 활동의 표현으로 간주할 수 있을 뿐이다. 쇼펜하우어는 '추상적' 사고를 세계 합일의 대들보로 만들기를 피하려 한다. 그 대신 자신에게 실재로서 직접 제공되는 어떤 것을 찾는다. 이 철학자는, 우리가 세계를 외부 세계로 간주하면 그것에 절대로 접근할 수 없다고 믿는다. "탐구자 스스로가 순전히 인식하는 주체 (몸은 없이 날개만 달린 천사의 머리) 외에 아무것도 아니라면, 내 맞은편에 그저 내 표상으로서 존재하는 세계의 탐색된 의미도, 인식하는 주체의 표상에 불과한 세계에서 어떻든 그 외에 있을 수 있는 세계로 건너가는 길도 절대 발견될 수 없을 것이다. 그런데 탐구자 역시 그 세계에 뿌리박고 있으며, 그 세계 내부에 **개인**으로 존재한다. 이는, 탐구자의 인식이 세계 전체를 표상으로 규정하는 대들보라 해도 전적으로 신체를 통해서 매개된다는 말이다. 이미 설명했듯이 세계에 대한 신체의 애착이 오성에 그 세계를 관조하는 출발점이 된다. 신체는 순수하게 인식하는 주체에게 다른 모든 것과 똑같은 표상이다. 다른 객체 중에 객체라는 말이다. 이런 의미에서 탐구자에게 신체의 움직임, 애착 등은 관찰되는 다른 모든 객체에 일어나는 변화와 조금도 다를 바 없고, 신체의 의미가 완전히 다른 방식으로 풀려서 해명되지 않는다면 역시 낯설고 이해할 수 없는 것으로 남아 있을 것이다. … 신체와의 정체성을 통해 개인으로 등장하는 인식 주체에 그 신체는 완전히 다른 두 가지 방식으로 주어진다. 그중 하나는 이해하는 관조 속에 표상으로서, 즉 객체 중에 객체로서 주어지고 당연히 이 객체의 법칙을 따른다. 이와 동시에 완전히 다른 방식으로, 더 정확히 말해 모두에게 직접적으로 알려져 있는 것으로서, 즉 의지라는 단어로 표현할 수 있는 것으로 주어지기도 한다. 주체의 의지에서 나오는 모든 진정한 행위는 즉각적이고 불가피하게 신체의 움직임이다. 주체가 행위를 할 때 신체의 움직임으로 드러나는 것을 동시에 지각하지 않는다면, 그 행위를 진정으로 원할 수 없다. 의지 행위와 신체 활동은 인과성의 끈으로 연결된, 객관적으로 인식된 두 가지 다른 상태가 아니다. 즉 원인과 결과의 관계에 있지 않다는 말이다. 그것들은 하나이며 동일한 것으로, 다만 두 가지 완전히 다른 방식으로 주어질 뿐이다. 한 번은 직접적으로, 다른 한 번은 오성을 위한 관조로."**06** 이 논쟁을 통해 쇼

---

06 원발행자 아르투어 쇼펜하우어의 『의지와 표상으로서의 세계Die Welt

펜하우어는 인간 신체 속에서 의지의 '객관성'을 발견하는 게 당연하다고 믿는다. 신체 활동에서 **직접적으로** 실재를, 즉 구체적으로 물자체를 느낀다는 의견이다. 이제 이 설명에 이의를 제기하지 않을 수 없다. 우리는 오로지 자아 지각을 통해서만 신체 활동을 의식하고, 그 자체 그대로의 신체 활동은 다른 지각에 비해 특별한 위치에 있는 게 전혀 아니다. 우리가 신체 활동의 본질을 **인식하려고** 한다면, 오직 **사고하는** 고찰을 통해서만 그렇게 할 수 있다. 이는, 우리가 관념과 개념으로 이루어진 관념 체계 속에 그 활동을 정리해 넣어야 인식할 수 있다는 의미다.

24.   순진한 사람들의 의식 속에 가장 뿌리 깊이 박혀 있는 의견은 바로 다음과 같다. "사고는 구체적 내용이 전혀 없고 추상적이다. 기껏해야 세계 합일의 '관념적' 대립상을 제공할 뿐, 그 자체는 알려 주지 못한다." 이런 판단을 내리는 사람들은, 개념이 없는 지각이 무엇인지 단 한 번도 분명하게 생각해 본 적이 없는 것이다. 지각 세계만 따로 들여다보기로 하자. 그 세계는 개체들이 공간 속에 막연히 줄지어

---

als Wille und Vorstellung』 I , §18. 루돌프 슈타이너 박사가 서문을 쓰고 발행한 『쇼펜하우어 전집 총 12권Arthur Schopenhauers sämtliche Werke in zwölf Bänden』(1894) 제2권 140쪽과 141쪽

서 있고 시간 속에 차례대로 이어지는 것으로, 아무 연관성 없는 개체들의 집합체로 드러난다. 지각의 무대 위에 등장했다가 퇴장하는 대상 중 어떤 것도 지각되는 다른 것과 직접 관계하지 않는다. 그 세계는 동일한 가치의 대상들이 잡다하게 모여 있는 것일 뿐이다. 그중에 어떤 것도 세계 작동 장치에서 다른 것에 비해 더 중요한 역할을 하지 않는다. 어떤 사실이 다른 것보다 더 큰 의미가 있다는 것을 분명히 하려면 우리 사고에 물어보아야 한다. 제대로 기능하는 사고가 없으면, 동물의 기관 중 퇴화되어서 생존에 아무 의미가 없는 부분이 가장 중요한 부분과 똑같은 가치가 있는 것으로 보인다. 개별적 사실은, 사고가 존재에서 존재로 그 실마리를 풀어 가면 비로소 그 자체와 나머지 세계를 위한 의미에서 드러난다. 이 사고 활동은 **내용으로 가득한 것**이다. 왜냐하면 완전히 특정된 구체적 내용을 통해서만 유기체로서 달팽이가 사자보다 낮은 단계에 속하는 이유를 알 수 있기 때문이다. 그저 뚫어지게 바라보기, 즉 지각은 어떤 유기체가 어느 정도로 완성되었는지 알려 줄 만한 내용을 전혀 제공하지 않는다.

25.   바로 이 내용을 사고가 인간의 개념 세계 내지 관념 세계에서 꺼내 지각에 가져다 준다. 지각 내용은 외부에서

우리에게 주어진다. 그와는 반대로 사고내용은 우리 내면에 나타난다. 사고내용이 처음에 등장하는 형태, 이것을 **직관**이라 표현하고자 한다. 지각을 위해 **관찰**이 있다면, 사고를 위해서는 직관이 있다. 직관과 관찰은 인식의 원천이다. 해당 직관이 우리 내면에 없는 한, 세상에서 관찰한 대상은 우리에게 낯선 것으로 머문다. 지각에 부재하는 실재의 한 부분을 바로 직관이 보충하기 때문이다. 대상에 해당하는 직관을 발견할 능력이 없는 사람에게 완벽한 실재는 숨겨진 채로 남아 있다. 색맹이 색채는 보지 못하고 명암만 구별하는 것처럼, 직관이 없는 사람은 서로 연결되지 않은 지각의 파편만 관찰한다.

26.   어떤 대상을 **해명한다는 것, 이해할 수 있도록 만든다는 것**은, 앞에 설명한 그 조직 상태로 인해 우리가 떨어져 나온 연관성 속에 대상을 다시 집어넣는 것이다. 세계 전체로부터 분리되어 있는 대상은 없다. 분리되어 나타나는 모든 것은 우리 조직에만 주관적으로 정당할 뿐이다. 원래는 하나인 세계 전체가 우리한테 따로따로 분리되어 있는 것이다. 상하, 전후좌우, 원인과 결과, 대상과 표상, 질료와 힘, 객체와 주체 등으로. 우리가 관찰할 때 개체로 마주 대하는 것은 서로 연결되고 합일된 직관 세계를 통해서 하나하나

차례대로 연결된다. 더 정확히 말해서 지각을 통해 분리된 모든 것을 우리가 사고를 통해 다시 하나로 결합한다는 것이다.

27.　　어떤 대상이 수수께끼같이 보이는 이유는 그것이 분리된 상태에 있기 때문이다. 그런데 이 상태는 우리가 불러일으킨 것이고, 개념 세계 내부에서 다시 지양될 수 있다.

28.　　사고와 지각 외에 우리에게 직접적으로 더 주어진 것은 없다. 이제 한 가지 의문이 떠오른다. 여기서 설명하는 것에 따르면 지각의 의미는 과연 어떤 것인가? 비판적 관념론이 지각의 주관적 성격을 보여 주려는 증명은 그 자체로 붕괴된다는 것을 우리는 이미 알고 있다. 하지만 그 증명이 틀렸다는 것을 알아보았다 해서 주제 자체가 오류에 기인한다는 결론이 나온 것은 아니다. 비판적 관념론은 논증에서 사고의 절대적 본성을 출발점으로 삼지 않고, 일관성 있게 따라가 보면 순진한 실재론이 스스로를 지양하는 바로 그 지점을 바닥으로 삼는다. 만일 사고의 절대성을 알아본다면, 주제는 과연 어떤 양상을 띨까?

29.　　특정 지각, 예를 들어서 빨간색이 의식 속에 떠오른다고 가정하자. 계속해서 더 고찰하면, 그 지각이 다른 지각과, 예를 들어서 특정 형태나 일정 온도, 촉각 등과 관계

가 있는 것으로 밝혀진다. 나는 이 관계를 감각 세계의 대상이라 명명한다. 이제 내가 다음과 같은 질문을 할 수 있다. "방금 말한 지각이 드러난 공간 단면 속에는 그 외에 또 어떤 것이 있는가?" 공간의 그 부분에서 기계적, 화학적 과정 등 다른 과정을 발견할 것이다. 이제 좀 더 나아가 대상에서 내 감각 기관에 도달하는 경로에서 발견되는 과정을 조사해 본다. 탄력 있는 매질 속에 일어나는 운동 과정을 발견한다. 그런데 이 과정은 본질상 원래 지각과 공통점이 조금도 없다. 더 나아가 감각 기관에서 두뇌로 전달되는 경로를 조사해 보아도 같은 결과가 나온다. 이 영역 각 부분에서 나는 새로운 지각을 얻을 뿐이다. 그런데 공간적, 시간적으로 따로따로 분리되어 있는 지각 모두를 관통하며 연결하는 매체로 작용하는 것이 있다. 바로 사고다. 음향을 매개하는 공기 진동은 음향 자체와 똑같이 내게 그저 지각으로서 주어진 것이다. 단 사고가 그 모든 지각을 연결하고, 그것들이 서로 어떤 관계에 있는지 보여 준다. 우리가 직접 지각하는 것 외에 (사고를 통해 밝혀지는) 관념적 관계를 통해 지각에서 인식되는 것 이상의 다른 것이 더 있다고는 말할 수 없다. 지각 객체가 막연히 지각된 것에 머물지 않고 지각 주체에 대해 그 이상의 관계를 형성한다면, 이 관계는 순수하게 관념적인 것, 즉 개념으로만 표현될 수 있는 것이다. 어떻게 지각 객체가 지각 주체에 작용하는지 내가 지각할 수 있는 경우에만, 아니면 그와 반대로 주체를 통한 지각 형상의 구축을 내가 관찰할 수 있는 경우에만 현대 심리학과 이것을 기반으로 이루어진 비판적 관념론에서 하는 것처럼 말할 가능성이 생길 것이다. 비판적 관념론은 지각이 가능한 경우에만 언급될 수 있는 과정과 (주체에 대한 객체의) 관념적 관계를 혼동한다. 그러므로 "색을 감지하는 눈이 없다면 색채도 없다."[07]는 문장은 눈이 색채를 만들어 낸다는

---

07 원발행자 이 형태 그대로의 문장은 발견되지 않았다. 그러나 쇼펜하우어의 논설 〈시각과 색채에 관하여Über das Sehn und die Farben〉 서문을 참조하라. 다음은 그 일부다.

"그(독자)에게는 대상물을 입히고 있는 것으로 보이는 색채가 전적으로 그의 눈 속에만 있다는 것을… 정말로 확신…" 루돌프 슈타이너 박사가 서문을 쓰고 발행한 『쇼펜하우어 전집 총 12권』(1894) 제12권 15쪽.

루돌프 헤르만 로체Rudolf Hermann Lotze의 서술을 비교하라.

"아무도 보지 않는 광채, 혹은 아무도 듣지 않는 음향이 어디에 있는지는 아무도 느끼지 않는 치통이 무엇인지 설명하는 것만큼이나 불가능하다. 색채, 음향, 냄새 등이 어디에 어떻게 있을 수 있는지 (물어보면), 하나의 장소와 한 가지 양식이 있다는 것, 정확히 말해 영혼의 의식, 그리고 그것들이 의식에 의해 감지되는 바로 그 순간일 뿐이라는 것은 그것들의 자연스러운 특성에 속한다."『심리학 개요Grundzüge der Psychologie』(1882), 제5판(라이프치히, 1894) 20쪽(§13)

의미가 아니라 색채의 지각과 눈의 지각 사이에 사고를 통해서 인식할 수 있는 관념적 관계가 성립한다는 것을 의미할 뿐이다. 경험론적 학문이 떠맡아야 할 과제는 눈의 특성과 색의 특성이 상호 관계하는 양식을 규명하는 것이다. 예를 들어서 시각 기관이 어떤 조직을 통해서 색채의 지각을 매개하는지 등을 규명해야 한다. 한 가지 지각이 어떻게 다른 지각에 이어지는지, 한 가지 지각이 다른 지각과 공간적으로 어떤 관계에 있는지, 나는 이런 것들을 추적할 수 있고 개념으로 표현할 수 있다. 하지만 어떻게 한 가지 지각이 지각할 수 없는 것에서 생겨나는지, 이것은 내가 지각할 수 없다. 지각들 사이에서 사고내용적 관계 외에 다른 것을 찾는 모든 노력은 불가피하게 실패할 수밖에 없다.

30.　　그렇다면 지각은 과연 무엇인가? 그저 일반적으로 묻는 것이라면 황당한 질문이다. 지각은 언제나 특정 내용으로, 구체적 내용으로 등장한다. 이 내용은 직접적으로 주어졌고, 그렇게 주어진 그대로가 전부다. 이렇게 주어진 것과 관련해서는 단 한 가지 질문만 할 수 있다. "지각 외부에, 달리 말해 사고를 위해서 무엇이 있는가?" 그러니까 지각이 '무엇이냐'는 질문은 결국 그 지각에 해당하는 개념적 직관에 관한 것일 수밖에 없다. 이 관점에 따르면 비판적 관념

론의 의미에서 지각의 주관성에 관한 질문이 생겨나는 것은 절대 불가능하다. 주체에 속하는 것으로 지각되는 것만 주관적이라고 칭해야 한다. 주관적인 것과 객관적인 것 사이에 끈을 형성하는 것은 순진한 의미에서 말하는 구체적 과정, 달리 말해 지각할 수 있는 사건에 절대 속하지 않는다. 그것은 오로지 사고에 속하는 일이다. 그러므로 우리한테 객관적인 것이란, 지각 주체 외부에 놓인 것으로서 지각에 드러나는 것이다. 지금 앞에 있는 탁자가 내 관찰 범위에서 사라진다 해도 내 지각 주체는 지각할 수 있는 것으로 남는다. 이와 똑같이 남는 변화를 탁자에 대한 관찰이 내 내면에 불러일으켰다. 나는 나중에 탁자의 그림을 다시 생성시킬 능력을 간직한다. 대상의 그림을 다시 상기하는 능력이 나와 결합되어 남아 있다. 심리학은 그 그림을 기억 표상이라고 한다. 그런데 사실은 탁자의 **표상**이라 불러야 맞다. 이 표상은 내 시야에 탁자가 있음으로 해서 나 자신의 상태에 일어난, 지각할 수 있는 변화에 부합한다. 더 정확히 말하자면 지각 주체 배후에 있는 어떤 '나 자체'의 변화가 아니라, 지각될 수 있는 주체 자체의 변화를 의미한다. 그러므로 내 지각의 지평선에 있는 대상이 객관적 지각인 반면에 표상은 주관적 지각이다. 관념론은 주관적 지각과 객관적 지각을 혼동하기 때문에 세계가 내 표상이라고 오인한다.

31.　　　이제 표상에 대한 개념을 보다 정확하게 정립할 필요가 있다. 지금까지 표상에 관해 이야기한 것은 그 개념이 아니라 지각 영역 어디에서 그것을 발견해야 하는지 그 길을 가리킬 뿐이다. 표상에 관해 정확한 개념을 형성하면, 표상과 대상의 관계에 관해 만족할 만한 해명을 얻을 가능성도 생긴다. 이 해명 또한, 인간 주체와 세계에 속하는 객체의 관계가 순수하게 개념적 인식 영역을 벗어나 구체적인 개인 **生活**로 하강하는 경계 너머로 우리를 인도할 것이다. 세계를 어떻게 생각해야 하는지, 일단 이것을 알면 그에 맞추어 일을 하기도 쉬워진다. 우리가 활동을 바치는 대상, 즉 세계에 속하는 객체를 알아야 비로소 온 힘을 다해 일을 해야겠다는 생각도 들 수 있는 것이다.

개정판에 즈음한 주석

32.　　　여기에 개진된 견해는 인간이 세계에 대한 자신의 관계를 곰곰이 생각하기 시작하면 그쪽으로 자연스럽게 떠밀려져 가게 되는 종류라고 간주할 수 있다. 그렇게 하다 보

면, 형성 중에 용해되고 마는 사고내용 형상에 얽힌 자신을 본다. 이 사고내용 형상은 그저 이론적으로 반증한다고 해서 필수적인 모든 것을 다했다고 말할 수 없는 것에 속한다. 이 사고내용 형상이 데려간 혼란 상태를 들여다보기만 하지 않고 출구를 발견하기 위해서는 그것을 반드시 직접 **거치며 체험해야 한다.** 그것이 세계에 대한 인간의 관계에 관한 논쟁에서 불가피하게 나타날 수밖에 없는 이유는 이 관계에 관해 잘못된 의견을 가지고 있는 듯이 보이는 사람을 반박하기 위해서가 아니라, 처음으로 그 관계를 고찰할 때 어떤 혼란에 빠질 수 있는지 반드시 알고 있어야 하기 때문이다. 그것을 처음으로 곰곰이 생각하는 사람이 어떻게 **자기 자신을** 부정하는지, **이에 대한** 이해가 반드시 있어야 한다. 앞선 설명은 바로 이 관점을 기반으로 했다.

33.   세계에 대한 인간의 관계에 관한 견해를 스스로 형성하고자 하는 사람은 세계 대상과 세계 과정에 관한 표상을 형성함으로써 적어도 그 관계 중 한 부분을 확립한다는 것을 의식하게 된다. 그로써 그의 시각은 **저 바깥** 세계에 있는 것에서 내면세계로, 즉 표상 생활로 향하게 된다. 그리고 다음과 같이 말하기 시작한다. "내 내면에 표상이 떠오르지 않는다면 어떤 대상에도, 어떤 과정에도 관계를 맺을 수 없

다." 이 사실 정황을 알아채면, 다음과 같은 의견에 이르기까지는 한 걸음으로 충분하다. "결국 나는 내 표상만 체험할 뿐이다. **내 내면의** 표상인 한에서만 나는 저 바깥 세상을 알고 있다." 이 의견과 더불어 인간은 세계에 대한 자신의 관계를 고찰하기 전에 취했던 자연적 실재론의 관점을 떠난 것이다. 자연적 실재론의 관점에서 인간은 자신이 진짜 대상과 관계하고 있다고 믿는다. 자아 성찰은 인간에게 그 관점을 떠나라고 종용한다. 자아 성찰은 순진한 의식의 소유자가 자기 앞에 있다고 믿는 그 실재에 인간이 눈길을 주는 것을 절대 허용하지 않는다. 오직 표상만 바라보라 한다. **이 표상이**, 순진한 사람이 정말로 있는 것이라 주장해도 된다고 믿는 실재 세계와 자아 성찰을 하는 사람 자신의 존재 사이에 끼어든다. 이렇게 끼어든 표상 세계를 통해서는 순진한 사람이 말하는 실재를 더 이상 찾아볼 수 없다. 그래서 자아 성찰을 하는 사람은 자신이 그런 실재를 위해 눈이 먼다고 생각할 수밖에 없다. 이로써 인간 인식으로는 절대 도달할 수 없는 '물자체'가 생겨난다. 인간이 표상 생활을 통해 세계와 관계를 맺는 것처럼 보이는데, 바로 이 관계만 고찰하는 데에 멈추어 서 있는 한 그런 사고내용 형상을 절대 피할 수 없다. 인간이 인식을 향한 갈망을 인위적으로 막으려 하지 않는다면, 순진한 실재론의 관점에 머물러 있을 수 없다. 인간과 세계의 관계를 알아보고 싶다는 갈망이 있다는 것, 이것이 순진한 실재론의 관점을 떠나야 한다는 것을 보여 준다. 만일 진실이라고 인정할 수 있는 어떤 것이 순진한 실재론의 관점에서 나온다면, 인간은 인식에 대한 갈망을 느끼지 않을 것이다. 그런데 인간이 순진한 실재론의 관점을 떠나기는 했어도 ─알아채지 못한 채─ 그 입장이 강요하는 사고방식을 유지하면, 역시 진실이라 여길 만한 다른 것에 이를 수 없다. 다음과 같이 말하는 경우가 그런 오류에 빠진 것이다. "나는 내 표상만 체험한다. 그리고 내가 실재와 관계하고 있다고 믿는다 해도 결국은 실재에 대한 내 표상만 의식할 뿐이다. 그렇기 때문에 진정한 실재, 즉 '물자체'는 내 의식 바깥에 있다고 가정할 수밖에 없다. 물자체는 이러저러한 방식으로 나한테 접근해 영향을 미치고 내 내면에 표상 세계를 만들어 내기는 해도, 나는 그에 관해 직접적으로 알 수 있는 것이 전혀 없다." 이렇게 사고하는 사람은 자신 앞에 놓인 세계에 또 다른 세계를 생각으로 더한 것일 뿐이다. 그런데 그는 그렇게 더해진 다른 세계와 관련해 사고 작업을 사실상 처음부터 다시 시작해야 한다. 왜냐하면 그런 사고방식으로 알 수 없는 '물자체'도 인간 자신의 존재에 대한 관계에서 보아 순진한 실재론이 알고 있는 실재와 전혀 다르지 않게 생각되기 때문이다. 이렇게 생각하는 사람이 비판적 신중성으로 인해 빠질 수 있는 오류를 피하는 길은 단 하나만 있을 뿐이다. 과정과 고찰하는 인간 사이에 표상이 끼어드는 불행에 절대 빠지지 않는 어떤 것이, 인간이 자신 내면과 외부 세계에서 지각하며 체험할 수 있는 것 **안에** 들어 있다는 사실을 알아차릴 때다. 그 **어떤 것**이란 바로 **사고**다. 사고를 마주 대해서 인간은 순진한 실재론의 관점에 머무를 수 **있다**. 사람이 그렇게 하지 않는 데에는 한 가지 이유가 있을 뿐이다. 다른 대상과 관련해서는 실재론의 관점을 떠나는 수밖에 없다는 것을 알아보았지만, 이렇게 획득한 통찰이 사고에는 적용 불가능하다는 사실을 알아차리지 못하기 때문이다. 이 사실을 알아보면 다른 통찰로 가는 입구가 열린다. 이는 다름 아니라, 인간이 세계와 자신 사이에 표상 생활을 끼워 넣어야 하기 때문에 눈이 머는 듯하고, 그래서 알아보지 못하는 듯한 대상을 사고 **안에서**, 그리고 사고를 **통해서** 인식해야 한다는 것이다. 이 책의 저자가 사고에 관한 서술과 더불어 순진한 실재론자의 관점에 머물러 있다고, 실재 세계와 표상된 세계를 동일한 것으로 간주하는 사람과 같다고 매우 존경하는 인물[08]로 부터 비판을 받았다. 그런데 이 글의 저자는 **사고에 있어서는** '자연적 실재론'이 옳다는 결과가 편견 없이 사고를 고찰하면 필연적으로 나온다는 것을 바로 이 책에서 증명했다고 믿는다. 더 나아가 다른 대상에는 해당하지 않는 자연적 실재론이 사고의 진정한 본질을 인식함으로써 극복된다는 것도 증명했다.

---

08 원발행자 에두아르트 폰 하르트만을 의미한다.(이 책 3장 각주08 참조) 이 장 10문단에 해당하는 하르트만의 이의는 다음과 같다.

"여기서 문제는 과연 어느 세계인가 하는 것이다. 내 표상 세계가 표상을 생성시키는 것과 마찬가지로 내 사유 세계는 내 사고를 생성시킨다. 내 사고가 없이 존속하는 세계는 내 사유 세계가 아니며, 이 양자를 사유 세계의 사고 확장을 통해서 내용상 일치를 향해 지속적으로 접근시키지 않는다면, 이들은 수적으로 두 개의 다른 세계다. 실재 세계와 표상 세계를 하나로 간주하는 것이 표상의 실재론인 것처럼 이 양자를 하나로 간주하는 것은 사고의 실재론이 된다."

6. 인간 개인성

1. 우리는 외적 대상이 아닌데 우리의 표상은 그 대상
중 하나에 부합하는 형태를 띠어야 한다는 상황에 표상 규
명의 주된 난관이 있다는 것이 철학자들에 의해 발견되었
다. 그런데 좀 더 정확하게 주시해 보면 그런 난관은 전혀
없다는 결론이 나온다. 물론 우리는 외부 세계의 대상이 아
니다. 하지만 그 대상과 같은 세계에 속한다. 내가 내 주체
라고 지각하는 세계 단면은 보편적 세계 사건의 흐름으로
관통된다. 내 지각을 위해서는 내가 육체적 피부의 경계 속
에 일단 들어 있다. 그런데 이 피부 속에 박혀 있는 것은 우
주 전체에 속한다. 그러므로 내 바깥의 대상과 내 유기체 사
이에 하나의 관계가 성립하는 데에는 대상의 어떤 것이 왁
스에 인장을 찍듯이 내 정신 속에 어떤 흔적을 남길 필요도,

내 안으로 흘러들 필요도 없다. "열 걸음 정도 떨어진 곳에 서 있는 나무에 대해 나는 무엇을 알 수 있는가?" 이 질문은 완전히 잘못된 것이다. 이런 질문은 육체의 경계가 절대적 칸막이로 있고, 외부 대상에 관한 정보는 이 칸막이를 통해서 내 안으로 이동해 들어온다는 가정에서 생겨나는 것이다. 내 피부 내부에서 작용하는 힘은 외부에 존재하는 힘과 같은 것이다. 그러므로 나는 정말로 대상이다. 단, 지각 주체인 한에서 나가 아니라, 보편적 세계 사건의 한 부분인 한에서 나가 대상이다. 나무의 지각은 내 나와 함께 동일한 전체에 속한다. 보편적 세계 사건이 여기에 내 나의 지각을 불러일으키는 것과 같은 정도로 나무의 지각을 불러일으킨다. 만일 내가 세계를 인식하는 자가 아니라 세계를 창조하는 자라면 객체와 주체(지각과 나)가 단번에, 동시에 생겨나도록 할 것이다. 이 양자는 상호 전제하기 때문이다. 세계를 인식하는 자로서 나는 서로 속하는 존재들인 이 양자의 공통성을 오로지 사고를 통해서만 발견할 수 있다. 사고가 개념을 통해서 이 양자를 서로 연결시킨다.

2.   이 영역에서 떨어내기에 가장 어려운 것은 지각의 주관성에 대한 생리학적 증명이다. 예를 들어서 내가 피부에 압력을 가한다고 하자. 그러면 그것을 압박감으로 지각한

다. 생리학은 똑같은 압박에 대해 우리가 눈을 통해서는 빛으로, 귀를 통해서는 음향으로 지각한다고 가르친다. 그러니까 전격電擊이 일어나면 눈을 통해서는 빛으로, 귀를 통해서는 음향으로, 피부 신경을 통해서는 찌릿한 느낌으로, 후각을 통해서는 인燐 냄새로 지각한다는 말이다. 이 사실에서 무엇을 추론할 수 있는가? 다음과 같은 결과만 나올 뿐이다. "내가 전격을 (혹은 압력을) 지각하고, 그 다음에 빛의 질이나 음향 혹은 특정 냄새 등이 이어진다. 눈이 없다면, 주변에서 일어나는 기계적 진동에 빛의 질이 지각되지 않을 것이고, 청각 기관이 없다면 음향 지각이 생기지 않을 것이다." 그런데 무슨 권리로 지각 기관이 없으면 전체 과정도 존재하지 않을 것이라고 말할 수 있는가? 전기 과정이 눈에 빛을 야기한다는 상황을 근거로 우리가 빛으로 감지하는 것은 우리 유기체 외부에서 일어나는 기계적 운동 과정일 뿐이라고 추론하는 사람이 있다. 그는 자신이 한 가지 지각에서 다른 지각으로 건너갈 뿐이지 지각 외부에 있는 어떤 것으로는 결코 건너가지 않는다는 사실을 망각하고 있다. 눈이 주변의 기계적 운동 과정을 빛으로 지각한다고 말할 수 있다면, 그와 똑같은 이치로 우리가 어떤 대상이 규칙적으로 변하는 것을 운동 과정으로 지각한다고 주장할 수 있다. 원반 가장자리에 달리는 형태의 열두 마리 말을 그린 다음에 원반을 돌리면 말이 움직이는 것 같은 현상이 보인다. 돌아가는 원반을 구멍을 통해서 볼 때 열두 마리 말 그림이 일정 간격을 두고 이어지도록 해야 한다. 그러면 열두 마리 말이 따로따로 보이지 않고, 한 마리가 빠르게 달려가는 것처럼 보인다.

3.　　　그러므로 앞에 언급한 생리학적 사실은 지각과 표상의 관계를 전혀 조명할 수 없다. 우리는 다른 방식으로 이 문제를 해결해야 한다.

4.　　　내 관찰의 지평선에 지각이 하나 떠오르는 바로 그 순간 사고가 나를 통해서 활동한다. 내 사고 체계 중 한 부분이, 특정 직관이, 한 가지 개념이 그 지각과 결합한다. 그런데 지각이 내 시야에서 사라지면? 그러면 무엇이 남는가? 지각하는 순간에 그 지각에 대해 형성된 관계와 함께 내 직관이 남는다. 내가 나중에 얼마나 생생하게 이 관계를 마음속에 다시 떠올릴 수 있는지, 이는 내 정신적, 육체적 유기체가 기능하는 양식에 의존한다. **표상**은 특정 지각에 연관된 직관, 언젠가 특정 지각과 연결된 개념, 특정 지각에 대한 관계가 아직 남아 있는 개념일 뿐이다. 사자에 대한 내 개념은 사자에 대한 내 지각을 **근거로** 형성되지 않는다. 하

지만 사자에 대한 내 표상은 명백하게 내 지각에서 형성된다. 사자를 한 번도 본 적이 없는 사람한테 사자에 대한 개념은 가르칠 수 있다. 하지만 사자에 대한 생생한 표상을 가르치는 것은 불가능하다.

5.   **표상**은 개인화된 개념이다. 이제 실제 대상은 표상을 통해 우리에게 대표적으로 표현될 수 있다는 것을 이해하게 되었다. 어떤 대상의 완벽한 실재는 관찰 순간에 개념과 지각의 결합에서 결과로 나온다. 개념은 한 가지 지각을 통해서 개인적 형상을, 그 특정 지각에 대한 연관성을 얻는다. 개념은 해당 지각에 대한 관계를 고유성으로 내포하는 개인적 형상으로 우리 내면에 계속 살아 있으면서 해당 대상에 대한 표상을 형성한다. 동일한 개념과 연결되어 있는 두 번째 대상을 만나면, 우리는 이것이 첫 번째 대상과 같은 종류에 속한다는 것을 알아본다. 더 정확하게 설명하자면, 우리가 같은 대상을 두 번째 만날 때 우리 개념 체계 속에서 일반적으로 부합하는 개념뿐만 아니라 같은 대상에 대해 고유한 관계에 있는 개인화된 개념도 발견하고, 그로써 대상을 다시 알아본다.

6.   그러므로 표상은 지각과 개념 사이에 있다. 표상은 지각을 암시하는 특정 개념이다.

7.　　내가 표상을 형성할 수 있는 모두를 합한 결과, 이것을 경험이라 명명해도 된다. 개인화된 개념이 더 많은 사람일수록 경험이 더 풍부한 것이다. 직관 능력이 조금도 없는 사람은 경험을 쌓기에 적절치 않다. 그는 대상에 짝을 지어 주어야 할 개념이 없기 때문에 시야에서 대상을 잃어버리고 만다. 그런데 훌륭하게 발달된 사고 능력이 있는 사람이라도 감각 기관이 좋지 않아 제대로 지각할 수 없다면, 마찬가지로 많은 경험을 쌓을 수 없다. 이런 사람은 어떤 방식으로든 개념은 습득할 수 있다. 하지만 특정 대상에 대한 생생한 연관성이 그의 직관에 부재한다. 아무 생각 없이 돌아다니는 관광객과 추상적 개념 체계 속에서만 사는 학자, 이 양자 모두 풍부한 경험을 얻을 능력이 없다.

8.　　실재는 우리에게 지각과 개념으로 드러나며, 실재의 주관적 대리는 표상으로 드러난다.

9.　　우리 인격체가 인식만 하는 존재라면, 모든 객체의 합은 지각, 개념, 표상으로 주어질 것이다.

10.　　하지만 우리는 사고의 도움으로 지각을 개념과 연관시키는 데에 만족하지 않는다. 우리는 특별한 주관성에, 개인적인 나에 지각을 연관시킨다. 이 개인적 연관성의 표현이 바로 쾌감이나 불쾌감 등으로 펼쳐지는 느낌이다.

11.　　우리 존재는 이중성을 띤다는 것을 이미 밝혔다. **사고**와 **감성**은 바로 그 이중성에 부합한다. 우주에서 일어나는 보편적 사건에 우리를 참여시키는 요소는 **사고**다. 그리고 우리 존재의 협곡 속으로 물러날 수 있게 하는 요소는 **감성**이다.

12.　　우리의 사고는 우리를 세계와 연결한다. 우리의 느낌은 우리를 내면으로 물러나도록 하고, 비로소 개인으로 만든다. 우리가 사고하고 지각하는 존재에 그친다면, 인생 전체가 아무 변화 없이 한결같이 흘러 지나갈 것이다. 만일 우리가 우리 자신을 단순히 자아로만 **인식**할 수 있다면, 우리 자신에게 완전히 무심할 것이다. 우리는 자아 인식과 더불어 자아 느낌을, 대상의 지각과 더불어 쾌감과 고통을 감지한다는 사실을 통해서 비로소 개인적 존재로 살아간다. 이 개인적 존재는 나머지 세계를 대할 때 개념 체계에서 현존을 소진하지 않고 독자적으로 특별한 가치를 하나 더 지닌다.

13.　　세계를 사고하면서 고찰하기보다는 감성생활에서 더 풍부한 실재로 채워진 요소를 보려는 유혹이 있을 수 있다. 이에 대한 대답은, 아무리 그렇다 해도 감성생활은 내 개인을 위해서만 풍부한 의미가 있을 뿐이라는 것이다. 내

감성생활이 세계 전체를 위해 가치를 얻을 수 있는 경우는 내 자아에서의 지각으로서 느낌이 한 가지 지각과 연결되고 이 우회로를 통해 우주 속에 편입될 때일 뿐이다.

14.　　　보편적 세계 사건에 동참하기와 개인으로 존재하기 사이에서 끊임없이 오락가락하는 게 바로 우리 인생이다. 사고의 보편적 성격 속에서 점점 더 높이 올라가서 결국에는 개인적인 것이 개념의 실례, 사례로서만 흥미로울 수 있는 차원에 이르면, 개별적 존재의 성격, 완전히 특별한 개인적 성격이 우리 내면에서 점점 더 많이 사라진다. 우리 자신의 삶 속으로 더 깊이 내려가 외부 세계의 경험과 우리 느낌을 더 많이 공명하게 만들수록, 우리는 삼라만상의 보편적 현존에서 더 많이 분리된다. 참된 개인이란 느낌과 더불어 관념 범주에서 가장 높이 올라가는 사람을 일컫는다. 어떤 사람의 경우에는 머릿속에 박힌 가장 일반적인 관념조차 오인할 여지없이 그 주체와 연결되어 있다는 것을 보여주는 특별한 색채를 띤다. 이와 달리 개인적 특성이 눈곱만큼도 없어서 살과 피로 된 인간에게서 나왔다고는 도저히 상상할 수 없는 개념을 지니는 사람도 있다.

15.　　　표상은 개념 생활에 개인적 성향을 부여한다. 누구나 자신의 위치가 있고, 거기에서 세상을 고찰한다. 그의 개념

이 그의 지각과 합류한다. 그가 그의 특유한 방식으로 보편적 개념을 사고하게 된다. 이 특별한 규정성은 우리의 인생 무대에 연결되어 있는 지각 공간, 즉 세계 속에 우리 위치의 결과다.

16.   이 규정성 건너편에 우리의 개별 조직에 의존하는 다른 것이 있다. 우리 조직은 완벽하게 규정된 특별한 개체다. 우리는 각각의 특별한 느낌을 온갖 다양한 강도로 우리 지각에 연결한다. 바로 이것이 고유한 우리 인격체의 개인성이다. 우리가 인생 무대의 규정성을 모두 결산하면 여분으로 남는 것이다.

17.   사고내용이 하나도 없는 감성생활은 세계에 대한 모든 연관성을 차츰차츰 잃어버릴 수밖에 없다. 총체성을 지향하는 천성을 타고난 인간의 경우 대상의 인식은 감성생활의 양성, 발달과 상호 보완적으로 이루어진다.

18.   느낌은, 개념이 일단 구체적인 삶을 얻는 수단이다.

7. 인식에 한계가 있는가?

1.   우리는 실재를 규명하기 위한 요소가 두 범주에, 즉 지각과 사고에 있다는 것을 확인했다. 주체인 우리 자신까지 포함하는 완벽하고 총체적인 실재가 일단 이원적으로 나타나는데, 그 원인이 우리 조직에 있다는 것도 이미 보았다. 인식이 실재의 두 요소, 즉 지각과 사고를 통해 작업해 낸 개념을 기반으로 전체 대상을 조합해서 이원성을 극복한다. 인식을 통해 올바른 형상을 얻기 전의 세계, 그러니까 지각과 개념에서 얻은 것을 하나로 조합한 존재에 대조되는 현상 세계가 우리에게 다가오는 양식을 한번 들여다 보자. 그러면 우리는 다음과 같이 말할 수 있다. "세계는 우리에게 이원성(이중적)으로 주어졌고, 인식은 그것을 일원성(일원적)이 되도록 작업한다." 이 근본 원리에서 출발하는

철학을 일원적 철학 혹은 **일원론**이라 명명할 수 있다. 이 건 너편에 이중적 세계관 혹은 **이원론**이 있다. 후자는 실재가 우리 조직 때문에 두 쪽으로 분리되었다고 보지 않고, 완벽하게 상이한 두 가지 세계가 있다고 가정한다. 그리고 그중 한 세계를 해명하기 위한 원리를 다른 세계에서 찾는다.

2.   이원론은 인식이라 불리는 것을 잘못 파악한 데에 기인한다. 이원론은 총체적 현존을 각기 고유한 법칙이 있는 두 가지 범주로 나누고, 이 두 범주를 외적으로 상호 대립시킨다.

3.   칸트를 통해 학문에 도입된 이래 오늘날까지 뿌리 뽑히지 않는 지각 자체와 '물자체'의 구분이 바로 그런 이원론에서 생겨났다. 이 책에서 설명한 것에 따르면, 개체적 대상이 일단 지각으로만 주어질 수 있는 것은 우리의 정신적 조직의 본성 때문이다. 그리고 사고가 세계 전체 내부에 적절한 위치를 각 지각에 할당해서 개체성이 극복된다. 세계 전체에서 분리된 부분이 지각으로 규정되는 한, 우리는 분리된 상태에서 우리 주관성의 법칙을 따른다. 그런데 모든 지각의 합을 한 부분으로 고찰하고 그 옆에 두 번째 부분으로 '물자체'를 대립시키면, 허공에 대고 철학을 하는 격이다. 그런 철학은 결국 개념 놀이에 그치고 만다. 그렇게 인위적

대립을 구성한다 해도, 두 번째 부분을 위한 내용은 절대 얻지 못한다. 왜냐하면 개별 대상을 위한 내용은 오로지 지각에서만 얻을 수 있기 때문이다.

4. 　　지각과 개념, 이 두 범주 외부에 있다고 가정되는 모든 존재 양식은 부당한 가설의 영역으로 추방되어야 한다. 바로 이 영역에 '물자체'가 속한다. 이원론적 사상가가 가설로 가정한 세계 원리와 경험으로 주어진 것의 관계를 발견하지 못하는 것은 너무나 자연스러운 일이다. 가설적 세계 원리를 위한 내용을 단 하나라도 획득한다면, 그것은 오직 한 경우일 뿐이다. 경험 세계에 의거해서 내용을 얻었는데 그렇게 하지 않은 척 기만하는 경우다. 그렇지 않고는 내용이 전혀 없는 텅 빈 개념, 개념의 형태만 있는 비개념이 남을 뿐이다. 이 상황이 되면 이원론적 사상가는 보통 다음과 같이 말한다. "우리 인식으로는 개념 내용에 도달할 수 없다." 혹은 "우리는 그런 내용이 있다는 **사실**은 알지만, 그렇게 존재하는 것이 **무엇인지**는 알 수 없다." 이 두 경우에는 이원론의 극복이 불가능하다. 경험 세계의 몇 가지 추상적 요소를 물자체의 개념에 집어넣는다 해도, 그 자체가 지각에서 덜어내진 것에 불과한 몇 가지 성격에 경험의 풍부하고 구체적인 삶을 귀착시키는 것은 불가능하게 남는다. **뒤**

부아-레이몽[01]은 물질의 지각 불가능한 원자가 위치와 운동을 통해 느낌과 감각을 생성시킨다고 생각하는데, 물질과 운동이 느낌과 감각을 생성시키는 방식에 대해 만족할 만한 답을 우리는 절대 얻지 못한다는 결론을 내리기 위해서다. 그리고 그 이유를 다음과 같이 설명한다. "탄소, 수소, 질소, 산소로 된 일정 수의 원자들이 과거에 어떤 위치에서 어떻게 움직였는지, 현재 어떤 위치에서 어떻게 움직이는지, 미래에 어떤 위치에서 어떻게 움직일 것인지가 그것들 자체에 별로 중요하지 않은 문제가 아니라는 것은 근본적으로, 영원히 이해할 수 없는 것으로 남는다. 우리는 어떻게 의식이 원자들의 상호 작용에서 생성될 수 있는지 어떤 방식으로도 알아볼 수 없다." 이 추론은 전반적 사고 방향을 고려해 보면 아주 특이한 것이다. 일단 풍부한 지각 세계에서 위치와 운동을 분리해 낸다. 원자라는 고안된 세계에 적용한다. 그 다음에 지각 세계에 의거해서 자기가 직접 만들어 낸 원리에서 구체적 삶이 생겨나지 못한다고 깜짝 놀라

---

01 원발행자 에밀 뒤 부아-레이몽Emil Du Bois-Reymond(1818~1896)
_ 독일 생리학자. 〈자연 인식의 한계에 관하여Über die Grenze des Naturerkennens〉(라이프치히, 1872, 26쪽 참조), 1872년 8월 14일 독일 라이프치히에서 열린 제45회 독일 자연 과학자와 의사 총회, 두 번째 공개 모임에서 행한 강연

니 말이다.

5.   아무 내용도 없이 완벽하게 텅 빈, 그-자체라는 개념
으로 작업하는 이원론자는 세계를 절대로 해명할 수 없다.
이는, 앞에서 이원론의 원리를 정의하면서 자연스럽게 나
온 결과다.

6.   이원론자는 어떤 경우든 우리의 인식 능력으로 절대
넘어설 수 없는 장벽을 쌓도록 강요되기 마련이다. 일원론
적 세계관을 추종하는 사람은 주어진 세계 현상을 해명하
기 위해 필요한 모든 것이 이 현상 영역에 들어 있다고 확
신한다. 그 해명에 도달하지 못하게 방해하는 것은 우연한
시간적 혹은 공간적 장애, 아니면 인간 조직의 결함일 뿐이
다. 그리고 정확히 말해 이 결함은 보편적 인간 조직이 아니
라 특수한 개인 조직의 것이다.

7.   우리가 규정한 것과 같은 인식 개념에서는 인식의 한
계에 관해 언급할 가치가 없다는 결론이 나온다. 인식은 보
편적 세계 안건이 아니라, 인간이 자신과 해결해야 하는 문
제다. 대상은 해명을 요구하지 않는다. 그것은 그저 존재하
고, 사고를 통해 발견할 수 있는 법칙에 따라 상호 작용한
다. 대상은 그 법칙과 뗄 수 없이 합일된 상태로 존재한다.
이제 그 건너편에 우리의 자아성自我性이 들어서고, 우리가

이 책에서 지각이라고 묘사한 것만 그 대상에서 일단 파악한다. 그런데 자아성 내면에는 실재의 다른 부분도 발견하는 힘이 들어 있다. 실재를 구성하는 두 요소, 즉 세계 안에서는 뗄 수 없이 결합되어 있는 두 요소를 자아성이 자신을 위해서도 합일시키면, 인식의 충족이 들어선다. 마침내 내가 실재에 도착한 것이다.

8. 　그러므로 인식이 생겨나는 전제 조건은 다음과 같다. 나를 **통해서** 그리고 나를 **위해서**. 여기에서 후자가 스스로에게 인식의 질문을 낸다. 더 정확히 말해서 내가 그 자체로 완전히 명료하고 투명한 사고 요소들에서 그 질문을 덜어 내는 것이다. 만일 우리가 스스로 대답할 수 없는 질문을 한다면, 질문 내용은 상세한 부분에 이르기까지 분명하고 확실한 모양이 되지 못한다. 세계는 우리에게 질문하지 않는다. 우리에게 질문하는 것은 바로 우리 자신이다.

9. 　어딘가에 쓰인 질문을 발견했지만 그 내용이 유래한 영역을 모르는 경우 나는 그 질문에 대답할 가능성이 전혀 없다고 생각할 수 있다.

10. 　우리 인식에서 중점은, 공간과 시간 그리고 주관적 조직을 통해 전제된 지각 영역 건너편에 세계 보편성을 가리키는 개념 영역이 있음으로써 우리에게 부과된 질문이

다. 내 과제는 나한테 잘 알려진 그 두 영역을 조정하는 것이다. 여기에서는 인식의 한계에 관해 언급할 여지가 없다. 이러저러한 것이 어느 시점에 규명되지 않은 채 남아 있을 수는 있다. 왜냐하면 상황으로 인해 규명에 중요한 역할을 하는 것을 지각하지 못하는 수가 있기 때문이다. 하지만 오늘 발견하지 못한 것을 내일 발견할 수 있다. 상황 때문에 생긴 장애는 단지 일시적인 것으로 지각과 사고가 진전하면 극복될 수 있다.

11.　　　이원론이 범하는 오류는 지각 영역 내부에서만 의미가 있는 대립체인 주체와 객체를 그 영역 외부의 순수하게 고안된 존재에 차용하는 데에 있다. 그런데 지각의 지평선 내부에 분리되어 있는 대상은 모든 분리를 중지시키는 사고, 즉 그 분리가 주관적으로 전제된 것임을 인식시키는 사고를 지각하는 사람이 포기하는 한에서만 개체로 남기 때문에 이원론자는 지각 배후의 존재에 결정을 떠넘긴다. 그런데 이 존재 자체는 지각을 위해 절대적이 아니라 상대적 정당성만 있을 뿐이다. 이로써 이원론자는 인식 과정을 위해 고려되는 두 가지 요소, 즉 지각과 개념을 다음과 같이 네 가지로 토막 낸다. 1. 객체 자체, 2. 주체가 객체에서 얻는 지각, 3. 주체, 4. 지각을 객체 자체에 연결하는 개념. 여기에

서 객체와 주체 사이의 관계는 **실재**이다. 그러니까 주체가 실제로 (역학적으로) 객체에서 영향을 받는다는 것이다. 이 실재적 과정은 우리 의식 속에 들어서지 않는다. 하지만 객체에서 나오는 작용에 대한 반작용을 주체 속에 불러일으킨다고 한다. 바로 이 반작용의 결과가 지각이며, 이것이 비로소 의식에 들어선다고 한다. 이는, 객체는 (주체와 별도로) 객관적 실재가, 지각은 주관적 실재가 있다는 말이다. 이 주관적 실재가 객체에 주체를 연결하는데, 이 관계는 관념적인 것이라고 한다. 이로써 이원론은 인식 과정을 두 부분으로 쪼갠다. 그중 한 부분, 즉 '물자체'를 근거로 한 지각 객체의 생성은 **의식 외부에서,** 다른 한 부분, 즉 지각과 개념의 연결과 객체에 대한 개념의 관계는 **의식 내부에서** 일어나도록 한다. 이런 전제 조건에서는 이원론자가 의식 앞에 놓인 것의 주관적 대리만 자신의 개념들에서 획득한다고 믿는 게 너무나 자명한 일이다. 객관적-실재적 과정은 지각이 이루어지는 주체 내면에 있고, 바로 이로 인해 이원론자를 위해서는 '물자체'의 객관적 관계가 더욱더 직접 인식할 수 없는 것으로 남는다. 이원론의 의견에 따르면 인간은 객관적 실재에 대한 개념적 대리만 조달할 수 있다. 대상을 상호 간에 연결하고 ('물자체'로서) 개인적 정신과 대상을 객관적으로 연결하는 끈은 우리가 의식 속에 개념적 대리만 지닐 수 있는, 의식 저 너머의 한 존재 자체 안에 놓여 있다는 말이다.

12. 이원론은 대상의 개념적 연관성 옆에 실재적 연관성을 확립하지 않으면 세계 전체가 추상적 개념 도식으로 증발할 것이라고 믿는다. 이것을 다르게 표현하자면, 사고를 통해서 발견할 수 있는 관념 원리는 공기처럼 너무 비현실적으로 생각되기 때문에 이원론자는 그 관념 원리를 든든하게 떠받칠 수 있는 실재 원리를 찾는다는 것이다.

13. 이제 그 실재 원리를 좀 더 상세히 들여다 보기로 하자. 순진한 사람(자연적 실재론자)은 실재로서 외적 경험 대상을 고찰한다. 어떤 대상을 손으로 만지고 눈으로 볼 수 있다는 상황이 그에게는 그 대상의 실재성을 위한 증거에 해당한다. "지각할 수 없는 것은 존재하지 않는다." 이 문장이야말로 순진한 사람이 꼽는 첫 번째 공리公理라 해도 무방하다. 이 공리를 정반대로 표현해도 된다. "지각될 수 있는 모든 것은 존재한다." 이 주장에 대한 최상의 증거는 순진한 사람이 믿는 영생과 정령 숭배다. 그는 영혼이 섬세한 감각적 물질로 되어 있다고 믿는다. 그래서 특정 조건에서는 심지어 보통 사람도 그것을 볼 수 있다고 생각한다.(순진한

정령 숭배)

14.　　　순진한 실재론자가 실재라 생각하는 세계 외에 다른
세계는 모두, 특히 이름하여 관념 세계는 그에게 비실재며
'단지 관념적'일 뿐이다. 우리가 대상에 부가해서 사고하는
것, 그것은 대상에 **대한** 생각일 뿐이다. 사고는 지각에 실재
적인 것을 전혀 더하지 않는다는 것이다.

15.　　　그런데 순진한 사람은 대상의 현존과 관련해서만 아
니라 사건 발생과 관련해서도 감각 지각을 실재의 유일한
증명으로 간주한다. 그는 한 대상이 다른 대상에 작용하는
것은 감각에 지각되는 힘이 전자에서 나와 후자를 포착하
는 경우에만 가능하다고 생각한다. 구시대 물리학은 극히
미세한 질료가 물체에서 흘러나와 감각 기관을 통해 우리
영혼으로 침투해 들어온다고 믿었다. 그 질료를 실제로 보
는 게 불가능한 것은 우리 감각이 질료의 미세함에 비해 조
야해서일 뿐이라 했다. 감각 세계의 대상에 실재성이 있다
고 인정하는 것과 원리상 같은 이유로, 더 정확히 말해 감
각에 드러나는 실재의 현존 형태와 유사하게 생각되는 현
존 형태 때문에 그 질료의 실재성을 인정한 것이다.

16.　　　관념적으로 체험 가능한 것의 존재, 그 자체에 기인
하는 존재는 순진한 의식의 소유자에게 감각으로 체험 가

능한 것과 같은 의미에서의 실재로 생각되지 않는다. 그래서 '단순히 관념'으로만 파악한 대상은 감각 지각을 통해서 실재에 대한 확신이 제공될 때까지 막연한 환상으로 머문다. 간단히 말해 순진한 사람은 사고의 관념적 증서에 더해 감각의 실재적인 것을 요구한다. 순진한 사람의 이 욕구에 계시 종교의 원시적 형태가 발생한 근거가 놓여 있다. 사고를 통해 주어진 신은 순진한 의식에 언제나 **'생각된'** 신으로 머물 뿐이다. 그는 감각 지각에 허용된 수단을 통한 계시를 요구한다. 신이 육체로 나타나야 한다는 것이다. 사고의 증서는 경시하고, 물이 술로 바뀌는 것처럼 감각으로 확인할 수 있는 변화를 통해서 신성이 증명되는 것만 중시하는 것이다.

17.　　순진한 사람은 심지어 인식 자체도 감각 과정과 유사한 것으로 생각한다. 대상이 영혼 속에 **인상**을 만들거나, 감각 속에 파고드는 그림을 내보낸다는 등.

18.　　순진한 사람은 감각으로 지각할 수 있는 것이 실제로 존재한다고 간주한다. 그리고 (신, 영혼, 인식 등과 같이) 그런 지각을 얻을 수 없는 것은 지각된 것과 비교해 그와 유사한 것으로 상상한다.

19.　　자연적 실재론이 학문을 확립하고자 한다면, 지각 내

용의 정확한 **서술**에서만 그런 학문을 볼 수 있다. 개념은 목적을 위한 수단일 뿐이다. 그런 학문에서 개념은 지각에 대한 관념적 대립상을 만들기 위해서 있을 뿐이다. 대상 자체를 위해서는 아무 의미도 없다. 자연적 실재론자에게는 눈에 보이거나 보일 수 있는 튤립 한 송이, 즉 튤립 개체만 실재다. 튤립의 관념은 그에게 추상성이다. 달리 말해 영혼이 모든 튤립에서 공통되는 특징들을 함께 모은 사고 그림일 뿐 실재는 아니라는 말이다.

20.　　지각된 모든 것의 실재성에 관한 원칙과 더불어 자연적 실재론은 지각 내용에 무상한 성격이 있다고 가르치는 경험을 통해서 부정된다. 내가 보는 튤립은 오늘 실제로 존재한다. 1년 후에 그것은 무로 사라질 것이다. 끝까지 남아 있는 것은 튤립이라 하는 **종속**種屬이다. 그런데 자연적 실재론에 의하면 이 종속은 실재가 전혀 아니고 **'단지' 관념**일 뿐이다. 그래서 이 세계관은, 그들의 의견에 따르면 비실재인 것이 실재 건너편에 확고하게 자리 잡는 반면에 그들의 실재는 나타났다 사라지는 것을 보아야 하는 상황에 처한다. 그러므로 자연적 실재론은 지각과 나란히 관념적인 어떤 것을 인정하는 수밖에 없다. 즉 감각으로 지각할 수 없는 존재도 수용해야 하는 것이다. 그렇다 보니 그런 존재의 현

존 형태가 감각 객체의 형태와 유사하다고 생각하면서 타협한다. 그런 가설로 만들어 낸 실재가 바로 비가시적인 힘이고, 이 힘을 통해서 감각으로 지각되는 것들이 서로 작용한다고 여긴다. 그런 것 중 하나가 바로 유전이다. 유전이 개체를 넘어서서 계속해서 작용하고, 한 개체에서 그것과 유사한 새로운 개체가 생겨나도록 해서 종을 유지하는 근거가 된다고 한다. 그런 것 중 또 다른 하나는 유기체를 관철하는 생명 원리, 즉 영혼이다. 이것을 위해서 순진한 의식의 소유자는 감각 실재와의 유사성에 따라 형성된 개념을 언제나 발견한다. 마침내 그런 것 중 마지막으로 순진한 사람이 생각하는 신적 존재가 있다. 이 신적 존재는 인간 자체의 작용 양식으로서 **지각될 수 있는 것**에 완전히 부합하는 양식으로 작용한다고 생각된다. 즉 신을 의인화하는 것이다.

21.　　현대 물리학은 감각 지각의 근거가 물체의 미세한 부분과 에테르나 그와 유사한 끝없이 섬세한 질료의 과정에 있다고 본다. 예를 들어서 우리가 온기로 감지하는 것은 그 온기를 유발하는 물체가 차지하는 공간 내부에 그 물체의 미세한 부분이 움직여서 생겨난다는 말이다. 이 역시 지각할 수 없는 것을 지각할 수 있는 것에서 유추하는 것이다.

이런 의미에서 '물체' 개념의 감각적 유추는 사방이 막힌 공간 내부고, 그 안에는 탄력성 있는 구體들이 이리저리 움직이면서 서로 부딪치고, 벽에도 부딪친다고 대략 상상하는 것이다.

22.   이런 가정이 없다면 자연적 실재론에는 세계가 하나로 결합되지 않고 상호 관계 없는 지각의 집합체로 지리멸렬하게 무너지고 말 것이다. 그런데 분명한 것은 자연적 실재론이 모순을 통해서만 그런 가정에 이를 수 있다는 것이다. 자연적 실재론자가 지각된 것만 실재라 하는 원칙을 충실히 고수하고자 한다면, 아무것도 지각되지 않는 곳에서 어떤 실재를 가정해서는 안 된다. 지각 가능한 것에서 나와 작용하는 지각 불가능한 힘은 자연적 실재론의 관점에서는 사실 부당한 가설이다. 그는 다른 종류의 실재를 전혀 모르기 때문에 가설된 힘을 지각 내용으로 치장한다. 그러니까 자연적 실재론자는 어떤 현존 형태(지각 현존재)를 설명할 유일한 수단, 즉 감각적 지각이 그에게는 없는 영역에 그 현존 형태를 적용하는 것이다.

23.   이렇게 그 자체로 이미 모순으로 가득한 세계관은 형이상학적 실재론으로 이끌어 간다. 이 이론은 지각 가능한 실재 옆에 이것과 유사하다고 생각되는 지각 불가능한 실

재를 하나 더 구성한다. 이런 까닭에 형이상학적 실재론은 어쩔 수 없이 이원론이 된다.

24.   형이상학적 실재론은 지각할 수 있는 것들 사이의 관계를 알아챌 수 있는 곳(운동을 통한 접근, 객체 인식 등)에 실재를 앉힌다. 그런데 그렇게 알아차리는 관계 자체는 사고를 통해서만 표현할 수 있지, 지각할 수 있는 것은 아니다. 관념적 관계가 지각 가능한 것과 유사한 것으로 임의로 만들어진다. 그래서 이런 사고 유형을 위해 실재 세계는 두 가지로 구성되어 있다. 영원히 되어가는 과정 속에서 왔다가 사라지는 지각 객체, 그리고 이 지각 객체를 생성시키고 지속적으로 남아 있는, 지각될 수 없는 힘.

25.   형이상학적 실재론은 자연적 실재론과 관념론을 혼합한 것으로 모순으로 가득하다. 이 이론의 가설적 힘은 지각의 질이 있는 지각 불가능한 존재다. 형이상학적 실재론은 지각에 현존 형태를 위한 인식 수단을 두는 세계 영역 외에, 이 인식 수단은 무용지물이라 오로지 사고를 통해서만 규명해야 하는 또 다른 세계 영역을 인정하기로 작정한다. 그런데 그와 동시에 사고가 매개하는 존재 형태, 즉 개념(관념)도 지각과 동등한 요소로 인정하겠다는 결정은 내리지 못한다. 지각할 수 없는 지각, 이 모순을 피하고 싶다면,

사고를 통해 매개되는 지각들 사이의 관계를 위해 우리에게 주어진 존재 형태는 개념 형태 외에 다른 것이 전혀 없다고 고백해야 한다. 형이상학적 실재론에서 부당한 구성 요소를 골라서 내다 버리고 나면, 세계는 지각과 그 개념적 (관념적) 연관성의 합으로 나타난다. 이로써 형이상학적 실재론은 지각을 위해서는 지각 가능성의 원리를, 지각들 사이의 관계를 위해서는 사고 가능성을 요구하는 세계관이 된다. 이 세계관은 지각 세계와 개념 세계 외에 이른바 실재 원리와 관념 원리라는 두 원리가 동시에 유효한 세 번째 세계 영역을 절대 정당화할 수 없다.

26.　　형이상학적 실재론이 지각 객체와 지각 주체 사이의 관념적 관계 외에도 지각의 '물자체'와 지각 가능한 주체 (이른바 개인적 정신)의 '물자체' 사이의 실재 관계가 있어야 한다고 주장한다면, 이는 감각 세계의 과정과 유사하지만 지각 불가능한 현존 과정을 가정하는 오류에 기인한다. 더 나아가 형이상학적 실재론이 다음과 같이 말한다면, 역시 이미 거론한 오류를 범하는 것과 별로 다르지 않다. "나는 내 지각 세계와 의식적 - 관념적 관계를 맺는다. 하지만 실재 세계와는 오직 역동적 (힘의) 관계에 들어설 수 있을 뿐이다." 힘의 관계는 지각 세계 (촉각 영역) 내부에서만 언

급될 수 있지, 그 외부에서는 그럴 가치가 없다.

27.   앞에 상술한 세계관, 모순에 찬 요소를 벗어 낸 형이
상학적 실재론이 마지막에 유입되는 세계관, 이것을 **일원
론**이라 명명하고자 한다. 왜냐하면 일방적 실재론과 관념
론을 더 높은 차원에서 합일시키기 때문이다.

28.   자연적 실재론을 위해 실재 세계는 지각 객체를 합한
것이다. 형이상학적 실재론을 위해서는 실재성이 지각 외
에 지각 불가능한 힘에도 더해진다. 일원론은 이 힘의 자리
에 사고를 통해서 획득하는 관념적 연관성을 집어넣는다.
자연 법칙은 다름 아니라 바로 그런 연관성 중에 하나다. 자
연 법칙은 특정 지각의 연관성을 위한 개념적 표현일 뿐 다
른 게 전혀 아니다.

29.   일원론은 실재를 밝히기 위한 원리로서 지각과 개념
외에 또 다른 원리가 있는지 물어보는 상황에 절대 빠지지
않는다. 일원론은 실재의 모든 분야 내부에서 **그렇게 해야
할 이유가 전혀 없다**는 것을 알고 있다. 직접 지각되는 그대
로의 지각 세계 내부에 절반의 실재가 있다는 것을 알고 있
다. 그 다음에 이 절반의 실재가 개념 세계와 합일하는 데에
서 완벽한 실재를 본다. 형이상학적 실재론자는 일원론을
추종하는 사람한테 다음과 같은 이의를 제기할 수 있다. "당

신 인식은 당신 조직을 위해서는 아무 모자람 없이 그 자체로 완벽한 것일 수 있다. 하지만 당신과 다르게 조직된 이성적 존재 안에서 세계가 어떤 식으로 비치는지 당신은 모르지 않소?" 이 질문에 대해 일원론은 다음과 같이 대답한다. "인간과는 다른 이성적 존재가 있다면, 그들의 지각이 우리 지각과 다른 모양을 띤다면, 그중에서 지각과 개념을 통해 내게 도달하는 것만 나를 위해 의미가 있다." 나는 내 지각을 통해서, 더 정확히 말해 특별한 인간적 지각을 통해서 주체로서 객체를 마주 대한다. 이로써 대상들의 연관성이 중단되어 있다. 주체가 사고를 통해 이 중단된 연관성을 다시 연결한다. 이로써 주체가 세계 전체에 자신을 다시 통합한 것이다. 이 전체는 단지 우리 주체로 인해 우리 지각과 개념 사이 부분에서만 절단된 상태로 나타나기에 이 양자가 합일되면 역시 진정한 인식이 주어진다. 다른 지각 세계를 가진 (예를 들어 감각 기관이 인간에 비해 두 배 더 많은) 존재를 위해서는 이 연관성이 다른 부분에서 절단되어 나타날 것이고, 이 절단된 부분을 연결하는 것은 역시 그 존재 특유의 양상을 띨 수밖에 없을 것이다. 자연적 실재론과 형이상학적 실재론은 영혼의 내용에서 세계의 관념적 대리만 본다. 이 때문에 인식의 한계에 대한 의문이 그 양자에 계속 남아 있을 수밖에 없다. 그들에게 주체 외부에 있는 것은 그 자체로 존속하는 것, 즉 절대적인 것이고, 주체의 내용은 명백하게 이 절대적인 것 외부에 있는 것의 그림일 뿐이다. 그러므로 인식의 완벽성은 절대적 객체와 그 그림의 유사성이 얼마나 큰지 혹은 작은지에 달려 있다. 예를 들어 인간에 비해 감각 기관이 적은 존재는 세계를 적게 지각하고, 더 많은 존재는 더 많이 지각한다는 말이다. 이에 따르면 전자는 후자에 비해 불완전하게 인식한다.

30.   일원론을 위해서는 상황이 다르다. 세계 연관성이 주체와 객체로 분리되어 나타나는 형상은 지각하는 존재의 조직을 통해서 결정된다. 객체는 절대적인 것이 전혀 아니며, 특정 주체와 관련해서 상대적인 것이다. 이에 따르면 대립성의 극복 역시 개인 주체에 고유한, 완전히 구체적인 방식으로만 일어날 수 있다. 지각하는 동안 세계에서 분리되어 있는 나가 사고하는 고찰 중에 자신을 세계 연관성 속에 다시 조합하는 즉시, 분리의 결과에 불과했던 의문들이 모두 사라진다.

31.   다른 식으로 조직된 존재는 다른 양식으로 인식할 것이다. 우리 인식은 우리 자신의 존재를 통해서 생겨난 질문에 답을 하기에 충분하다.

32. 　　형이상학적 실재론은 다음과 같이 질문해야 한다. "지각으로서 주어진 것은 무엇을 통해 주어졌는가? 주체는 무엇을 통해 자극 받는가?"

33. 　　일원론을 위해서는 지각이 주체를 통해 규정된다. 동시에 이 주체는 자신을 통해 생겨난 그 규정성을 다시 지양하기 위한 수단이 있다. 바로 사고다.

34. 　　저마다 다른 개인들의 세계 그림이 왜 유사한지 규명해야 하면, 형이상학적 실재론은 또 다른 난관에 부닥친다. 그래서 다음과 같이 질문할 수밖에 없다. "주관적으로 규정된 내 지각과 개념을 바탕으로 내가 구축한 세계 그림이 어떻게 다른 개인이 그의 주관적인 두 요소를 바탕으로 구축한 세계 그림과 같을 수 있는가? 어떻게 내 주관적 세계 그림에서 타인의 세계 그림을 추론할 수 있는가?" 형이상학적 실재론자는 사람들이 실제로 서로 이해한다는 사실에서 주관적 세계 그림의 유사성을 추정할 수 있다고 믿는다. 이제 더 나아가 세계 그림의 그 유사성에서 개별적 지각 주체의 근저에 놓인 개인 정신, 혹은 주체의 근저에 놓인 '나 자체'가 동일하다고 추론한다.

35. 　　이런 결론은 효과의 합, 더 정확히 말해 효과의 근저에 놓인 원인의 성격에 미치는 효과의 합에서 나오는 종류

다. 그러니까 어떤 일이 충분히 자주 일어나면, 우리는 그것을 바탕으로 상황을 파악했기에 추론한 원인이 다른 경우에 어떤 상황을 불러일으킬지도 알 수 있다고 믿는 것이다. 이런 식으로 결론 내리는 것을 귀납법이라 명명한다. 그런데 이런 결론의 성격은 실행한 관찰의 개별적 형태를 통해서만 규정되기 때문에 계속 관찰하는 과정에서 기대치 않은 경우가 생기면 어쩔 수 없이 기존 결론을 수정해야 한다. 형이상학적 실재론자는 원인에 대한 앎이 이렇게 제한적이라 해도 실생활을 영위하는 데에는 별 문제가 없다고 주장한다.

36.　　현대 형이상학적 실재론은 귀납적 추론을 방법론적 근거로 삼는다. 한때 사람들이 개념에서 더 이상 개념이 아닌 어떤 것을 끌어낼 수 있다고 믿었던 시대가 있었다. 형이상학적 실재론은 일단 필요로 하는 형이상학적 실재 존재를 개념에서 알아볼 수 있다고 믿었던 것이다. 이런 양식으로 철학을 하는 것은 오늘날 극복된 것에 속한다. 대신에 사람들은 지각 사실이 충분히 많은 수로 있으면 그 사실의 근저에 놓인 물자체의 성격을 추론할 수 있다고 믿는다. 예전에 개념에서 끌어낸 것처럼 오늘날에는 지각에서 형이상학적인 것을 끌어낼 수 있다는 의견이다. 투명하고 명료한

개념을 앞에 두고 있었기 때문에 사람들은 그것에서 형이
상학적인 것을 절대적으로 확실하게 도출해 낼 수 있다고
믿었던 것이다. 그런데 지각은 개념처럼 투명한 명료성을
띠지 않는다. 같은 종류라 해도 이전 것에 비해 다음에 이
어지는 것은 언제나 조금 다르다. 그러므로 근본적으로 이
전 것에서 추론한 것은 다음에 이어지는 것을 통해 조금씩
수정된다. 이런 방식으로 형이상학적인 것을 위해 얻는 형
태는 결국 상대적으로 옳을 뿐이라 말해야 한다. 왜냐하면
현재 것은 나중에 이어지는 것을 통해 교정되는 운명에 있
기 때문이다. 에두아르트 폰 하르트만의 형이상학[02]이 이
런 방법론적 근본 원칙으로 규정된 성격을 띤다. 하르트만
은 첫 번째 주요 저서 표지에 '귀납적 자연 과학 방법에 따
른 사변적 결과'라는 모토를 덧붙였다.

37.　　오늘날 형이상학적 실재론자가 자신의 물자체에 부
여하는 형상은 귀납적 추론을 통해 획득한 것이다. 그는 지
각과 개념을 통해 '주관적으로' 인식할 수 있는 것 외에도

---

02 원발행자 에두아르트 폰 하르트만의 『무의식의 철학, 세계관 시도,
　　 귀납적 자연 과학 방법에 따른 사변적 결과Die Philosophie des
　　 Unbewussten, Versuch einer Weltanschauung, Spekulative Resultate
　　 nach induktivnaturwissenschaftlicher Methode』(베를린, 1869) 상당
　　 부분을 개정한 증보판

객관적-실재적 세계 연관성이 존재한다고 인식 과정에 대한 숙고를 통해 확신한다. 이 객관적 실재가 어떤 모양에 어떤 성질인지는 지각을 근거로 귀납적 추론을 통해 규정할 수 있다고 믿는다.

개정판에 즈음한 주석

38.　　앞선 장에서 상세히 설명한 것과 같은 지각과 개념으로 체험을 편견 없이 관찰하려고 하면, 자연 고찰의 지반에서 생겨난 특정 표상들이 끊임없이 방해할 것이다. 사람들은 그 지반에 서서 눈을 통해 빛의 스펙트럼 색채를 빨간색에서 보라색까지 지각한다고 말한다. 그런데 눈의 색채 지각은 전혀 부응하지 않지만 화학적 효과가 부응하는 힘은 스펙트럼의 사출 공간 속에서 보라색을 넘어선 곳에 있다. 이와 똑같이 빨간색 효과 범위를 넘어서는 곳에는 온기 효과만 있는 사출이 있다. 이런 현상이나 이와 유사한 현상을 염두에 두고 고찰하면, 다음과 같은 생각에 이른다. "인간의 지각 세계 범위는 감각 기관의 범위를 통해 규정된다. 인간이 현재 지니는 감각 기관에 다른 기관을 더 얻는다면,

혹은 완전히 다른 감각 기관을 가지고 있다면, 눈앞에 완전히 다른 세계가 펼쳐질 것이다." 이런 식으로 사람이 궤도를 완전히 벗어난 환상 속에 빠질 수 있다. 특히 현대 자연과학의 찬란한 발견이 이 방향으로 생각하도록 그럴듯하게 유혹하는 계기를 제공한다. 그런데 이렇게 생각하는 사람은 다음과 같이 고백할 수 있다. "인간 조직을 근거로 형성된 감각 기관에 작용할 수 있는 것만 인간의 관찰 영역 안으로 들어온다." 하지만 자신의 조직 때문에 제한된 상태로 지각한 것을 실재에 대한 기준으로 간주할 권리는 없다. 새로운 감각 기관이 생길 때마다 그는 실재의 다른 모양을 마주 대하게 될 테니 말이다. 적당한 한계 안에서 생각해 보면, 이 모든 것은 나름대로 가능한 의견이다. 하지만 이 의견 때문에 어떤 사람이 이 책에서 정당화한 지각과 개념의 관계를 편견 없이 관찰하는 게 혼란스러워 포기한다면, 그는 실재에 뿌리 박고 있는 인간 인식과 세계 인식으로 가는 길을 스스로 가로막는 격이다. 사고의 본질을 체험하기, 달리 말해 개념 세계를 능동적으로 작업하기, 이는 감각을 통해 지각할 수 있는 것을 체험하는 것과 완전히 다른 어떤 것이다. 어떤 종류든 더 많은 감각 기관이 있다 해도, 그것을 통해 매개된 지각을 인간이 사고하면서 개념으로 관철하지 않는 한 실재는 절대 주어지지 않는다. 달리 말해 지각이 개념으로 관철되면, 어떤 식의 감각 기관이든 인간에게 실재 그 내부에서 살 가능성을 준다는 것이다. 완전히 다른 감각 기관이 있다면 완전히 다른 지각 그림이 가능하리라는 환상은, "인간은 실재 세계 내부에 어떤 식으로 존재하는가?" 하는 질문과 아무 관계가 없다. 그러므로 인정해야 할 것은 단 하나다. **모든 지각 그림은 지각하는 존재의 조직**에서 그 형상을 얻지만, 체험하며 사고하는 고찰로 관철된 지각 그림이 인간을 실재로 인도한다는 것이다. 인간 감각과 다른 감각에 세계가 얼마나 달라 보일지 공상적으로 그려 낸 것이 세계에 대한 인간의 관계를 알아 보려는 계기를 만들어 내지는 않는다. 그 계기는 **모든** 지각이 그 속에 박힌 실재의 한 부분만 제시할 뿐이라 **그 자체의 고유한 실재**에서 멀어지게 한다는 사실을 이해할 때 생겨난다. 이 이해 옆에 사고가 실재의 한 부분으로, 지각을 통해 지각 자체에는 숨겨진 부분으로 이끌어 간다는 다른 사실이 들어선다. 사고를 통해 작업한 개념과 지각 사이의 관계에 관해 이 책에서 설명한 내용을 편견 없이 관찰하기 어려운 경우가 있을 수도 있다. 물리적 경험 영역에서 직접 생생하게 지각할 수 있는 요소가 아니라 전기장이나 자기장 같이 관찰 불가능한 크기에 관해 말하도록 강요될 때다. 이런 경우에는 물리학이 말하는 실재 요소들이 지각 가능한 것뿐만 아니라 능동적 사고로 작업해 낸 개념과도 아무 관계가 없는 것처럼 **보일 수 있다.** 그런데 이런 의견은 자기 기만에 기인한다. 여기에서 일단 주시해야 할 사항은, 물리학이 사실은 배제해야 하는 부당한 가설을 세우지 않는 한 그 영역에서 작업해 낸 모든 것은 지각과 개념을 통해 획득된다는 것이다. 외관상 뚜렷하게 드러나지 않는 내용이 전적으로 물리학자의 올바른 인식 본능에 따라 지각 영역으로 옮겨지고, 이 영역에서 보통 이용하는 개념으로 생각된다. 전기장이나 자기장 속에 힘의 강도 등은 **그 본질에 따라** 지각과 개념 사이에 일어나는 인식 과정을 통해서만 획득할 수 있지 다른 방법으로는 불가능하다. 인간의 감각 기관이 더 많아지거나 다른 모양이라면 물론 다른 지각 그림이 나올 것이고, 경험하는 모양도 더 풍부해지거나 다르게 될 것이다. 그런데 **이런** 경험에서도 진정한 인식은 개념과 지각의 상호 작용을 통해서 획득될 수밖에 없을 것이다. 인식의 **심화**는 사고 속에서 전개되는 직관력에 달려 있다.(5장 25문단 참조) 직관은 사고하며 형태를 갖추는 체험 중에 실재의 저층으로 얕거나 깊게 잠수할 수 있다. 이 잠수는 지각 그림의 확장을 통해 자극을 받을 수 있고, 이런 방식으로 간접적으로 장려될 수 있다. 단, 실재의 도달로서 깊이 잠수하는 것을 광범위하거나 국한된 지각 그림을 마주 대하는 것과 혼동하면 **절대로 안 된다.** 지각 그림에는 **예외 없이** 인식하는 조직에 의해 규정된 절반의 실재만 들어 있다. **추상성** 속에서 길을 잃지 않는 사람은, 색채나 음향과 달리 해당 감각 기관이 없는 요소들이 물리학을 위해서는 지각 영역에서 **추론될 수**밖에 없다는 사실도 인간 본질의 인식에 어떻게 고려 되는지 간파할 것이다. 인간의 **구체적** 본질은 인간이 조직으로 인해 자신을 직접적 지각으로서 마주 세우는 것을 통해서뿐만 아니라, 이 직접적 지각에서 다른 것을 제외하는 것을 통해서도 규정된다. 의식이 들어 깨어 있는 상태뿐 아니라 의식이 없이 잠을 자는 상태도 삶에 필수적인 것처럼 인간의 자기-체험에는 감각 지각으로 된 주변 외에도, 이것이 유래하는 범주에 속하며 감각으로 지각할 수 없는 —심지어 더 광범위한— 주변도 필수적이다. 이 책 초판에서 이 모든 것을 이미 간접적으로 이야기했다. 이 책의 저자가 여기에 이 내용을 확장해 덧붙이는 것은 꼼꼼하게 읽지 않는 독자가 더러 있다는 것을 경험했기 때문이다. 한 가지 더 고려해야 할 사항은 이 책에서 발달시킨 **지각**에 대한 관념을 외적인 감각 지각에 대한 관념과 혼동하지 말아야 한다는 것이다. 후자는 전자의 특수한 경우에 해당할 뿐이다. 이미 제시한 것에서뿐만 아니라 앞으로 설명할 것에서 더 많이 알아볼 것인데, 능동적으로 작업해 낸 개념에 의해 파악되기 전에 인간에 감각적으로, **그리고 정신적으로** 다가오는 모든 것을 이 책에서는 지각으로 간주한다. 영적 혹은 정신적 양식으로 된 지각을 얻는 데에는 일반적으로 의미하는 종류의 감각 기관을 필요로 하지 않는다. 평범한 언어 사용을 영적, 정신적 방향으로 확장하는 것은 적절치 못하다고 말할 수도 있다. 단, 인식을 넓히려 할 때 언어 사용 때문에 특정 영역에 얽매이고 싶어 하지 않는다면 그런 확장은 **불가피하다. 오로지** 감각 지각의 의미에서만 지각에 관해 말하는 사람은 **바로 이** 감각 지각을 극복하지 못하기 때문에 인식을 위해 쓸모 있는 개념에 도달하지 못한다. 경우에 따라서는 사람이 개념을 **확장할 수밖에 없고,** 그로써 그 개념이 좁은 영역에서 그것에 적절한 의미를 얻는다. 그뿐만 아니라 사람들이 어떤 개념에서 보통 생각하는 내용에 때로는 다른 것을 부가해야 하는 수도 있다. 그렇게 함으로써 현재 생각하는 내용이 정당화되거나 정정되기 때문이다. 이와 관련해 이 책 146쪽(6장 5문단)에서 다음과 같은 문장을 발견할 수 있다. "**표상**은 개인화된 개념이다." 이런 문장은 언어를 진기한 방식으로 사용한 것 아니냐는 이의가 내게 전달되었다.[03] 하지만 표상이 과연 무엇인지, 그 배후를 철저히 캐내려 한다면 이런 언어 사용은 필수적이다. 개념을 정정해야 하는 불가피한 상황에 놓인 사람이 나올 때마다 언제나 "이것은 특이한 언어 사용이다." 하는 이의를 제기한다면, 어떻게 인식이 진보할 수 있겠는가?

---

03 원발행자 에두아르트 폰 하르트만이 제기한 이의로 이 책 3장 각주08 참조. 여기에 언급된 이의는 이 책 6장 4문단의 '표상'에 관한 내용과 관련된 것으로 다음과 같다.

"그것은 기이한 언어 사용이다. 표상은 우선 감각적 지각의 퇴색된 기억이며, 기억에서 비로소 분리, 연결, 관계, 개념 형성이 출발한다."

자유의 실재

8. 생활 요소

1.   이제 앞선 장들에서 얻은 것을 요약해 보자. 세계는 인간 건너편에 다양성으로, 개체의 합으로 등장한다. 그 개체 중 하나, 존재 중에 한 존재가 바로 인간 자신이다. 이 세계 형상을 우리가 의식적 행위를 통해 발달시키지 않고 발견하는 한, 그냥 **주어진 것**으로서 **지각**이라 명명한다. 우리는 지각 세계 내부에서 우리 자신을 지각한다. 이 자아 지각은 그 중심으로부터 모든 지각, 정확히 말해 다른 모든 지각의 합을 우리 자아의 지각과 연결하는데 적합하다고 증명되는 어떤 것이 떠오르지 않는다면 수많은 다른 지각 중에 하나로 머물고 만다. 자아 지각의 중심으로부터 떠오르는 그것은 결코 단순한 지각이 아니다. 이미 존재하는 지각 중에서 단순하게 발견되지도 않는다. 그것은 활동을 통해

생성된다. 처음에는 그것이 우리가 우리의 자아로 지각하는 것과 결합되어 있는 듯이 보인다. 하지만 그 내적 의미에 따라 그것은 우리 자아를 능가해 나아가 그 이상을 포괄한다. 그것이 개별적 지각에 관념적 규정성을 부가한다. 그런데 관념적 규정성은 상호 연결되어 있으며 전체에 뿌리박고 있다. 자아 지각을 통해 획득된 것도 그것이 다른 모든 지각과 똑같이 관념적으로 규정해서 주체 혹은 '나'로서 객체 건너편에 세운다. 그 어떤 것이란 바로 사고다. 그리고 관념적 규정성은 개념과 관념이다. 그러므로 사고는 자아 지각에서 가장 먼저 드러나지만 단순히 주관적인 것만은 아니다. 왜냐하면 자아는 사고의 도움이 있어야 비로소 자신을 주체라 칭하기 때문이다. 우리 자아에 대한 이 사고하는 관계가 우리 인격체의 생활 규정이다. 이 규정을 통해서 우리는 순수하게 관념적인 현존재로 살아가며, 우리 자신을 사고하는 존재로 느낀다. 자아를 규정하는 다른 것들이 들어서지 않는다면, 이 생활 규정은 순수하게 개념적(논리적)으로 머물 것이다. 만일 그렇다면, 우리는 지각들 사이에, 그리고 이 지각과 우리 자신 사이에 순수하게 관념적인 관계를 만들어 내는 데에서 인생을 소진하는 존재로 머물 것이다. 이런 사고하는 관계의 생성을 인식이라 부른다면,

그리고 이를 통해 획득한 우리 자아의 상태를 앎이라 부른다면, 앞에 언급한 조건이 실현되는 순간에 우리는 우리 자신을 오로지 인식하는 존재 혹은 아는 존재로 간주할 수밖에 없을 것이다.

2.　　　그런데 그 조건은 옳지 않다. 우리는 개념을 통해 단순히 관념적으로만 우리와 지각을 연결하지 않는다. 이미 보았듯이 느낌을 통해서도 그렇게 한다. 우리는 개념적 내용으로만 된 인생을 사는 존재가 아니다. 심지어 자연적 실재론자는 개인의 진정한 삶이 지식의 순수한 관념적 요소에 있지 않고 감성생활에 있다고 본다. 이런 방식으로 일을 해결한다면, 그 입장에서는 완전히 옳은 것이다. 주관적인 면에서 느낌은 객관적인 면에서 지각인 것과 일단은 똑같은 것이다. 지각될 수 있는 모든 것은 실재라는 자연적 실재론의 원칙에 따르면 느낌은 인간 자신의 실재성을 보증하는 것이다. 하지만 이 책에서 의도하는 일원론은 어떤 지각이 완벽한 실재로 드러나야 하는 경우 그 지각을 위해 필수적이라 간주되는 것과 같은 보충 요소를 느낌에도 부여하는 수밖에 없다. 이 일원론의 입장에서 보아 느낌은 불완전한 실재다. 왜냐하면 우리에게 다가오는 첫 번째 형태에는 두 번째 요소, 즉 개념이나 관념이 아직 들어 있지 않기

때문이다. 그렇기 때문에 인간 생활 어디에서나 느낌은 인식하기 **이전의** 지각과 똑같은 방식으로 등장한다. 우리는 일단 우리 자신을 현존 중인 존재로 느낀다. 그 다음에 차츰차츰 발달 과정을 거치며 흐릿하게 느끼는 현존 속에서 비로소 자아 개념이 싹트는 지점까지 고투해 나아간다. **우리를 위해서는** 나중에야 비로소 나타나는 것이 원천적으로 느낌과 뗄 수 없이 결합되어 있다는 말이다. 바로 이 상황으로 인해 순진한 사람은 현존이 느낌에서는 직접적으로 드러나지만 앎에서는 단지 간접적으로 드러날 뿐이라는 믿음에 빠진다. 이런 까닭에 다른 무엇보다 감성생활을 양성하는 게 중요해 보인다. 순진한 사람은 세계 연관성을 느낌에 수용하면, 그제야 비로소 그것을 이해했다고 믿는다. 그는 앎이 아니라 느낌을 인식 수단으로 만들고자 한다. 그런데 느낌은 완전히 개인적인 것이기 때문에, 달리 말해 지각과 동등한 어떤 것이기 때문에 감성 철학자는 자신의 개인성 안에서만 의미가 있는 원리를 세계 원리로 만든다. 그는 세계 전체를 자신의 자아로 관통해 보려고 애를 쓴다. 이 책에서 의도된 일원론이 개념으로 파악하려는 것을 감성 철학자는 느낌으로 도달해 보려고 노력하며, 그렇게 느낌을 통해 객체와 공존하는 것이 더 직접적이라 간주한다.

3.　　　　이런 성격을 띠는 방향, 즉 느낌에 근거하는 철학은 보통 **신비주의**로 명명된다. 오로지 느낌만 근거로 하는 신비주의적 관조 양식의 오류는 실은 앎의 대상이 되는 것을 **체험**하고 싶어 하는 데, 달리 말해 느낌이라 하는 개인적인 것을 보편적인 것으로 양성하고 싶어 한다는 데에 놓여 있다.

4.　　　　느낌은 순수하게 개인적인 활동이며 우리 주체에 대한 외부 세계의 관계를 일컫는데, 이 관계가 순수하게 주관적인 체험에서 그 표현을 발견하는 한에서 그러하다.

5.　　　　인간 개인성을 표현하는 다른 것이 하나 더 있다. 나는 사고를 통해서 보편적 세계의 삶에 동참한다. 사고를 통해서 순수하게 관념적으로 (개념적으로) 자신에 지각을, 그리고 지각에 자신을 연관시킨다. 느낌에서 나는 주체에 대한 객체의 관계를 체험한다. **의지**에서는 이와 반대다. 의지에서도 우리 앞에 한 가지 지각을 두고 있다. 더 정확하게 설명하자면, 그 지각은 객체에 대한 우리 자신의 개인적 관계다. 의지에서 순수하게 관념적인 요소가 아닌 것, 바로 그것이 지각 대상이 되고, 이는 외부 세계의 어떤 대상이 지각인 것과 똑같은 이치다.

6.　　　　그럼에도 불구하고 여기에서도 자연적 실재론자는 사고를 통해 도달할 수 있는 것보다 훨씬 더 사실적인 현존

을 발견한다고 믿는다. 그는 어떤 것이 발생하거나 야기되는 것을 **직접적으로** 알아보게 만드는 요소를 의지에서 발견한다. 이는 개념을 통해 비로소 사건이나 대상을 파악하는 사고에 상반된다. 이런 관조 방식에서 보면, 내가 의지를 통해서 완수하는 것은 직접적으로 체험되는 과정에 해당한다. 이 철학을 신봉하는 자는 의지에서 세계 사건의 한 꼬투리를 정말로 잡고 있다고 믿는다. 다른 사건들은 단지 지각을 통해 외부에서 추적할 수 있을 뿐인 반면에 자신의 의지에서는 사실상의 사건을 완전히 직접적으로 체험한다고 믿는다. 자아 내부에서 의지가 그에게 드러나는 현존 형태가 그를 위해서 현실의 실재 원리가 된다. 그 자신의 의지가 그에게는 보편적 세계 사건의 특수한 경우로 보이고, 이로써 세계 사건이 그에게는 보편적 의지로 보인다. 감성 신비주의에서 느낌이 인식 원리가 되듯이 이 경우에는 의지가 세계 원리가 된다. 이런 관조 방식이 바로 **의지 철학**Thelimus[01]이다. 이 철학은 오로지 개인적으로 체험되

---

01 옮긴이 Thelismus(voluntarism)_의지를 현존의 기본 원리로 보는 철학. 루돌프 슈타이너는 세계 고찰의 기본 자세로 12가지 세계관이 있으며, 이 세계관이 다시금 7가지 세계관 정서를 통해 다양한 색조를 띤다고 한다. 7가지 세계관 정서는 다음과 같다. 영지주의Gnosis, 논리주의 Logismus, 행동주의Voluntarismus(Thelismus), 경험주의Empirismus,

는 것만 세계를 구축하는 요소로 인정한다.

7.   감성 신비주의와 마찬가지로 의지 철학 역시 학문이
라 부를 수 없다. 왜냐하면 양자 모두 개념으로 세계를 파고
드는 것으로는 충분하지 않다고 주장하기 때문이다. 이 양
자는 현존의 관념 원리 외에 또 다른 실재 원리를 요구한다.
이런 요구가 그 나름대로는 정당하다. 그런데 이른바 실재
원리를 위한 이해 수단으로서 우리한테 지각밖에 없기 때
문에 감성 신비주의와 의지 철학의 주장은 다음 의견과 동
일한 것이다. "우리에게는 인식의 원천이 두 가지 있다. 바
로 사고와 지각이다." 여기서 후자는 느낌과 의지에서 개인
적 체험으로 드러난다. 감성 신비주의와 의지 철학은 한 가
지 원천에서 나온 것, 즉 체험을 다른 원천, 즉 사고에서 나
온 체험에 직접 수용할 수 없기 때문에 결국 두 가지 인식
방식, 즉 사고와 지각이 더 고차적 차원에서 매개되지 못하
고 병렬 상태에 머물고 만다. 앎을 통해 도달 가능한 관념
원리 외에도 사고로는 파악할 수 없지만 체험은 가능한 세
계 실재 원리가 더 있어야 한다는 것이다. 다른 표현을 빌

신비주의Mystik, 선험주의Transzendentalismus, 비전주의Okkultismus
가 있다. 의지 철학은 세 번째인 행동주의에 속한다. 『인간적 사고와
우주적 사고Der menschliche und der kosmische Gedanke』(GA151)
참조

리자면, 감성 신비주의와 의지 철학은 "직접 지각되는 것이 실재다." 하는 문장을 신봉하기 때문에 자연적 실재론이다. 그들은 지각의 특정 형태(느낌 내지는 의지)를 현존의 유일한 인식 수단으로 만들면서도 "지각되는 것이 실재다." 하는 원칙을 일반적으로 신봉하니, 원래의 자연적 실재론에 비해 일관성도 없는 것이다. 그들이 그 문장을 신봉한다면, (느낌 내지는 의지와) 똑같은 인식 가치가 외적 지각에도 있다고 인정해야 한다.

8.　　　의지 철학은 형이상학적 실재론이 될 수도 있다. 의지의 직접적 체험이 주체 자신의 내면에서처럼 가능하지 않은 그 현존재 영역으로 의지를 옮기면 그렇게 된다. 이 형이상학적 실재론은 주체 외에 또 다른 원리를 가정하는데, 이 원리를 위해서는 주관적 체험이 실재를 가늠하는 유일한 기준이다. 형이상학적 실재론으로서 의지 철학은 앞선 장에 제시된 비판에 빠진다. 이 비판은 형이상학적 실재론의 모순에 찬 순간을 극복하고 의지는 나머지 세계와 관념적으로 연결될 때만 보편적 세계 사건이라는 사실을 인정하지 않을 수 없다.

9.　　　　사고를 그 존재에서 관찰하며 파악하기 어려운 이유
는, 고찰하는 영혼이 자신의 주의력 쪽으로 그것을 옮겨 놓
으려 하면 그 존재가 영혼에서 너무 쉽게 빠져나간다는 데 있
다. 그래서 영혼에 남는 것은 죽어 버린 추상적인 것, 생생하
게 살아 있었던 사고의 죽은 시체일 뿐이다. 이 추상적인 것
만 주시하다 보면, 감성 신비주의나 의지 형이상학이 말하는
'생생하게 살아 있는' 요소로 들어서는 편이 낫겠다는 심리
적 압박을 받기 마련이다. '오로지 사고내용으로만' 실재의
본질을 파악하려고 하면, 사람들은 기이하게 여긴다. 그런
데 **사고 속의 삶**을 진정으로 지닐 만큼 나아간 사람은, 그
삶 속의 내적인 풍요와 그 자체로 떠받쳐지는 동시에 그 자
체로 동적인 경험을 막연한 느낌 속에서의 부침이나 의지
요소의 관조와 절대 비교할 수 없다는 깨달음에 도달한다.
그러므로 사고 위에 느낌이나 의지를 둔다는 것은 어불성
설이다. 평상시 영혼 상태 속에 대립상이 죽은 것으로, 추
상적인 것으로 보이는 것은 다름 아니라 바로 그 풍요에,
체험의 내적 충만에 기인한다. 인간의 영혼 활동 중에 사고
만큼 쉽게 오인되는 것도 없다. 의지와 느낌은 인간 영혼을

따뜻하게 만든다. 심지어 그 원래 상태가 아니라 나중에 다시 체험하는 경우에도 영혼을 따뜻하게 만든다. 이와 달리 사고는 나중에 다시 체험하는 경우 대부분은 영혼을 냉정하게 버려둔다. 그래서 영혼생활이 말라비틀어지는 듯하다. 하지만 이는 실재가 드리우는 너무 짙은 그림자일 뿐이다. 실재는 빛으로 충만해 있으면서 세계 현상 속으로 따뜻하게 침잠해 든다. 이 침잠은, 사고 활동 자체 내부에서 흐르는 힘, 정신적 양식에서 사랑의 힘인 것과 더불어 일어난다. 이제 다음과 같은 이의를 제기해서는 안 된다. "활동하는 사고 속에서 그렇게 사랑을 보는 사람은 느낌을, 즉 사랑을 사고 속에 옮겨 넣는 것이다." 왜냐하면 진실에서 보아 이런 이의는 이 책에서 정당화한 것을 보증하기 때문이다. **존재적** 사고로 **전향하는** 사람은 그 사고 안에서 느낌과 의지를 발견한다. 그뿐만 아니라 이 양자를 그 실재에 있어 더 깊이 알아보게 된다. 사고에 등을 돌리고 '막연한' 느낌과 의지에 몰두하는 사람은 바로 이 양자에서 진정한 실재를 잃어버리고 만다. 사고하면서 **직관적으로 체험**하고자 하는 사람은 느낌적, 의지적 양식의 체험 역시 올바르게 평가할 줄 안다. 하지만 현존재의 직관적-사고적 관철에 거슬러서는 감성 신비주의와 의지 형이상학을 올바르게 평가할 수 없다. 이 양자는 **자신들이** 실재 속에 있다고 여기는 반면, 직관적으로 사고하는 사람은 느낌도 없고 현실에서도 거리가 멀어진 채 '추상적 사고내용으로' 차갑고 그림자 같은 세계 그림을 만들 뿐이라고 너무 쉽게 판결 내린다.

9. 자유의 관념

1.	인식을 위해 나무의 관념은 지각을 통해 전제된다. 내가 특정 지각을 마주 대하면, 특정 개념 하나만 보편적 개념 체계에서 건져 낼 수 있다. 개념과 지각의 상호 관계는 사고를 통해 지각에서 간접적이고 객관적으로 규정된다. 지각이 그 해당 개념에 결합되어 있다는 것은 지각 행위 이후에 인식된다. 하지만 그 공속성共屬性은 그 자체에 규정되어 있다.

2.	그런데 이 과정은, 세계에 대한 인간의 관계가 인식 속에 등장하는 상태에서 고찰되면 다르게 드러난다. 지금까지 설명에서 시도한 것은 바로 이 관계를 편견 없이 관찰하면 해명이 가능하다는 것을 보여 주는 것이었다. 이 관찰을 올바르게 이해하면, 그 자체로 완결된 존재로서 사고가

직접적으로 관조될 수 있다는 생각에 이른다. 그런 것으로서 사고를 해명하기 위해 육체적 두뇌 과정이나 관찰된 의식적 사고 배후에 있는 무의식적인 정신적 과정 같은 다른 것을 끌어오는 게 필요한 사람은 사고의 편견 없는 관찰이 제시하는 것을 오인한다. 사고를 관찰하는 사람은 그렇게 관찰하는 동안 그 자체로 지탱되는 정신적 존재의 활동 속에 직접 살고 있는 것이다. 그러므로 다음과 같이 말할 수 있다. "인간에게 드러나는 **최초의** 형태로 정신적인 것의 실체를 파악하고 싶다면, 그 자체에 기인하는 사고에서 할 수 있다."

3.   언제나 분리되어 **등장할 수밖에 없는** 두 가지, 즉 개념과 지각이 사고 자체의 관찰에서 동시에 일어난다. 이 사실을 투시하지 못하는 사람은 지각에서 작업해 낸 개념 속에서 지각의 그림자 같은 모사만 볼 수 있을 뿐이다. 그리고 그에게는 지각이 진정한 실재를 눈앞에 생생하게 그려 내는 것이 된다. 더 나아가 그는 지각된 세계를 모범 삼아 형이상학적 세계를 구축하고, 자신의 표상 양식에 따라 이 세상을 원자 세계, 의지 세계, 무의식적 정신세계 등으로 명명할 것이다. 이 모든 것과 더불어 그는 **자신의** 지각 세계를 모범 삼아 가설로 형이상학적 세계만 구축했다는 사실을

알아차리지 못한다. 그런데 사고와 관련해 무엇이 존재하는지 투시하는 사람은 지각에는 실재의 한 부분만 들어 있을 뿐이고 지각에 속하는 다른 부분, 즉 지각이 완벽한 실재로 드러나게 하는 부분은 사고하면서 지각을 관통할 때 **체험된다**는 사실을 알아보게 된다. 그 사람은 의식 속에 사고로 나타나는 것에서 실재의 그림자 같은 모사가 아니라 그 자체에 의해 지탱되는 정신적 존재성을 본다. 그리고 그는 **직관을** 통해 자신의 의식 속에 생생하게 들어 있는 것이 그 존재성이라고 말할 수 있다. **직관은** 순수하게 정신적인 내용을 순수하게 정신적인 것 내부에서 일어나는 그대로 의식적으로 체험하는 것이다. 사고의 본질은 오로지 직관을 통해서만 파악될 수 있다.

4.　　　사고의 직관적 본질에 대한 이 진실을 인정하는 곳까지 편견 없이 관찰하며 뚫고 나아가야만 신체적, 영적 인간 조직을 관조하기 위한 길을 틀 수 있게 된다. 그러면 인간 조직은 사고의 **존재에** 어떤 영향도 미치지 못한다는 것을 알아본다. 현재 널리 알려진 사실들은 일단 이 존재와 모순되는 듯이 **보인다.** 평범한 경험에 따르면 인간 사고는 오로지 신체적, 영적 인간 조직에서, 그리고 이 조직을 통해서만 등장한다. 이 등장이 극히 강렬하게 자리 잡기 때문에, 인간

조직 중 어떤 것도 사고의 실재성에 관여하지 않는다는 사실을 알아본 사람만 사고를 그 진정한 의미에서 투시할 수 있다. 그러면 그 사람은 사고에 대한 인간 조직의 관계가 얼마나 독특한 양상을 띠는가 하는 것 역시 놓치지 않는다. 인간 조직은 사고의 실재성에 어떤 영향도 미치지 않는다. 오히려 사고 활동이 시작되면 뒷전으로 물러난다. 더 정확히 말해서 사고 활동이 시작되면 인간 조직은 자체적 활동을 멈추고 (사고에) 자리를 내준다. 그렇게 비워진 자리에 사고가 들어선다. 사고 속에서 작용하는 실재성에는 언제나 두 가지가 달려 있다. 첫 번째는 사고가 인간 조직을 뒷전으로 밀어내서 활동하지 못하게 만든다는 것이며, 두 번째는 그렇게 비워진 자리에 사고가 스스로 들어선다는 것이다. 왜냐하면 첫 번째, 즉 인간의 신체 조직이 물러나는 것도 실은 사고 활동의 결과기 때문이다. 더 정확히 말해 사고의 **발현을** 준비하는 바로 그 부분의 결과다. 이 사실에서 사고가 신체 조직 내부에서 어떤 의미로 자신의 대립상을 발견하는지 짐작할 수 있다. 그리고 이것을 알아보는 사람은 이 대립상의 의미를 사고 자체로 여기는 오류를 더 이상 범하지 않을 수 있다. 사람이 말랑한 진흙길을 걸어가면 거기에 발자국이 생긴다. 그렇게 생겨난 발자국을 보면서, 그

바닥 자체에서 힘이 올라와 그 모양을 만들어 냈다고 말하는 사람은 없을 것이다. 그 누구도 발자국이 생겨난 원인을 **바닥에서 올라온** 힘에서 찾지 않을 것이다. 이와 똑같은 이치로, 사고의 존재를 편견 없이 관찰하는 사람은 사고가 신체를 통해 그 발현을 준비하기 때문에 생성되는 존재를 신체 유기체 속의 흔적 탓으로 돌리지 않을 것이다.[01]

5.   그럼에도 불구하고 이제 다음과 같은 의미심장한 의문이 떠오른다. "인간 조직이 사고의 **본질에** 아무 기여도 하지 않는다면, 인간 존재 전체에서 그 조직은 어떤 의미가 있는가?" 사고를 통해 인간 조직 속에서 일어나는 것은 사고의 본질과 아무 관계가 없다. 하지만 사고를 근거로 하는 나-의식의 생성에는 관계가 있다. 사고의 고유한 존재 내부에는 진정한 '나'가 들어 있다. 하지만 나-의식은 들어 있지 않다. 사고를 편견 없이 관찰하는 사람은 바로 이 사실을 투시한다. '나'는 사고 내부에 들어 있다. '나-의식'은 사

---

01 이에 관해 현재 널리 알려진 의견이 심리학이나 생리학에서 어떻게 정당화되는지는 내가 이 책에 이어서 출판된 다른 저서에서 다양한 방식으로 서술했다. 여기서는 사고 자체에 대한 편견 없는 관찰에서 나오는 결과만 서술한다.

원발행자 다른 저서로 『인간의 수수께끼에 관하여Vom Menschenrätsel』(GA20), 『영혼의 수수께끼에 관하여Vom Seelenrätsel』(GA21) 참조

고 활동의 흔적이 일반적 의식 속에 앞에 설명한 의미로 새겨 넣어짐으로써 등장한다.(달리 말해 나-의식은 신체 조직을 통해 생성된다. 하지만 이것을, 일단 생겨난 나-의식이 신체 조직에 의존적으로 머문다는 주장과 혼동하지 말아야 한다. 일단 생성되면 나-의식은 다시금 사고에 수용되고, 그 다음부터는 계속해서 사고의 정신적 본질에 관여한다)

6.   '나-의식'은 인간 조직을 근거로 확립된다. 인간 조직에서 의지 행위가 흘러나온다. 어떻게 의지 행위가 인간 조직에서 생겨나는지 먼저 관찰되는 경우에만 사고, 의식하는 나, 의지 행위 사이의 연관성에 대한 통찰력을 지금까지 설명한 방향에서 획득하게 된다.[02]

7.   개별적 의지 활동을 위해 고려되는 것은 동기와 원동력이다. 여기서 동기는 개념적 혹은 표상적 요소다. 원동력은 인간 조직 속에 직접적으로 전제된 욕구 요소다. 개념적 요소 혹은 동기는 욕구의 순간적 결정 근거다. 그에 반해 원동력은 개인의 지속적 결정 근거다. 욕구의 동기는 순수한 개념일 수도 있고, 지각과 특정 관계가 있는 개념, 즉 표상

---

02 9장 처음부터 여기까지 내용은 개정판에 즈음한 주석 내지는 수정본이다.

일 수도 있다. 일반적 개념과 개인적 개념(표상)이 욕구의 동기가 되는 것은 그것이 개인에 작용하고 이 개인이 특정 방향으로 행동하도록 규정될 때다. 그런데 동일한 개념 내지는 표상이 개인마다 다르게 작용한다. 같은 개념이나 표상이라 해도 그에 기인하는 행동은 사람마다 다르다는 말이다. 그러므로 욕구는 개념이나 표상의 결과일 뿐 아니라 개인 상태의 결과이기도 하다. 우리는 이 개인 상태를 ―이와 관련해 에두아르트 폰 하르트만을 따를 수 있으므로[03]― 성격학적 소질이라 명명하고자 한다. 개념과 표상이 한 인간의 성격학적 소질에 작용하는 양식이 그 사람 인생에 특정한 도덕적 혹은 윤리적 특성을 부여한다.

8.　　　성격학적 소질은 많든 적든 우리 주체의 지속적 인생 내용을 통해서, 달리 말해 표상 내용과 느낌 내용을 통해서 형성된다. 지금 내면에 떠오르는 한 가지 표상이 나한테 어떤 욕구가 생겨나도록 하는지는 그 표상이 나머지 내 표상 내용에, 그리고 역시 내 느낌의 특성에 어떻게 관계하는가에 달려 있다. 그런데 내 표상 내용은 개인적인 인생 노정에서 지각과 접촉한 개념들, 달리 말해 내 표상으로 바뀐 개

---

03 원발행자　이 책 1장 6문단의 에두아르트 폰 하르트만 인용문과 그에 대한 각주05 참조

념의 총계를 통해 규정된다. 더 나아가 이 총계는 크거나 작은 내 직관 능력과 관찰 범위에 달려 있다. 이는 경험의 주관적 요소와 객관적 요소에, 내적인 규정성과 인생 무대에 달려 있다는 의미다. 내 성격학적 소질은 특히나 감성생활을 통해 규정된다. 이런 까닭에 내가 특정 표상이나 개념에서 기쁨을 느끼는지 아니면 고통을 느끼는지에 그것을 행위의 동기로 만들지 말지 여부가 달려 있다. 바로 이것들이 의지 활동의 경우 고려되는 요소다. 나중에 동기로 바뀌는 지금 당장의 표상이나 개념이 목표를, 내 욕구의 의도를 규정한다. 내 성격학적 소질이 그 목표를 겨냥해 활동하도록 규정한다. 30분 안에 산책을 가야겠다는 표상이 내 행위의 목표를 결정한다. 하지만 이 표상은 그에 적합한 성격학적 소질을 만나는 경우에만 욕구의 동기로 격상된다. 그러니까 지금까지 인생을 통해 산책의 유용성과 건강의 가치에 대한 표상이 형성되었고, 더 나아가 내 내면에서 기쁨이나 즐거움 같은 느낌이 산책의 표상과 연결되는 경우에만 실제로 산책을 간다는 말이다.

9.   이로써 우리는 다음 두 가지를 구별해야 한다. 1. 특정 표상과 개념을 동기로 만드는 데에 적합한 주관적 소질, 2. 성격학적 소질에 영향을 미쳐서 욕구가 생겨나게 할 수

있는 표상과 개념. 전자는 윤리의 **원동력**을, 후자는 윤리의 **목적**을 보여 준다.

10.　　　윤리의 원동력은 개인 생활이 어떤 요소로 구성되어 있는지 검토해 보면 알아볼 수 있다.

11.　　　개인 생활의 첫 번째 단계는 **지각**이다. 정확히 말하자면 감각을 통한 지각이다. 이 단계에서 우리는, 지각이 느낌이나 개념의 중간 과정이 없이 직접 욕구로 전환되는 생활 영역에 있다. 여기에서 고려되는 인간 원동력은 단순한 **본능**이라 불린다. (허기나 성욕 등) 순수하게 동물적이고 저급한 욕망의 충족이 이 길에서 이루어진다. 본능 생활의 특성은 개별적 지각과 함께 욕구가 유발되는 직접성에 있다. 원래는 저급한 감각 생활에 속하는 이런 양식의 욕구 규정은 더 고차적인 감각의 지각으로 확장될 수도 있다. 예를 들어 우리는 외부 세계에서 어떤 사건을 지각한 다음에 주로 타인과의 습관적 교제에서 하듯이 아무 생각 없이, 그리고 그 지각에 특별한 느낌을 연결 시키지 않고 즉시 행위가 이어지도록 한다. 이런 행위의 원동력을 우리는 **예절** 혹은 **도덕적 예의**라 부른다. 지각을 통해 즉시 유발되는 행위를 더 자주 하는 사람일수록 순전히 예절에 맞추어 행동하는 데에 더 익숙해진다. **예절**이 그 사람의 성격학적 소질이 된다.

12.   개인 생활의 두 번째 범주는 **느낌**이다. 외부 세계의 지각에 특정 느낌이 연결된다. 이 느낌이 행위의 원동력으로 바뀔 수 있다. 굶주린 사람을 보면 동정심이 우러나고, 이 동정심이 내 행위의 원동력을 형성할 수 있다. 예를 들어서 수치심, 자존심, 명예심, 굴종, 후회, 동정심, 복수심, 감사, 경외감, 신의, 사랑, 의무감 등이 그런 느낌에 속한다.[04]

13.   마침내 개인 생활의 세 번째 단계로 **사고와 표상**이 있다. 표상이나 개념은 단순한 숙고를 통해 행위의 동기가 될 수 있다. 인생을 살아가는 동안 어느 정도 변한 형태로 늘 되풀이되는 지각에 우리가 욕구의 특정 목표를 끊임없이 연결함으로써 표상이 동기가 된다. 바로 그렇기 때문에 경험이 아주 없지 않은 사람이 특정 지각을 보면, 그것과 유사한 상황에서 자신이 직접 했던 행위나 누군가가 하는 것을 본 적이 있기 때문에 알고 있는 행위에 대한 표상이 그 사람 의식 속에 떠오르는 것이다. 이런 표상은 나중에 그와 유사한 상황에서 결정을 내려야 할 때마다 모범 사례로 어른거리고, 결국에는 그 사람의 성격학적 소질의 한 부분이

---

04 윤리성 원칙의 완벽한 총괄은 에두아르트 폰 하르트만의 『윤리적 의식의 현상학』에서 (형이상학적 실재론의 관점에서) 찾아볼 수 있다. 원발행자 원 저자의 각주에 있는 에두아르트 폰 하르트만에 관해서는 이 책 1장 각주05 참조

된다. 이렇게 설명되는 의지 원동력을 **실질적 경험**이라 부를 수 있다. 실질적 경험은 차츰차츰 순수하게 습관적 행위로 넘어간다. 어떤 행위에 대한 전형적인 그림이 우리 의식 속에서 생활의 특정 상황에 대한 표상과 아주 단단하게 연결되었기 때문에 경험에 근거하는 숙고를 완전히 생략하고 지각에서 곧바로 욕구로 넘어갈 때가 바로 그런 경우다.

14. 개인 생활에서 가장 높은 단계는 특정 지각 내용을 참작하지 않는 개념적 사고다. 이 단계에서 우리는 관념 범주를 원천으로 삼아 순수한 직관을 통해 개념 내용을 규정한다. 이 개념은 처음에는 특정 지각과 아무 관계가 없다. 우리가 한 가지 지각을 암시하는 개념, 즉 표상의 영향 아래 욕구에 들어선다면, 개념적 사고를 거치는 우회로에서 우리를 규정하는 것은 바로 그 지각이다. 우리가 직관의 영향 아래 행위 한다면, 우리 행위의 원동력은 **순수한 사고**다. 철학에서 순수한 사고 능력을 이성이라고 명명하는 게 통례니 이 단계에서 설명된 도덕적 원동력을 **실질적 이성**이라 부르는 게 정당해 보인다. 이 욕구의 원동력을 가장 명료하게 다룬 사람은 **크라이엔뷜**이다.(〈철학 월간지〉 18권 3호)**05**

---

05 원발행자 요하네스 크라이엔뷜Johannes Kreyenbühl(1846~1929)
_ 독일 철학자.『칸트의 윤리적 자유, 칸트 철학의 진정한 근거에

나는 이 주제에 관한 그의 논설을 현대 철학, 특히 윤리학의 가장 의미심장한 작업으로 평가한다. 크라이엔뷸은 여기서 언급하는 도덕적 원동력을 **실질적 선험 인식**이라 칭했다. 이는 행위를 위해 직관에서 직접적으로 흘러나오는 동력이라는 의미다.

15.　　　이런 동력이 문자 그대로 엄격한 의미에서 성격학적 소질에 더 이상 속할 수 없다는 것은 언급할 여지없이 분명하다. 왜냐하면 이 단계에서 원동력으로 작용하는 것은 내면의 개인적인 것이 아니고 관념적인 것이라 결과적으로 내 직관의 보편적 내용이기 때문이다. 이 내용의 정당성을 행위의 근거이자 출발점으로 보는 즉시 나는 욕구에 들어선다. 이 단계에서는 내가 욕구에 들어서는데 개념이 시간적으로 그 이전에 내 내면에 있었는지, 혹은 행동하기 바로 전에 비로소 내 의식 속에 들어섰는지, 이와는 무관하다. 달리 말해 개념이 소질로 이미 내 내면에 있었는지 혹은 없었는지, 이와는 아무런 관계가 없다는 것이다.

관한 비판적-사변적 연구Die ethische Freiheit bei Kant, Eine kritische-spekulative Studie über den wahren Grund der Kant'schen Philosophie』〈철학 월간지Philosophische Monatsheft〉 제18권, 3호, (하이델베르크, 1882), 129~162쪽

16.　　진정한 의지 활동에 이르는 것은 행위의 순간적 동력이 개념 혹은 표상 형태로 성격학적 소질에 작용할 때일 뿐이다. 그런 경우에 동력이 욕구의 동기가 된다.

17.　　윤리의 동기는 표상과 개념이다. 그런데 그 동기가 느낌에 있다고 하는 윤리학자도 있다. 예를 들어 이들은 행동하는 개인 내면에 최대치의 즐거움을 생성시키는 것이 윤리적 행위의 목표라고 주장한다. 하지만 즐거움 자체는 동기가 될 수 없다. **표상된 즐거움**만 동기가 될 수 있다. 미래에 생겨날 느낌의 **표상**이 내 성격학적 소질에 영향을 미칠 수 있지, 즐거움 자체는 그렇게 할 수 없다. 왜냐하면 느낌 자체는 행위를 하는 순간에 아직 존재하지 않고, 행위를 통해서 비로소 생겨나기 때문이다.

18.　　그와 달리 나 자신이나 타인의 행복에 대한 표상은 당연히 욕구의 동기가 될 수 있다. 어떤 행위를 통해 자신에게 최대치의 즐거움, 즉 최대치의 개인적 행복을 불러일으키는 원칙을 **이기주의**라 부른다. 이런 종류의 개인적 행복에는 두 가지 방식으로 도달할 수 있다. 가차 없이 자신의 안녕만 염두에 두고, 타인의 행복을 희생하면서까지 그것을 추구하거나(순수한 이기주의), 아니면 타인의 안녕을 도모한다 해도, 행복해진 타인이 자신에게 간접적으로 유

리한 영향을 미칠 것이라 확신하기 때문에, 혹은 타인이 불행해지면 자신의 관심사나 이해 관계에 위험이 생기지 않을까 우려하기 때문에 그렇게 한다.(책략적 도덕) 이기적인 윤리 원칙의 특별한 내용은 자신이나 타인의 행복에 관해 어떤 표상을 만드는가에 달려 있다. 그러니까 한 인간이 (예를 들어 부유한 생활, 행복하고 싶다는 소망, 갖가지 악에서 구원되기 등) 인생 자산으로 간주하는 것에 따라 이기적 추구 내용을 결정한다는 것이다.

19.   그 다음으로는 행위의 순수하게 개념적인 내용을 윤리 동기로 꼽아야 한다. 이 내용은 개인적 즐거움의 표상과 달리 개별 행위뿐만 아니라 윤리적 원리 체계에서 나온 행위의 근거에도 관련된다. 이 도덕 원리는 각 개인이 개념의 원천에 신경쓰지 않아도 추상적 개념 형태로 윤리 생활을 규정할 수 있다. 이 경우 우리는 명령으로서, 윤리적 불가피성으로서 우리 행위 위에 부유하는 윤리적 개념에 예속된 것을 느낀다. 우리는 이 예속의 근거를 윤리적 복종을 강요하는 것, 즉 우리가 인정하는 윤리적 권위(가장家長, 국가, 사회적 윤리 규정, 종교적 권위, 신의 계시 등)에 위임한다. 이러한 윤리 원칙 중에 한 가지 특이한 양식은, 명령이 외부 권위를 통하지 않고 우리 자신의 내면을 통해서 알려

지는 경우다.(윤리적 자주성) 우리가 복종해야 한다는 소리를 내적으로 듣는 것이다. 이 소리를 **양심**이라 표현한다.

20.   인간이 내, 외적 권위의 명령을 행위 동기로 만들지 않고, 어떤 원칙이 행위 동기로 자신에 작용하는지 그 근거를 꿰뚫어 보기 위해 노력한다면, 이는 윤리적 진보를 의미한다. 이 진보는 권위적 도덕을 벗어나 윤리적 통찰에 근거하는 행위로 건너가는 것이다. 윤리성의 이 단계에서 인간은 윤리 생활의 필요성을 알아보고, 이 인식에 따라 자신의 행위가 규정되도록 둔다. 이런 필요성에는 다음과 같은 것들이 있다. 1. 오로지 공익 그 자체만 염두에 두는 가능한 최대치의 인류 공익, 2. 점점 더 큰 완벽성을 향하는 인류의 문화 진보 혹은 윤리적 **발달**, 3. 순수하게 직관으로 파악한 개인적 윤리 목표의 실현.

21.   **가능한 최대치의 인류 공익**은 당연히 사람마다 다른 방식으로 이해할 것이다. 이 원칙은 공익에 대한 특정 표상과 관계하지 않는다. 관건은, 이 원칙을 인정하는 각자가 인류 공익을 최상으로 촉진한다고 생각하는 것을 행하려고 노력하는가 하는 것이다.

22.   **문화 진보**는 특히 문화 자산에 즐거움과 만족감을 연결하는 사람에게 첫 번째 도덕 원리의 특수한 경우로 드러

난다. 단, 그는 공익에 기여하는 적잖은 것이 파괴되고 몰락하는 것도 감수해야 한다. 그런데 문화 진보와 연결된 만족감이나 기쁨과는 별도로 그것에서 윤리적 불가피성을 알아보는 사람도 있을 수 있다. 그러면 문화 진보가 그를 위해서는 첫 번째와 나란히 특수한 도덕 원리가 된다.

23.   공익 원칙과 마찬가지로 문화 진보 원칙도 표상에 근거한다. 그러니까 인간이 특정 체험(지각)에 대한 윤리적 관념 내용에 부여하는 관계에 근거한다는 말이다. 그러나 생각할 수 있는 최상의 윤리 원칙은 처음부터 그런 종류의 관계가 전혀 없이, 일단 순수한 직관의 샘에서 솟아난 다음에 비로소 지각(즉 생활)에 대한 관계를 찾는 것이다. 이 경우에는 무엇을 원해야 하는지 결정하는 요소가 앞에 두 윤리 원칙과는 완전히 다른 심급에서 우러난다. 공익을 위한 윤리적 원리를 신봉하는 사람은 행위를 할 때마다 일단 자신의 이상이 공익에 어떻게 기여할지 물어볼 것이다. 문화 진보를 위한 윤리적 원리에 인생을 바치겠다고 맹세한 사람 역시 그렇게 할 것이다. 그런데 이보다 더 고차적인 것이 있다. 이것은 개별적인 경우에 특정한 개별적 윤리 목표에서 출발하지 않고, 모든 윤리 원칙에 일정한 가치를 부여한다. 그리고 주어진 경우마다 언제나 다른 도덕 원리가 더

중요하지는 않은지 질문한다. 어떤 사람이 주어진 상황에서는 문화 진보를 촉진하는 게, 다른 상황에서는 공익을 장려하는 게, 또 다른 경우에는 자신의 이익을 추구하는 게 옳다고 간주하고, 그렇게 옳다고 간주한 것을 행위의 동기로 만들 수 있다. 그런데 다른 모든 규정 근거가 일단 두 번째 자리를 차지하면, 개념적 직관 자체가 첫 번째로 고려된다. 이로써 다른 동기는 주도적 위치에서 물러나고, 마침내 행위의 관념 내용만 동기로 작용한다.

24.   우리는 **순수한 사고, 실질적 이성**으로 작용하는 것이 성격학적 소질에서 최상의 단계라고 했다. 이제 동기 중에서 최상의 것은 **개념적 직관**이라 했다. 면밀히 생각해 보면 이 윤리 단계에서 원동력과 동기가 함께 맞아떨어진다는 결과가 나온다. 달리 말해 사전에 결정된 성격학적 소질도, 외부에서 규범으로 받아들인 윤리적 원리도 우리 행위에 작용하지 않는다는 것이다. 이 단계에서 행위는 어떤 규율을 따르는 틀에 박힌 것이 전혀 아니다. 외부로부터 자극을 받아 자동적으로 하는 것도 절대 아니다. 이 단계에서 행위는 오로지 인간 자신의 관념 내용을 통해 규정된다.

25.   이런 행위는 도덕적 직관 능력을 전제한다. 각 상황마다 그에 적절한 윤리 원칙을 체험할 능력이 없는 사람은

진정한 개인적 욕구에 절대 도달하지 못한다.

26.   이러한 윤리 원리에 정반대가 바로 다음과 같은 칸트의 생각이다. "너를 위한 기본 원칙이 만인에 해당할 수 있도록 행동하라."**06** 이 문장은 행위의 개인적 원동력을 모조리 고사시키고 만다. **모든** 사람이 어떻게 행동할 것인지는 나를 위한 기준이 될 수 없다. 각각의 경우에서 내가 해야 하는 것, 이것만 기준이 될 수 있다.

27.   피상적으로 판단하면 이런 생각에 다음과 같은 이의가 나올 수도 있다. "특정 경우와 특정 상황에서 어떻게 행위가 개인적 성격을 띠는 동시에 직관을 근거로 순수하게 관념적으로 규정될 수 있는가?" 이런 이의는 지각 가능한 행위의 내용과 윤리적 동기를 혼동하는 데에 기인한다. 전자가 동기가 **될 수 있다.** 그리고 그것은 이기주의에서 나오는 행위뿐만 아니라 예를 들어 문화 진보의 경우에도 해당한다. 단, 순수하게 윤리적인 직관을 근거로 하는 행위에는 해당되지 **않는다.** 내 나는 당연히 그 지각 내용을 주시한다. 하지만 그것에 의해 **규정되도록** 자신을 내맡기지 않는다.

---

06 원발행자 이마누엘 칸트의 『실질적 이성 바판Kritik der praktischen Vernunft』 제1부, 1권, 1장 §7, "언제나 네 의지의 원칙이 동시에 일반적 법률의 원리로 인정될 수 있도록 행동하라."

그 내용은 **인식 개념**을 형성하는 데 이용될 뿐, 그에 속하는 **도덕적 개념**은 나가 객체에서 덜어내지 않는다. 현재 마주 대하는 특정 상황에서 얻은 인식 개념은 내가 특정한 도덕 원리의 관점에 서 있을 때만 동시에 도덕적 개념이 된다. 그런데 예를 들어 오로지 보편적 문화 발달이라는 도덕적 바닥에만 서 있고 싶어 한다면, 이는 이미 정해진 길에 따라 세상을 돌아다니는 것이나 다름없다. 내가 지각하고 관여하는 각각의 사건에서 윤리적 의무가 솟아난다. 이를 알아본 나는 해당 사건이 문화 발달에 어떤 역할을 하도록 내 작은 몫으로 기여한다. 사건 혹은 사물은 그 자연 법칙적 연관성을 드러내는 개념 외에도 도덕적 존재인 내가 어떻게 처신해야 하는지에 대한 교훈을 포함하는 윤리적 예절을 두르고 있다. 이 윤리적 예절은 그 영역 내부에서 정당하다. 그러나 내가 마주 대하는 구체적인 경우에 나한테 떠오르는 관념과 더 고차적인 관점에서 일치한다.

28.   직관 능력이라는 면에서 인간은 저마다 다양하다. 어떤 사람에게서는 관념이 끊임없이 솟아나는가 하면, 어떤 사람은 애를 써야 간신히 생겨난다. 사람들이 살아가는 상황과 그들의 행위 무대를 제공하는 상황 역시 저마다 다양하다. 한 인간이 어떻게 행위 하는지는, 그의 직관 능력이

특정 상황에서 어떻게 작용하는가에 달려 있다. 우리 내면에서 작용하는 관념의 합, 즉 직관의 실재적 내용을 결정하는 것은 관념 세계의 모든 보편성에도 불구하고 각 인간에서 개인적 성격을 띠는 것을 이룬다. 이 직관적 내용은 행위로 건너가는 한에서 개인의 윤리 내용이다. 이 내용이 실현되도록 하는 것이 최고의 도덕적 원동력이며, 이와 동시에 다른 모든 도덕 원리가 이 내용에서 최종 합일한다는 것을 인정하는 사람에게는 최고의 동기가 된다. 이 관점을 **도덕적 개인주의**라 명명할 수 있다.

29.   구체적인 상황에서 직관적으로 규정된 행위의 결정 기준은 그에 적절한, 완전히 개인적인 직관을 발견하는 것이다. 이 윤리 단계에서 일반적 윤리 개념(규범, 법칙)은 개인적 동인을 일반화해서 생겨나는 한에서만 거론할 가치가 있다. 일반적 규범은 그것이 도출될 수 있는 구체적 사실을 언제나 전제한다. 그런데 이 사실은 인간의 행위를 통해서 비로소 **이루어진다**.

30.   법칙성(개인 행위, 민족 행위, 시대 행위에서 개념적인 것)을 찾으면, 도덕이 나온다. 그런데 이는 윤리 규범에 대한 학문으로서 도덕이 아니라 윤리의 자연 철학으로서 도덕이다. 그렇게 해서 얻은 법칙은 자연 법칙이 특정 현상과

관계하는 것과 같은 식으로 인간 행위와 관계한다. 하지만 그 법칙은 우리가 행위의 근거로 삼는 동인과 언제나 일치하지 않는다. 한 인간의 행위가 무엇을 통해서 그의 **윤리적** 욕구에서 솟아나는지 파악하고자 한다면, 행위에 대한 이 욕구의 관계를 먼저 보아야 한다. 이 관계가 규정하는 요소로 작용하는 행위를 가장 먼저 주목하는 수밖에 없다. 나중에 나 혹은 타인이 그 행위에 관해 곰곰이 생각해 보면, 그에 고려되는 윤리 원칙이 드러날 수 있다. 내가 행위를 하는 동안에는 윤리 원칙이 내면에 직관적으로 생생하게 살아 있는 한에서만 나를 움직인다. 이는, 윤리 원칙이 내가 행위를 통해 실현하고자 하는 객체에 대한 **사랑**과 연결되어 있다는 것을 의미한다. 이 경우에 나는 누구에게도, 어떤 법칙에도 "제가 이 행위를 해야 할까요?" 하고 묻지 않는다. 나는 그 행위에 대한 관념을 파악한 즉시 실행에 옮긴다. 오로지 그렇게 행하는 것만 **내** 행위다. 어떤 사람이 특정 윤리 규범을 인정하기 때문에만 어떤 일을 한다면, 그 행위는 그의 도덕 법전에 들어 있는 원칙에서 나온 결과일 뿐이다. 그는 그 원칙의 집행자일 뿐이다. 그는 고차적 자동 기계다. 행위를 위한 계기를 그 사람 의식 속에 집어넣으면, 그 사람이 알고 있는 도덕 원리의 톱니바퀴가 즉시 움직이기 시작한다. 기독교적 행위나 인도적 행위를, 혹은 사리사욕이 없어 보이는 행위를, 혹은 문화 역사적 진보를 위한 행위를 완수하기 위해 법칙적 방식으로 돌아간다. 객체에 대한 사랑을 따를 때만, 오로지 그렇게 할 때만 나는 행위를 하는 그 자체다. 이 윤리 단계에서 나는 내 위에 있는 어떤 주인을 인정하기 때문에 행동하는 게 아니다. 이 단계에서 나는 어떤 외적 권위도, 이른바 내면의 소리도 따르지 않는다. 나는 내면에서 행위 근거를, 즉 행위에 대한 사랑을 발견했기 때문에 외적 원칙을 전혀 인정하지 않는다. 내 행위가 선한지 악한지 이성적으로 검사하지 않는다. 내가 그 행위를 **사랑하기** 때문에 그저 완수할 뿐이다. 사랑으로 적셔진 내 직관이 직관적으로 체험되는 세계 연관성 속 한복판에 올바른 방식으로 들어 있다면, 내 행위는 '선한 것'이고, 그렇지 않다면 '악한 것'이다. "다른 사람이 내 위치에 있다면 어떻게 할까?" 하고 묻지도 않는다. 특별한 개인으로서 내가 원하도록 부추겨지고 있다는 것을 알아보고, 그렇게 알아본 대로 행할 뿐이다. 나를 직접적인 방식으로 행위로 이끌어 가는 것은 일반적 관습, 일반적 통례, 보편적으로 인간적인 원칙, 윤리 규범 등이 아니라 행위에 대한 내 사랑이다. 나는 어떤 강제성도 느끼지 않는다. 본능에 따른 행동처럼 자연적 속박도 느끼지 않는다. 윤리적 계율이 씌우는 굴레도 느끼지 않는다. 내 내면에 놓인 것을 그저 실행하고자 할 뿐이다.

31. 　　　일반적 윤리 규범의 수호자는 이런 의견에 다음과 같이 말할 수 있을 것이다. "사람들이 저마다 자기 의도만 펼치려 하고 자기 마음에 드는 것만 하려고 한다면, 좋은 행위와 범죄를 전혀 구분할 수 없게 된다. 만일 그렇다면 사기를 치려는 내 의도도 보편적 선에 봉사하는 의도와 똑같이 펼쳐질 권리가 있는 게 아닌가? 관념에 따라 어떤 행위를 주목하는 상태는 윤리적 인간으로서 나한테 기준이 될 수 없다. 중점은 그 행위가 선한지 **악한지** 검토하는 것이고, 선하다고 판명되는 경우에만 실행하는 것이다."

32. 　　　수긍이 가기는 해도 이 책에서 의도한 것을 오인하는 경우에만 생겨나는 이 이의에 나는 다음과 같이 응수하겠다. "인간 욕구의 본질을 인식하고자 하는 사람은 발달의 특정 정도까지 욕구를 이끌어 가는 길과 욕구가 목표에 접근하는 동안 띠는 특성을 반드시 구분해야 한다. 목표를 향하는 길에서는 규범이 그 역할을 하고, 이는 정당하다. 목표는 순수하게 직관적으로 파악한 윤리 목표의 실현에 있다. 이런 목표에는 인간이 세계의 직관적 관념 내용으로 뛰

어오를 능력을 지니는 바로 그만큼만 도달한다. 개별적 욕구 속에는 대부분 다른 것이 원동력이나 동기로서 그런 윤리 목표에 섞여 있기 마련이다. 그럼에도 직관적인 것이 인간 욕구 속에서 결정하는 것 혹은 함께 결정하는 것일 수 있다. 사람이 **해야 하는** 일을 한다는 것은, 의무가 행위로 펼쳐지도록 무대를 내준다는 것이다. 자신의 행위라 함은, 그 자체 그대로의 인간이 자신으로부터 솟아나도록 한 것이다. 이때 동인은 완전히 개인적인 것일 수밖에 없다. 그리고 진실에서 보자면 직관에서 솟아난 의지 행위만 개인적인 것일 수 있다. 범행, 즉 악행도 순수한 직관이 구체화되는 것과 같은 의미에서 개인성이 전개되는 것이라 한다면, 이는 눈 먼 본능도 인간 개인성에 속한다고 간주하는 경우에만 가능하다. 하지만 범행하도록 몰아대는 눈먼 본능은 직관적인 것에서 유래하지 않는다. 그것은 인간에서 개인적인 것이 아니라 가장 일반적인 것에 속한다. 이 일반적인 것은 모든 개인에 똑같은 정도로 유효하며, 인간이 개인성을 통해 벗어나고자 노력하는 것에 속한다. 나에게서 개인적인 것은 충동과 느낌을 수반하는 내 유기체가 아니다. 그것은 내 유기체 속에서 빛나는 몇몇 관념 세계다. 충동, 본능, 욕망은 내가 일반적 종種으로서 **인간**에 속한다는 것 이상으로는 내 내면에 아무것도 확립시키지 않는다. 내 충동과 욕망과 느낌 속에서 관념적인 것이 특별한 양식으로 펼쳐진다는 상황이 내 개인성을 확립시킨다. 충동과 본능 등을 통해서 나는 열두 명이 모이면 한 다스가 되는 인간이다. 그 한 다스 사람 중에서 나를 나라고 칭하게 만드는 특별한 관념 형태를 통해서 나는 개인이다. 내 다양한 동물적 천성에 따라서는 나에게 낯선 존재만 타인으로부터 나를 구분할 수 있을 것이다. 내 사고를 통해서, 달리 말해 내 유기체 속에서 관념적인 것으로서 펼쳐지는 것을 능동적으로 파악할 때는 내가 타인으로부터 나 자신을 구분한다. 그러므로 범행도 관념에서 생겨난다고는 절대 말할 수 없다. 그렇다. 범행의 특성은 다름 아니라 그것이 인간의 관념 외적인 요소에서 생겨난다는 것이다.

33.   행위는 내 개인 존재 중에서도 관념적 부분에 근거를 두는 한에서만 자유로운 것으로 느껴진다. 그와 다른 부분에 근거를 두는 행위는 자연의 속박 때문이든, 윤리 규범의 강요 때문이든 **자유롭지 못한 것**으로 느껴진다.

34.   인간이 자유로운 것은 인생에서 매 순간 자신을 따를 상태에 있는 한에서일 뿐이다. 윤리적 행위는 바로 이런 의미에서 자유로운 것이라 명명될 수 있을 때만 **내** 행위가 된

다. 여기에서 일단 거론하는 것은, 원하는 행위가 어떤 조건에서 자유로운 것으로 느껴지는가 하는 것이다. 순수하게 도덕적으로 파악된 자유의 관념이 어떻게 인간 존재 속에서 실현되는가 하는 것은 이어지는 설명에서 드러날 것이다.

35.　　　자유에서 나오는 행위는 윤리 규범을 배제하지 않고 오히려 포용한다. 그러므로 그런 행위는 단지 규범에 의해 강요된 행위에 비해 더 높은 위치에 있는 것으로 드러난다. 인류 공익에 헌신해야 한다고 의무로 느끼기 때문에, **오로지** 그 이유로 하는 행위에 비해 사랑에서 우러난 행위가 공익에 덜 기여할 이유는 없지 않은가? 단순한 의무 개념은 **자유**를 배제한다. 왜냐하면 그것은 개인적인 것을 인정하지 않고, 오히려 일반적 규범에 복종하도록 개인에게 강요하기 때문이다. 행위의 자유는 오로지 도덕적 개인주의 관점에서만 생각될 수 있다.

36.　　　각자가 개인성을 관철하기 위한 노력만 한다면 어떻게 공생이 가능한가 하는 질문이 생긴다. 이로써 잘못 이해한 도덕주의에서 나오는 이의가 설명된 것이다. 이런 도덕주의는 사회 구성원들이 함께 확립한 윤리 제도를 통해 하나로 뭉칠 때만 공동체로서 기능할 수 있을 것이라 믿는다.

그러므로 관념 세계의 일치성을 절대 이해하지 못한다. 내 내면에서 활동하는 관념 세계는 다른 어떤 것도 아닌 바로 타인 내면에서 활동하는 그 세계라는 것을 파악하지 못한다. 그런데 이 일치는 세계 경험에서 나온 결과일 뿐이다. 관념 세계는 그런 것일 **수밖에 없다**. 왜냐하면 그 세계가 관찰이 아니라 다른 어떤 것을 통해서 인식되는 것이라면, 그 영역에서는 개인적 체험이 아니라 일반적 규범이 정당화될 것이기 때문이다. 개인성은 각자가 개인적 관찰을 통해서 타인에 관해 어떤 것을 아는 경우에만 가능하다. 나와 내 옆 사람이 구분되는 것은 우리가 완전히 다른 두 가지 정신 세계에서 살고 있어서가 아니라, 공통의 관념 세계에서 그는 나와 다른 직관을 받기 때문이다. 그 사람은 **자신의** 직관을 펼치고자 하고, 나는 **내** 직관을 펼치고자 한다. 우리 둘 다 정말로 관념에서 퍼내고 (육체적이든 정신적이든) 외적 동인을 전혀 따르지 않는다면, 결국 같은 지향성에서, 동일한 의도에서 만나도록 되어 있다. 윤리적으로 **자유로운** 사람들 사이에는 윤리적 오해와 충돌이 일어날 수 없다. 받아들인 의무 규범 혹은 본능적 성향을 따르는, 윤리적으로 자유롭지 못한 사람만 그 본능이나 규범을 따르지 않는 타인을 배척한다. 행동을 위한 사랑 속에 **살고**, 타인의 욕구를 이해 속에 **살도록 함**이 **자유로운 인간**의 근본 원칙이다. 자유로운 인간은 자신의 욕구를 직관적 조화의 자리에 위치시키는 것 외에 다른 **의무**는 전혀 알지 못한다. 그리고 어떻게 특별한 상황에서 **원하게** 되는지는 그의 관념 능력이 그에게 말해 준다.

37.   조화를 이루려는 근본 바탕이 인간 본질에 들어 있지 않다면, 어떤 외적 법칙을 통해서도 그것을 새겨 넣을 수 없을 것이다! 개인 모두 같은 정신에서 **유래하기** 때문에, 오로지 그렇기 때문에 나란히 함께 삶을 누릴 수 있는 것이다. 자유로운 사람은 자유로운 타인도 자신과 함께 같은 정신 세계에 속하고, 의도에 있어 서로 조우할 것이라는 확신을 가지고 산다. 자유로운 사람은 타인에게 일치를 요구하지 않는다. 다만 일치가 인간 천성에 들어 있기 때문에 그렇게 하리라 기대한다. 이로써 이러저러한 외적인 제도와 조직에 존재하는 불가피성이 아니라 **의향을, 영혼 성향**을 암시했다. 바로 이 성향을 통해 인간은 자신이 존중하는 타인들 사이에서 자신을-체험하면서 인간 존엄성에 가장 적합하게 된다.

38.   다음과 같이 말하는 사람이 많이 있을 것이다. "당신이 그리는 **자유로운** 인간 개념, 그런 것은 환상일 뿐 어디에

서도 실현될 수 없다. 우리는 현실 속 인간을 염두에 두어야 한다. 현실에서는 사람들이 마음대로 애착과 경향을 따르지 않고 윤리적 사명을 의무로 파악하고 규범을 따를 때만 윤리성을 기대할 수 있다." 나는 이 생각을 절대 의심하지 않는다. 눈먼 사람이나 의심할 것이다. 하지만 만일 이것이 **최종** 인식이 되어야 한다면, 윤리에 관한 온갖 위선은 내다버리고 그냥 다음과 같이 말하라! "인간 천성은 **자유롭지 않은** 한 행위를 하도록 **강요될 수밖에 없다.**" 인간이 물리적 수단이나 도덕률로 억압되어 자유롭지 못하든, 한정 없는 성욕을 따를 수밖에 없거나 관습적 도덕의 족쇄에 얽매여 있기 때문에 자유롭지 못하든, 특정 관점에서 보면 전혀 중요하지 않다. 단, 그런 사람도 어떤 행위를 자신의 것이라고 할 권리가 있다고는 주장하지 말라. 왜냐하면 그는 낯선 위력에 의해 행위를 하도록 내몰리기 때문이다. 이와 달리 법률적 강제, 관습, 종교 등으로 불리는 쓰레기 더미에서 **자신 스스로를** 발견하는 **자유로운 정신**, 즉 인간은 강요하는 규범을 뚫고 나와 우뚝 솟아오른다. 인간은 오로지 자신 스스로를 따르는 한 **자유롭다.** 복종하는 한 **자유롭지 못하다.** 우리 중에 누가 모든 행위에 있어서 진정으로 자유롭다고 말할 수 있는가? 하지만 우리 모두의 내면에는 더 심원深遠한 존재가 살고 있으며, 그 존재 안에서 자유로운 인간이 말하고 있다.

39.　　우리 인생은 자유로운 행위와 자유롭지 못한 행위로 이루어진다. 하지만 인간 천성의 가장 순수한 특색으로서 **자유로운 정신**을 참작하지 않고는 인간의 개념을 끝까지 생각할 수 없다. 우리는 자유로운 한에서만 참된 인간이다.

40.　　사람들 대부분이 그것은 이상일 뿐이라고 말할 것이다. 물론 그렇다. 하지만 이 이상은 우리 존재 안에서 실재 요소로서 표면으로 올라오려고 일을 하는 종류다. 꾸며 낸 혹은 꿈 같은 이상이 전혀 아니다. 생명이 있으며, 비록 극히 불완전한 형태라 해도 그 현존재를 분명하게 알리는 이상이다. 인간이 그저 자연 존재에 그친다면, 이상을 추구한다는 것, 달리 말해 지금은 비록 효력이 없다 해도 그 구현이 요구되는 관념을 추구한다는 것은 쓸데없는 일일 것이다. 외부 세계 대상에서는 관념이 지각을 통해 규정된다. 이는, 관념과 지각 사이의 연관성을 인식했다면 우리 몫을 다했다는 것을 의미한다. 그런데 인간에 있어서는 그렇지 않다. 인간 현존재의 총계는 인간 자신이 없이는 규정되지 않는다. **윤리적** 인간(자유로운 정신)으로서 인간의 진정한 개념은 나중에 인식을 통해 그저 확인만 하면 되도록 지각 형

상인 '인간'과 사전에 객관적으로 일치되어 있지 않다. 인간 스스로 인간이라는 지각과 자신의 개념을 능동적으로 일치시켜야 한다. 인간에서 개념과 지각이 일치하는 경우는 인간 자신이 그 양자를 일치시킬 때일 뿐이다. 그리고 이렇게 할 수 있는 경우는 인간이 자유로운 정신의 개념, 즉 자신만의 개념을 발견했을 때일 뿐이다. 객관적 세계에서는 우리의 유기체 조직으로 인해 지각과 개념 사이에 경계선이 그어져 있다. 그리고 인식이 그것을 극복한다. 이 경계선은 주관적 천성에 있어서도 그에 못지않게 존재한다. 다만 인간이 점점 발달해 가는 과정에서 개념을 형상화해 자신의 모습으로 드러내면서 극복할 수 있다. 이렇게 윤리적 생활과 마찬가지로 지성적 생활도 이중성으로, 즉 지각(직접적 체험)과 사고로 우리를 이끌어 간다. 이 이중성을 지성적 생활은 인식을 통해, 윤리적 생활은 자유로운 정신의 구현을 통해서 극복한다. 모든 존재에는 타고난 개념(그 자체의 현존과 작용 법칙)이 있다. 이 개념은 외부 대상에서는 지각과 뗄 수 없이 연결되어 있으며, 오로지 우리의 정신적 유기체 내부에서만 지각에서 분리되어 있다. 인간 자체에서는 일단 개념과 지각이 **실제로** 분리되어 있으며, 인간 자신에 의해 **실제로** 합일되어야 한다. 이제 다음과 같은 이의가 나올 수 있다. "다른 모든 대상에서 그렇듯이, 한 인간에 대한 우리의 지각은 그 사람 인생에서 매 순간 한 가지 특정 개념에 부합한다. 내가 모형 인간에 대한 개념을 형성하고, 그것을 지각으로 제시할 수 있다. 그 다음에 이 모형 인간의 지각에 자유로운 정신의 개념을 더하면, 동일한 대상에 두 가지 개념이 생긴다."

41.　　　이는 단편적으로 생각한 것이다. 지각 객체로서 나는 끊임없이 변화할 수밖에 없는 존재다. 어린이로서, 청소년으로서 나는 다른 사람이었다. 그리고 성인으로서 역시 다른 사람이 되었다. 그렇다, 나의 지각 형상은 매 순간 그 이전 것과는 다르다. 이 변화는 언제나 같은 것(모형 인간)만 드러나는 식이 될 수도 있고, 자유로운 정신이 표현되는 것을 보여 주는 식으로 이루어질 수도 있다. 내 행위의 지각 객체는 바로 그 변화에 예속된다.

42.　　　인간이라 하는 지각 객체에는 자신을 변형시킬 가능성이 들어 있다. 이는 씨앗에 완전한 식물로 자랄 가능성이 담겨 있는 것과 같은 이치다. 식물은 씨앗에 들어 있는 객관적 법칙성에 따라 모양을 바꾸며 자란다. 인간은 자신 안에 들어 있는 변형 질료를 끌어내서 자신의 힘을 통해 변형시키지 않는다면, 불완전한 상태에 머물고 만다. 자연은 인간

에게서 자연 존재만 만들어 낼 뿐이다. 사회는 인간에게서 규범에 따라 행동하는 존재를 만들어 낸다. 그리고 **자유로운** 존재는 오로지 인간 **스스로** 자신으로부터 만들어 낼 수 있을 뿐이다. 자연은 특정 발달 단계에 있는 인간을 그 속박에서 풀어 준다. 사회는 그 발달을 특정 지점까지 이끌어 간다. 마지막 연마는 오직 인간 스스로만 할 수 있을 뿐이다.

43.   그러므로 자유로운 윤리 관점은 자유로운 정신만 인간이 존재할 수 있는 유일한 형태라 주장하지 않는다. 자유로운 정신성에서 인간의 마지막 발달 단계를 볼 뿐이다. 이로써 규범에 따른 행위가 발달 단계로서 나름 정당성이 있다는 것을 부정하지 않는다. 다만 그것은 절대적 윤리 관점으로서 인정될 수 없을 뿐이다. 자유로운 정신은 명령만 동기로 느끼지 않고 자신의 자극(직관)에 따라 행위한다는 의미에서 규범을 극복한다.

44.   칸트는 의무에 관해 다음과 같이 말했다. "의무! 고귀하고 위대한 그 이름, 교묘히 환심을 얻어 내는 어떤 사랑스러운 것도 너에게는 어울리지 않으니 너는 오로지 복종만 요구한다." 너는 "법칙을 세우니 …, 모든 경향이 비밀스럽게 한꺼번에 그 법칙에 대항하지 않는다면 결국 그 앞에

서 침묵을 지킨다."**07** 이에 대해 인간은 자유로운 정신의 의식을 근거로 다음과 같이 응수할 것이다. "자유, 상냥하고 인간적인 그대 이름. 내 인간성을 최상으로 존중하는 모든 것, 윤리적으로 사랑받는 모든 것을 그대 품속에 안고 있으니, 누구에게도 나를 시종으로 만들지 않고, 어떤 법칙도 세우지 않는 그대, 억지로 강요된 법칙 앞에서는 누구나 자유롭게 느낄 수 없기 때문에 내 윤리적 사랑 자체를 법칙으로 인식할 때까지 기다려 주는 그대."

45.　　　이것이 바로 법칙에 얽매인 윤리와 자유로운 윤리 사이의 차이다.

46.　　　외적으로 확립된 것에서 구체화된 윤리를 보는 고루한 사람은 자유로운 정신의 소유자를 심지어는 위험하다고 본다. 그런데 그 사람이 그렇게 하는 것은 그의 시야가 특정 시대에 한정되어 있어서일 뿐이다. 그가 한 시대를 넘어서까지 내다볼 수 있다면, 자신과 마찬가지로 자유로운 정신의 소유자도 국가 법률을 위반할 필요가 없을 뿐 아니라 실제로 그것에 저촉하는 상황에도 절대 빠지지 않는다는 사실을 곧바로 깨달을 것이다. 왜냐하면 다른 모든 객관

07　원발행자 이마누엘 칸트,『실질적 이성 비판Kritik der praktischen Vernunft』(1788) 1권 제1부 3장

적 윤리 규범과 마찬가지로 국가 법률 역시 예외 없이 모두 자유로운 정신의 직관에서 생겨났기 때문이다. 과거 한때 조상이 그런 것으로서 규칙을 직관적으로 파악해서 확립하지 않았더라면 가장家長에 의해 집행되지 않을 것이다. 관습적 윤리 규범 역시 특정 인물에 의해 먼저 확립된 것이며, 국가 법률도 그 나라 정치가들의 머리에서 나온 것이다. 특정 인물이 다른 사람들 위에 규범과 법률을 세웠다. 이 원천을 망각하고 규범과 법률을 초인간적 명령으로, 혹은 인간적인 것과 무관하게 객관적, 윤리적 의무 개념으로, 혹은 신비롭게 강요된다고 잘못 생각한 내면의 소리로 만드는 사람만 자유롭지 못하게 된다. 이 원천을 간과하지 않고 인간 내면에서 찾는 사람은 그로써 그도 윤리적 직관을 건져 내는 그 관념 세계의 구성원으로 고려된다. 그는 만일 더 낫다고 확신하는 것이 있다면, 기존의 것을 그것으로 대체하기 위해 노력한다. 기존의 것이 정당해 보이면 마치 자신의 것인 양 그에 맞추어서 행동한다.

47.   인간이 자신과는 거리가 먼 윤리적 세계 질서를 구현하기 위해서 존재한다는 공식이 자리 잡아서는 안 된다. 이렇게 주장하는 사람은 인류학과 관련해 황소가 들이받기 위해 뿔을 지닌다고 믿었던 자연 과학적 입장과 같은 수준

에 있는 것이다. 자연 과학자들은 이런 목적 개념을 죽은 것에 성공적으로 투사해 왔다. 윤리가 이런 것으로부터 자유롭게 되는 것은 굉장히 어렵다. 하지만 황소가 **들이받기 위해** 뿔을 지니는 것이 아니라 뿔이 **있기 때문에** 들이받는 것과 같은 이치로, 윤리 때문에 인간이 존재하는 것이 아니라 인간이 **있기 때문에** 윤리가 존재하는 것이다. 자유로운 인간은 윤리 관념이 있기 때문에 윤리적으로 행동하지, 윤리가 생겨나도록 하기 위해서 행동하는 게 아니다. 윤리적 세계 질서의 전제 조건은 인간 본질에 속하는 윤리적 관념을 지니는 인간 개인이다.

48.   인간 개인은 모든 윤리가 생겨나는 원천이며 생활의 중심점이다. 국가, 사회는 개인 생활에서 불가피한 결과로 생겨났기 때문에 있을 뿐이다. 그렇게 생겨난 국가와 사회가 역으로 개인 생활에 영향을 미친다는 것은 이해할 수 있는 일이다. 이는 뿔이 있기 때문에 황소가 들이받을 수 있게 된 것이고, 장기간 사용하지 않으면 퇴화될 것인데 계속해서 들이받다 보니 더 튼튼하게 발달한 것과 같은 이치다. 이와 마찬가지로 개인은 사회를 벗어나 고립되어 삶을 영위하면 어쩔 수 없이 퇴화될 수밖에 없을 것이다. 바로 그래서 사회 질서가 역으로 개인에게 유리하게 작용하도록 형성된다.

10. 자유의 철학과 일원론

1.   눈에 보이고 손으로 만질 수 있는 것만 실재한다고 여기는 순진한 사람은 윤리 생활에서도 감각으로 지각할 수 있는 동기를 요구한다. 그는 자신이 이해할 수 있는 방식으로 동기를 전달해 주는 존재를 필요로 한다. 자신보다 현명하고 능력이 있다고 생각되는 사람, 혹은 어떤 이유에서 자신 위의 권력자로 인정되는 사람이 그 동기를 규범으로서 명령해 주기를 바란다. 앞 장에서 언급한 가부장적, 국가적, 사회적, 종교적, 신적 권위 등이 그런 식으로 윤리 원칙으로서 생겨난다. 이 선입견에 가장 심하게 사로잡힌 사람은 다른 개인을 믿기도 한다. 이보다 약간 더 진보한 사람은 윤리적으로 어떻게 처신해야 할지 (국가, 사회 등) 다수가 지시해 주기를 바란다. 그런 사람이 근거로 삼는 것

은 언제나 지각이 가능한 권력이다. 그런데 그런 권력자도 근본적으로는 자신과 다름없이 시시한 인간에 불과하다는 확신이 어렴풋이 떠오르면 더 고차적 권력에서, 신적 존재에서 교시를 찾는다. 단, 감각으로 지각할 수 있는 성격으로 그 존재를 치장한다. 자신 윤리 생활의 개념 내용 역시 지각할 수 있는 방식으로 그 존재로부터 전달받고자 한다. 예를 들어 신이 불타는 가시덤불 속에 나타나거나, 생생한 인간 형상을 하고 사람들 사이에 돌아다니면서 해야 할 것과 해서는 안 되는 것을 귀로 들을 수 있게 이야기해 주는 등.

2.   윤리 영역에서 자연적 실재론의 최고 단계는, 윤리 규범(윤리 관념)이 낯선 존재에서 완전히 떨어져 나와 인간 내면에서 절대적 힘으로 가정되어 생각되는 경우다. 인간이 처음에는 신의 음성을 외적으로 들었던 것을 이제는 자신 내면에서 독자적 권력으로 듣고 따르며, 그 내면의 소리가 양심과 동일한 위치에 있다고 말한다.

3.   그런데 그렇게 말함으로써 우리는 이미 순진한 의식 단계를 벗어나 규범으로서의 윤리 법칙이 독립한 영역에 들어선 것이다. 그러면 윤리 법칙은 버팀목을 더 이상 지니지 않고, 그 자체로 실재하는 형이상학적 존재가 된다. 이 윤리 법칙은, 인간 존재가 사고할 때 실재에 대해 지니는 몫

을 통해서 실재를 찾지 않고 체험된 것에 그 실재를 가정으로 부가해 사고하는 형이상학적 실재론의 비가시적-가시적 힘과 유사하다. 초인간적 윤리 규범 역시 언제나 이 형이상학적 실재론의 수반 현상으로서 등장한다. 이 형이상학적 실재론은 윤리의 원천도 초인간적 실재 영역에서 찾는 수밖에 없다. 그렇게 하는 데에는 여러 가지 가능성이 있다. 전제된 존재가 그 자체로는 아무 사고내용도 없고, 물질주의의 존재가 되어야 하는 것처럼 순수한 기계적 법칙에 따라 작용하는 것으로 생각된다면, 그것은 그 자체에 있는 모든 것과 함께 순수하게 기계적인 불가피성을 통해서 그 자체로부터 인간 개인도 생성시킬 것이다. 그렇다면 자유에 대한 의식은 순전히 환상에 불과한 것일 수 있다. 왜냐하면 아무리 내 행위의 창조자는 나라고 간주한다 해도, 내 안에는 나를 구성하는 물질과 그 운동 과정만 작용하기 때문이다. 내가 아무리 자유롭다고 믿어도 내 행위는 결국 모두 내 육체적, 정신적 유기체 근저에 놓인 물질적 과정에서 나온 결과일 뿐이라는 것이다. 이런 생각은 우리가 자유롭다고 느끼는 이유가 우리를 강제하는 동기를 알아보지 못하는 데에 있을 뿐이라 한다. "자유의 느낌은 외적으로 강요하는 동기의 부재에 … 기인한다는 것을 이 지점에서 다시 한번 강조하지 않을 수 없다." "사고와 마찬가지로 우리 행위는 강제된다."(치헨 『생리학적 심리학 입문서』[01] 207쪽)[02]

4.　　　또 다른 가능성은 현상 배후에 박혀 있는 초인간적 절대성을 정신적 존재에서 보는 것이다. 그렇게 하는 사람은 행위를 위한 동인을 그런 정신적 힘에서 찾는다. 그는 자신의 오성에서 발견할 수 있는 윤리 원칙은 인간을 통해 특별한 의도를 실현하려는 정신적 존재에서 흘러나오는 것이라 간주한다. 이 방향의 이원론자에게 윤리 원칙은 절대자가 명령하는 것으로 보인다. 그래서 인간은 절대 존재가 내리는 고귀한 섭리를 오성을 통해 탐지해서 실행해야 할 뿐이다. 이 이원론자에게 윤리적 세계 질서는 그 배후에 존재하는 고차적 질서의 지각 가능한 잔영으로 드러난다. 지구상의 윤리는 초인간적 세계 질서가 드러나는 현상이라는 것이다. 달리 말해 지구상의 윤리 질서에서 주체는 인간이 아니라 그 존재 자체, 그 초인간적 존재인 것이다. 이 생각에 따르면 인간은 그 초인간적 존재가 **원하는 것을 해야 한다**. 에두아르트 폰 하르트만은 그 존재 자체를 신성이라

01　원발행자 이 책 3장 각주02 참조

02　여기에서 '물질주의'가 언급되는 양식과 이 양식의 정당성에 관해서는 이 장 마지막에 덧붙인 '개정판에 즈음한 주석❷' 참조

표상한다. 그는 그 신적 존재의 현존은 곧 고생이라 한다. 에두아르트 폰 하르트만은 그 존재가 세계를 창조한 이유는 바로 이 세상을 통해서 무한한 고통으로부터 구원되기 위해서라고 믿는다. 그러므로 이 철학자는 인류의 윤리적 발달은 신을 구원하기 위해 있는 과정이라고 단정한다. "이성적이고 자의식이 있는 개인들이 윤리적 세계 질서를 구축할 때만 세계 과정은 그 목표에 이를 수 있을 … 것이다." "실재적 현존재는 신성의 현신이며, 세계 과정은 육화된 신의 수난기다. 이와 동시에 산 채로 십자가에 매달린 자를 구원하기 위한 길이다. **그런데 윤리성은 이 고난과 구원의 길을 단축하는 데에 협력하는 것이다.**"(에두아르트 폰 하르트만, 『윤리적 의식의 현상학』 871쪽)[03] 이 관점에서 보면 인간은 자신이 원해서가 아니라 신이 구원되기를 바라기 때문에 행위를 **해야 한다.** 물질주의적 이원론자는 인간을 순수하게 기계적인 법칙성에 따라 작동하는 자동 기계로 만든다. 이와 마찬가지로 영성주의적 이원론자는 (이는 인간이 의식적 체험으로는 전혀 관여하지 못하는 존재 자체, 즉 절대적 존재를 정신적인 것에서 보는 사람을 일컫는다) 인간

---

03 원발행자 에두아르트 폰 하르트만의 『윤리적 의식의 현상학』(이 책 1장 각주05 참조) 871쪽 (2부, C, IV)

을 그 절대적 존재의 의지를 실행해야 하는 노예로 만든다. 자유는 물질주의와 마찬가지로 일방적 영성주의에도 있을 수 없다. 그러니 진정한 실재로서 초인간적인 것을 암시하는 해도 그 진정한 실재를 체험하지는 않는 형이상학적 실재론에서 자유가 배제된다는 것은 언급할 가치조차 없다.

5.   자연적 실재론뿐만 아니라 형이상학적 실재론도 일관성이 있다면 인간에게서 불가피하게 강제된 원칙의 집행자 혹은 실행자만 본다는 같은 이유로 자유를 부정할 수밖에 없다. 자연적 실재론자는 권위에 복종하기 때문에, 더 정확히 말해 그가 지각할 수 있는 권위에, 혹은 지각을 본보기로 삼아 생각해 낸 존재의 권위에, 혹은 이른바 '양심'이라 **해석한** 추상적, 내적 소리에 복종하기 때문에 자유를 말살한다. 초인간적인 것을 추론하는 형이상학적 실재론자 역시 자유를 인정하지 못한다. 왜냐하면 그는 인간이 '존재 그 자체'에 의해 기계적 혹은 도덕적으로 규정되도록 두기 때문이다.

6.   **일원론**은 자연적 실재론의 부분적 정당성을 인정하는 수밖에 없다. 왜냐하면 이 실재론은 지각 세계의 정당성을 인정하기 때문이다. 직관을 통해 윤리 관념을 생성시킬 능력이 없는 사람은 다른 사람에게서 그것을 받아야 한다.

인간은 윤리 원칙을 외부에서 받아들이는 한 실제로 자유롭지 못하다. 하지만 일원론은 관념도 지각과 동등한 가치가 있다고 본다. 단, 관념은 인간 개인에서 현상으로 드러날 수 있다. 관념에서 나온 동인을 따르는 한 인간은 자유롭다고 느낀다. 그러나 일원론이 단순하게 추론된 형이상학에 정당성이 있다고 보는 것은 절대 아니다. 결론적으로 이른바 '존재 자체'라 하는 것에 기인하는 동인 역시 부정한다. 일원론적 이해에 따르면 인간은 지각 가능한 외적 강요를 따르는 한 자유롭지 못한 상태에서 행동하는 것이다. 달리 말해 인간은 오로지 자신을 따를 때만 자유롭게 행위를 하는 것이다. 일원론은 지각과 개념 배후에 있는 무의식적 강요를 절대 인정할 수 없다. 타인의 행위가 **자유롭지 못한** 상태에서 이루어졌다고 주장하려면, 그 행위를 하도록 만든 어떤 대상이나 인간, 현상을 지각 가능한 세계 내부에서 증명해야만 한다. 그렇게 주장하는 사람이 감각적, 정신적 실재 세계 외부에서 행위의 원인을 증명한다면, 일원론은 그런 주장을 절대 받아들일 수 없다.

7.   일원론의 이해에 따르면 인간은 부분적으로는 자유롭게, 부분적으로는 자유롭지 않은 상태에서 행동한다. 인간은 지각 세계 내부에서 자유롭지 못한 존재로 살아가며,

자신 내면에서 **자유로운** 정신을 실현한다.

8.　　　단순하게 추론하는 형이상학자가 고차적 권위에서 나오는 것이라 생각할 수밖에 없는 윤리 규범이 일원론을 신봉하는 사람에게는 **인간의 사고내용**이다. 일원론자에게 윤리적 세계 질서는 순수하게 기계적인 자연 질서의 모조도, 초인간적 세계 질서의 모조도 아니다. 그것은 자유로운 인간이 작업해 내는 것이다. 인간이 이 세상에서 관철해야 할 것은 외부에 있는 어떤 존재의 의지가 아니라 인간 자신의 의지다. 다른 존재의 섭리나 의도가 아니라 인간 자신의 결정과 의도를 실현해야 한다. 일원론은 인간에게 낯선 존재면서도 인간을 그 뜻대로 규정하는 세계 섭리자의 목표가 인간 행위 배후에 있다고 보지 않는다. 인간이 직관적 관념을 실현하는 한 그 자신의 **인간적** 목표를 추구하는 것이라고 본다. 더 정확히 말해 각 개인이 자신의 특별한 목표를 추구한다. 왜냐하면 관념 세계는 사람들로 이루어진 공동체가 아니라 오로지 인간 개인 내면에서 펼쳐질 수 있기 때문이다. 사회 전체의 공동 목표로 드러나는 것은 개인들의 개별적 의지 활동에서 나오는 결과일 뿐이다. 그리고 자세히 들여다보면, 이 개인들 대부분은 한 사회에서 사람들이 권위자로 생각하고 따르는 선별된 소수에 해당한다. 모

든 장미 씨앗이 장미가 될 소인을 가지고 있듯이 인간 각자
는 **자유로운 정신이 될** 천부적 사명을 타고난다.

9.　　　그러므로 일원론은 참된 윤리적 행위 영역에서 **자유
의 철학**이다. 일원론은 실재 철학이기 때문에 순진한 사람
이 정말로 있다고 믿는 물질적인 것과 역사상 사건을 (즉
순진한-실재를) 인정하는 바로 그만큼 자유로운 정신을
형이상학적, 비실재적으로 제한하는 것을 거부한다. 일원
론은 인생에서 매 순간 그 모든 존재를 온전히 펼쳐 내는
완성된 결과물이 인간이라고 여기지 않기 때문에, 그 자체
그대로의 인간이 **자유로운지 그렇지 않은지** 논쟁하는 것은
가치가 전혀 없다는 의견이다. 일원론은 인간 내면에서 스
스로 발달하는 존재를 주시하며, 이 발달 경로에서 자유로
운 정신의 단계에도 도달할 수 있는지 물어본다.

10.　　　일원론은 자연이 인간을 품에서 내보낼 때 자유로운
정신으로 완벽하게 만들지 않았다는 것을 알고 있다. 자연
은 인간을 특정 단계까지만 이끌어 갈 뿐이다. 자유롭지 못
한 존재로서 인간이 스스로 그 단계를 벗어나 계속 발달해
서 자신을 발견하는 지점까지 간다.

11.　　　일원론은 물리적 혹은 도덕적 강요하에 행동하는 존
재가 참된 의미에서 윤리적일 수 없다는 사실을 분명하게

알고 있다. (타고난 성향과 본능에 따른) 자동적 행위와 (윤리 규범에 따른) 순종적 행위를 통과하는 과도기는 윤리의 불가피한 전 단계라 고찰한다. 하지만 자유로운 정신을 통해 그 두 가지 과도적 단계를 극복할 가능성도 알고 있다. 일원론은 순진한 윤리 원칙의 세계 내적 족쇄로부터, 사변적 형이상학자의 세계 외적 윤리 원칙으로부터 진정한 윤리적 세계관을 해방 시킨다. 일원론은 지각을 세계에서 제거할 수 없듯이 전자를 세계에서 제거할 수 없다. 일원론은 세계 현상을 밝히는 모든 원칙을 세계 내부에서 찾지 외부에서는 절대 찾지 않기 때문에 후자를 거부한다. 일원론은 인간을 위한 다른 인식 원칙이 외부에 있다고 단순히 생각하는 것조차 거부한다.(7장 30문단 이하 참조) 이와 마찬가지로 인간을 위한 다른 윤리 원칙이 외부에 있다는 생각 역시 단호히 거부한다. 인간 인식과 마찬가지로 인간 윤리 역시 인간 천성을 통해 전제된다. 그리고 다른 존재가 우리와 완전히 다르게 인식을 이해하는 것처럼, 그들에게는 우리와 다른 윤리가 있을 것이다. 일원론을 추종하는 사람에게 윤리는 고유한 인간 특성이고, **자유**는 윤리적으로 존재하기 위한 인간적 형태다.

12.   앞선 두 장에서 설명한 내용을 조망하기 어려운 이유는 읽는 사람이 모순을 직면하고 있다고 믿기 때문이다. 한 편으로는 모든 인간 의식을 위해 똑같이 타당한 보편적 의미가 있다고 느껴지는 사고의 체험에 관해 이야기한다. 다른 한편으로는 윤리 생활에서 실현되어야 하고 사고를 통해 작업해 내야 하는 관념과 같은 양식인 관념이 모든 인간 의식 속에서 개인적 방식으로 펼쳐진다는 사실을 가리킨다. 이렇게 대립시킨 것을 마주 대해 '모순'에 머물러 있도록 내몰린다는 느낌만 있고, **실제로 존재하는** 이 대립의 **생생한 관조에서** 인간 존재의 한 조각이 그 모습을 드러낸다는 것을 알아보지 않는 사람에게는 인식의 관념도, 자유의 관념도 올바른 조명 속에 드러날 수 없을 것이다. 단순하게 감각 세계에서 벗겨 낸 것(추상화한 것)을 자신의 개념으로 여기고, 직관에 그 정당성을 부여하지 않으려는 의견인 사람을 위해서는 이 책에서 한 가지 실재를 위해 이용한 사고 내용이 '단순한 모순'으로 머물고 만다. 그 자체에 근거하는 실재적인 것으로서 관념이 어떻게 직관적으로 **체험되는지**, 이것을 간파하는 통찰력이 있다면, 인간이 **인식하는 동**

안 관념 세계 범주 내부에서 모든 사람에게 똑같이 해당하는 단일성에 익숙해진다는 것을 분명하게 알아본다. 그러나 그 관념 세계에서 인간이 자신의 의지 활동을 위한 직관을 차용한 다음에는, 그가 인식할 때 정신적-관념적 과정에서 보편적-인간적인 것으로서 펼쳐 내는 **바로 그 활동을 통해** 관념 세계의 한 부분을 개인화 한다는 사실 역시 명확해진다. 논리적 모순으로 드러나는 것은 인식-관념의 보편적 양식과 윤리-관념의 개인적 양식이다. 하지만 이 모순은 **있는 그대로의 실재에서** 관조되는 즉시 생동하는 개념으로 바뀐다. **인간 내면에서** 직관적으로 파악해야 하는 것이 보편적으로 타당한 인식과 이 보편적인 것의 개인적 체험 사이에서 진자 운동하듯 활발하게 왔다갔다하는 데에 인간 존재의 특성이 놓여 있다. 이 진자 운동 한쪽을 그 실재에 있어서 간파할 수 없는 사람에게는 사고가 인간의 주관적 활동으로 머물 뿐이다. 다른 쪽을 파악하지 못하는 사람에게는 인간 활동을 포함한 모든 개인 생활이 사고 속에서 소실되는 것으로 보인다. 첫 번째에 해당하는 사상가에게는 인식이, 두 번째에 해당하는 사상가에게는 윤리 생활이 불가사의한 수수께끼로 남는다. 양자 모두 사고의 체험성을 사실상 전혀 인정하지 않거나, 사고를 단순히 추상하

는 활동으로 오인하기 때문에 인식 혹은 윤리 생활을 해명
하기 위해 온갖 부적절한 표상을 가르친다.

개정판에 즈음한 주석 **❷**

13.　　　이 장 3문단에서 물질주의에 관해 이야기했다. 나는
이미 거명한 테오도르 치헨처럼 자신을 물질주의자라고
칭하지 않는 사상가들이 있다는 것을 잘 알고 있다. 그럼에
도 불구하고 이 책에서 정당화된 관점에서 보면 그런 사상
가도 물질주의자로 불리어야 한다. 중점은 어떤 사람이 자
신은 세상을 물질적 현존으로 완결된 것으로 여기지 않으
니 물질주의자가 아니라고 하는 데에 있지 않다. 중점은 그
렇게 말하는 사람이 오로지 물질적 현존에만 적용할 수 있
는 개념을 발달시키는 것은 아닌가 하는 것이다. "우리의
행위는 우리의 사고처럼 강요된다."라고 말하는 사람은 오
로지 물질적 과정에만 적용할 수 있지 행위나 현존에는 적
용할 수 없는 개념을 제시한 것이다. 그 사람이 자신의 개념
을 끝까지 생각한다면 어쩔 수 없이 물질주의적으로 생각
할 수밖에 없다. 그가 그렇게 하지 않는 것은 대부분의 경우

끝까지 실행하지 않은 사고의 결과인 비일관성에 기인할 뿐이다. 19세기 물질주의가 학문적으로 무시당한다는 말이 요즘 들어 자주 들린다. 사실은 전혀 그렇지 않다. 오늘날에는 오로지 물질에만 접근 가능한 관념 외에 다른 것은 전혀 없다는 사실을 사람들이 알아차리지 못할 뿐이다. 그로 인해 물질주의가 지난 19세기 후반에는 당당하게 공개적으로 그 모습을 드러냈던 반면에 지금은 교묘하게 은폐되어 있다. 이렇게 은폐된 물질주의가 정신적으로 세계를 파악하려는 의견에 대해 공식적으로 물질주의라 실토한 지난 세기 물질주의에 비해 덜 관용적인 것은 아니다. 오늘날 물질주의는 자연 과학이 '이미 오래 전에 물질주의를 떠났으니' 정신적인 것을 지향하는 세계관을 거부해도 된다고 믿는 사람들을 기만하는 것일 뿐이다.

11. 세계 목적과 인생 목적(인간의 규정)

1.   인류 정신생활의 수많은 사조 중에서 목적 개념이 속하지 않는 영역에서 그 개념의 극복이라 명명될 수 있는 사조를 추적해 봐야 한다. **합목적성**은 현상들이 특정 양식으로 이어지는 것을 일컫는다. 합목적성은 앞선 사건이 나중의 사건을 규정하는 인과 관계와는 반대로 나중의 사건이 앞선 사건에 결정적으로 작용하는 경우에만 정말로 현실이 된다. 이런 것은 일단 인간 행위에만 있다. 인간은 **사전에** 표상한 행위를 실행하고, 이 표상에 의해 행위를 하도록 규정된다. 나중에 일어난 것, 즉 행위가 표상의 도움으로 그 이전의 것에, 즉 행위하는 인간에게 작용한다. 그런데 표상을 통한 이 우회로는 합목적적 연관성에 전적으로 불가피한 것이다.

2.　　　원인과 결과로 분리되는 과정에서는 개념에서 지각을 구분해야 한다. 원인의 지각이 결과의 지각에 앞선다. 그래서 우리가 적절한 개념을 통해서 서로 연결시킬 수 없다면, 원인과 결과는 우리 의식 속에 단순히 병렬된 상태로 머문다. 결과의 지각은 언제나 오직 원인의 지각에 이어질 수 있을 뿐이다. 결과가 원인에 실제로 영향을 미쳐야 한다면, 그것은 오로지 개념적 요소를 통해서만 가능하다. 왜냐하면 결과의 지각 요소는 원인의 지각 요소 이전에 절대 존재할 수 없기 때문이다. 꽃이 뿌리의 목표라고, 그러니까 꽃이 뿌리에 영향을 미친다고 주장하는 사람은 사고를 통해 꽃에서 확인한 요소를 근거로 할 때만 그렇게 주장할 수 있다. 꽃의 지각 요소는 뿌리가 생겨난 시간에는 전혀 존재하지 않는다. 하지만 합목적적 연관성에서는 이전에 생긴 것과 나중에 생긴 것 사이에 관념적, 법칙적 연관성은 당연히 필수적이고, 결과의 개념(법칙)이 지각 가능한 과정을 통해 원인에 정말로 영향을 미쳐야만 한다. 그런데 개념으로부터 다른 어떤 것에 미치는, 지각 가능한 영향은 오직 인간 행위에서 관찰될 수 있을 뿐이다. 그러므로 오직 인간 행위에만 목적 개념을 적용할 수 있다. 지각 가능한 것만 인정하는 순진한 의식의 소유자는 ㅡ우리가 이미 여러 차례 보

았듯이— 단지 관념적인 것만 알아볼 수 있는 곳에 지각할 수 있는 것을 집어넣으려고 한다. 그는 지각할 수 있는 사건에서는 지각할 수 있는 연관성을 찾고, 그것을 발견하지 못하면 **공상으로** 만들어 집어넣는다. 주관적 행위에서 정당한 목적 개념은 그렇게 공상된 연관성을 위해 적절한 요소다. 순진한 사람은 자신이 어떤 일을 어떻게 완수하는지 알고 있으며, 이에서 자연도 그와 똑같이 할 것이라고 추정한다. 그는 순수하게 관념적인 자연 연관성에서 비가시적 힘뿐만 아니라 지각 불가능한 실재적 목적도 본다. 인간은 자신의 작업 도구를 합목적적으로 만든다. 바로 이 처방전에 따라 자연적 실재론자는 창조주한테 유기체를 만들어 내도록 시킨다. 이 잘못된 목적 개념이 학문에서 사라지는 속도는 굉장히 느리다. 그것은 오늘날 철학에서도 상당히 사악한 행패를 부리고 있다. 철학은 아직도 세계의 초세계적 목적, 인간의 초인간적 규정(따라서 초인간적 목적 역시) 등에 대해 질문한다.

3.   일원론은 인간 행위만 유일한 예외로 하고 모든 영역에서 목적 개념을 거부한다. 일원론은 자연 법칙을 찾지 자연 목적을 찾지 않는다. **자연 목적**은 지각 불가능한 힘과 똑같이 임의적 가정이다.(7장 20문단 이하 참조) 하지만 인간

이 스스로 정하지 않은 인생 목적 역시 일원론의 관점에서
는 부당한 가정이다. 합목적적인 것은 먼저 인간이 그렇게
되도록 만들어야 한다. 왜냐하면 관념의 실현을 통해서만
합목적적인 것이 생겨나기 때문이다. 하지만 관념은 오로
지 인간 내면에서만 실재적 의미에서 효과를 보인다. 그렇
기 때문에 인간의 삶에는 인간이 스스로 부여하는 목적과
규정만 있을 뿐이다. "인생에 어떤 과제가 있는가?" 하는 질
문에 일원론은 다음과 같이 대답할 수 있을 뿐이다. "인간이
자신에게 스스로 부여한 과제." 세상에서 내 소명은 사전에
규정된 것이 절대 아니다. 내 소명은 상황에 따라 내가 선택
하는 것이다. 나는 정해진 임무를 가지고 인생길에 들어서
지 않았다는 말이다.

4.   관념은 오로지 인간을 통해서만 합목적적으로 실현
된다. 그러므로 역사를 통해 구체화되는 관념에 관해 말하
는 것은 부적당하다. "자유를 향한 인류 발달이 곧 역사다."
혹은 "윤리적 세계 질서의 실현" 등과 같은 모든 관용구[01]

---

01 헤겔의 『역사 철학에 관한 강의Vorlesung über die Philosophie der
     Geschichte』(게오르크 빌헬름 프리드리히 헤겔 후원자 협회 전집) 총 9권,
     제3판, 에두아르트 간스Eduard Gans 박사 발행본(베를린, 1848) 24쪽
     (서문)과 546쪽(마침말) 이하의 내용을 자유롭게 인용함. 이와 같은
     문맥에서 루돌프 슈타이너는 실러를 각별히 고려한 『괴테 세계관의

는 일원론적 관점에서 보아 지지될 수 없다.

5.　　　목적 개념의 추종자는 그 개념과 더불어 동시에 모든 세계 질서와 단일성을 포기해야 한다고 믿는다. 예를 들어서 로베르트 하멜링의 생각을 한번 들어보자.(『의지의 원자론』 제2권 201쪽)**02** "자연 속에 **본능**이 존재하는 한 그 **목적**을 부정하는 것은 우둔한 짓이다.

6.　　　인간 육체 한 **부분**의 형태는 공중에 떠도는 **관념**을 통해서가 아니라 더 큰 전체, 즉 그 부분이 속하는 육체와의 연관성을 통해서 규정되고 전제된다. 이와 마찬가지로 식물이든 동물이든 인간이든 모든 자연 존재의 형태는 공중에 떠도는 각각의 **관념**을 통해서가 아니라 자연이라는 더

인식론적 기본 노선들Grundlinien einer Erkenntnistheorie der Goetheschen Weltanschauung』(GA2) 제19장 128쪽에서 요한 고틀리프 헤르더Johann Gottlieb Herder의 역사관도 비판한다.

"우리의 인식학은 인류가 완성의 낮은 단계에서 높은 단계로 교육된다는 등 역사에 목표를 전가하는 것을 완전히 배제한다. 마찬가지로 헤르더가 『인류사의 철학에 관한 사유Ideen zur Philosophie der Geschickte der Menschheit』에서 다루듯이 역사의 사건을 자연 사실처럼 원인과 결과의 순서에 따라 서술하고자 한다면, 우리 견해로는 오류로 드러난다."

02 로베르트 하멜링의 『의지의 원자론, 현대 인식 비판을 위한 기고문Die Atomistik des Willens, Beiträge zur Kritik der modernen Erkenntnis』 총 2권(함부르크, 1891) 제2권 191쪽과 201쪽

큰 전체를 통해서, 달리 말해 합목적적으로 전개되고 형상
화되는 전체를 통해서 규정되고 전제된다." 이 책 191쪽에
는 다음과 같이 쓰여 있다. "목적 이론은 피조물이 겪는 수
많은 불편함과 고통에도 불구하고 고차적 합목적성과 계
획성이 자연 발달과 형성 속에 오인할 여지없이 존재한다
는 사실만 주장할 뿐이다. 그런데 여기에서 합목적성과 계
획성이란 오로지 자연 법칙 내부에서만 실현되는 것이며,
삶의 건너편에 어떤 죽음도, 생성의 건너편에 많든 적든 불
쾌한데다 심지어 피할 수 없는 중간 단계를 수반하는 소멸
도 없는 천국을 겨냥하지 못하는 것이다.

7.　　목적 개념을 거부하는 자가 자연이 모든 영역에서 보
여 주는 것과 같은 합목적성의 기적에서 세계 비합목적성
을 쓰레기로 간신히 끌어모아 대치시키는 것을 보면, 그것
이 비합목적성의 절반인지 전부인지, 오인한 것인지 실재
인지는 막론하고 그저 익살스럽게 보일 뿐이다."

8.　　여기에서 무엇을 합목적성이라 부르는가? 전체에 대
한 지각의 조화. 그런데 모든 지각에는 우리가 사고를 통
해서 발견하는 법칙(관념)이 근거로 놓여 있다. 그러므로
한 가지 지각 전체에서 각 부분이 계획적으로 조화를 이룬
다 함은 이 지각 전체에 들어 있는 각 부분이 한 가지 관념

전체 속에서 관념적 조화를 이루고 있다는 것이다. 동물이나 인간이 **공중에 떠도는 관념을 통해서** 규정되지 않는다고 말한다면, 이는 왜곡된 표현이다. 유죄 선고를 받은 것이나 마찬가지인 이 의견은 그 왜곡된 표현을 정정하면 저절로 허무맹랑한 성격이 사라진다. 물론 동물은 공중에 떠도는 관념을 통해서 규정되지 않는다. 하지만 그 법칙적 본질을 형성하는, 타고난 관념을 통해서는 규정된다. 이와 같이 관념은 존재의 외부가 아니라 내부에서 본질로 작용하기 때문에 목적 개념에 관해 말할 수 없는 것이다. 자연 존재가 외부에서 규정된다는 것을 (공중에 떠도는 관념을 통해서든, 피조물 **외부에** 있는 세계 창조주의 정신 속 존재를 통해서든 아무 상관이 없다) 부정하는 바로 그 사람은 자연 존재가 외부로부터 합목적적이고 계획적으로 규정되지 않고 내부로부터 인과적, 법칙적으로 규정된다는 것을 인정하는 수밖에 없다. 예를 들어서 내가 어떤 기계를 조립한다고 하자. 그러면 그것에 원래는 없는 연관성에 따라 부속을 조립해야 합목적적인 기계가 나온다. 설비에서 이 합목적성이 생겨난 것은 내가 기계의 작용 방식을 그것의 관념으로서 조립 근거로 삼았기 때문이다. 그로써 기계는 해당 관념과 함께 지각 객체가 된 것이다. 바로 이와 같은 것이 자연 존재다. 어떤 대상이 법칙적으로 형성되어 있기 때문에 그것을 합목적적이라 부르는 사람은 자연 존재에도 그 표현을 써야 한다. 다만 자연 존재의 법칙성을 인간의 주관적 행위와 혼동하지 말아야 할 뿐이다. 목적을 위해 반드시 필요한 것은 다름 아니라 개념이, 더 정확히 말해 효과의 개념이 작용하는 원인으로 있어야 한다는 것이다. 그런데 자연에서는 어디에서도 원인으로서의 개념을 증명할 수 없다. 자연에서 개념은 언제나 원인과 효과의 관념적 연결로 증명될 뿐이다. 자연에서 원인은 오직 지각의 형태로만 존재한다.

9.   이원론은 세계 목적과 자연 목적에 관해 말할 수 있다. 우리의 지각을 위해 원인과 결과가 법칙적으로 연결된 것으로 드러나는 곳, 그곳에서 이원론은 절대적 세계 존재가 그 목적을 실현한 연관성의 서투른 모방만 우리가 본다고 가정할 수 있다. 일원론을 위해서는, 체험할 수 없고 단지 가정으로 추정될 뿐인 절대적 세계 존재와 더불어 세계 목적과 자연 목적을 가정해야 할 이유도 없어진다.

10.　　　여기에 설명한 것을 편견 없이 숙고한다면, 인간 행
위 외부에 놓인 모든 것을 ―그리고 결국 이 행위 자체도―
단지 자연 사건**으로만** 파악하기 위한 가능성을 목적 개념
의 포기를 통해서 만들어 내려는 사상가와 인간 외적 사실
을 위한 목적 개념을 거부하는 필자가 같은 지반에 서 있다
는 생각은 할 수 없을 것이다. 이 책에서 사고 과정이 순수
하게 정신적인 것으로 설명된다는 상황 자체가 이미 그런
의견을 방어한다. 비록 여기에서 인간 행위 외부에 놓인 **정
신적** 세계를 위한 목적 사상이 거부된다 해도, 인간 내면에
서 실현되는 목적보다 **더 고차적인 것**이 그 세상에서 현현
하기 때문에 결과적으로 그것이 일어난다. 그리고 인간적
합목적성의 모범에 따라 생각된 인류의 합목적적 규정이
잘못된 생각에서 나온 것이라고 말한다면, 이는 개별 인간
이 스스로 목적을 정하고, 인류의 전체적 효력의 결과가 바
로 그 목적으로 이루어진다는 것을 의미한다. 그러면 이 결
과는 각 부분, 즉 개별 인간의 목적보다 **더 고차적인 것이다.**

12. 도덕적 구상력[01](다원주의와 윤리)

1.　　　**자유로운 정신**은 자신의 자극에 따라 행동한다. 여기서 자극이란 자신의 관념 세계 전체에서 사고를 통해 선택한 직관을 의미한다. **자유롭지 못한 정신**은 행위의 근거로 삼기 위해 관념 세계에서 특정 직관을 골라내는 이유가 그에게 주어진 지각 세계 내부에, 즉 지금까지 해 온 체험에 있다. 그는 결정을 내리기 전에 현재 상황과 유사한 경우에 다른 사람은 어떻게 했는지, 어떻게 해야 잘 하는 것인지, 혹은 신은 어떤 명령을 내릴지 등을 생각하고, 그에 따라 행위 한다. 이런 전제 조건 중 어떤 것도 자유로운 정신을 위

---

[01] 옮긴이 여기에 쓰인 독일어 Phantasie는 상상이나 공상, 환상만 아니라 '정신적 창조력'이라는 의미도 있고, 직관을 행위의 동기로 삼아 구현하는 과정이 예술가가 작업을 구상해서 구체화하는 것과 대단히 유사하기 때문에 '구상력'이라 번역했다.

해서는 행위의 동인이 되지 않는다. 그는 완전히 **최초의** 결정을 내린다. 그렇게 결정을 내리면서 다른 사람은 어떻게 했는지, 무엇이 그렇게 하도록 명령을 내렸는지 등은 전혀 신경 쓰지 않는다. 그에게는 순수하게 관념적인 근거가 있고, 이 근거가 그의 개념 총계에서 특정한 한 가지를 선택해 행위로 옮기도록 하는 동인이 된다. 그런데 그의 행위는 지각 가능한 실재에 속하게 된다. 그가 완수한 것이 특정 지각 내용과 완전히 일치하게 된다는 말이다. 개념은 구체적인 개별 사건으로 실현되어야 한다. 그것은 개념으로서는 개별 사례를 내포할 수 없다. 개념이 구체적 사례와 관계하는 것은, 예를 들어서 구체적 사자 한 마리에 대한 사자의 개념처럼 하나의 개념이 한 가지 지각과 관계하는 방식으로만 이루어진다. 개념과 지각 사이의 연결고리는 **표상**이다.(6장 4문단 이하 참조) 자유롭지 못한 정신에는 이 연결고리가 처음부터 주어진다. 처음부터 동기가 표상으로 그의 의식 속에 있다. 어떤 일을 실행하고자 할 때 자유롭지 못한 정신은 과거 언젠가 이미 보아서 알고 있는 대로, 혹은 각 상황에서 명령받은 대로 한다. 이런 까닭에 권위가 자유롭지 못한 의식에 최상으로 작용하는 경우는 **예시**를 전달할 때, 달리 말해 완전히 특정한 개별 행위를 전달할 때다.

기독교인은 구세주의 가르침보다는 구세주의 **본보기**에 따라 행위 한다. 규칙은 특정 행위를 금지하는 데 더 큰 가치가 있고, 긍정적 행위를 권장하는 데에는 별 가치가 없다. 법률은 어떤 행위를 해야 하는 경우가 아니라 금지하는 경우에만 일반적 개념 형태로 제정된다. 만일 해야 할 의무에 대한 법률을 제정해야 한다면, 자유롭지 못한 정신을 위해 완전히 구체적인 형태로 제시해야 한다. 예를 들어서 "너희 집 대문 앞 거리를 청소하라!" 혹은 "세관 모씨한테 세금 특정 액을 지불하라!"는 등으로. "도둑질을 하지 말라!" "간통하지 말라!" 등 행위를 금지하는 개념 형태가 법률에 있다. 그런데 이런 것도 자유롭지 못한 정신에 효과를 보이려면 역시 구체적 표상을 알려 주어야 한다. 예를 들어 적정 형량, 혹은 양심의 가책, 혹은 영원한 지옥 등에 대한 표상이 그것이다.

2. 행위의 동인이 일반적 개념 형태로 (예를 들어서 "네 이웃에게 선을 베풀어야 한다." 혹은 "네 건강을 최상으로 유지하면서 살아야 한다." 등) 주어지는 즉시 각각의 모든 사례에서 먼저 행위에 대한 구체적 표상이 (한 가지 지각 내용에 대한 개념의 관계가) 발견되어야 한다. 이렇게 개념을 표상으로 전환하는 것은 모범 사례나 체벌에 대한 공포

심 등에 절대 쫓기지 않는 자유로운 정신의 경우 언제나 필수적이다.

3. 　　　인간은 일단 구상력을 통해 자신의 관념 총계로부터 구체적 표상을 만들어 낸다. 그러므로 자유로운 정신이 자신의 의도를 관철시키고 자신의 관념을 실현하기 위해 필요한 것은 **도덕적 구상력**이다. 이것은 자유로운 정신의 행위를 위한 원천이다. 이런 까닭에 도덕적 구상력이 있는 사람만 실제로 윤리적으로 생산적이다. 단순한 도덕 설교자들, 달리 말해 윤리 규범을 생각해 내기는 해도 그것을 구체적 표상으로 압축시킬 능력이 없는 사람은 도덕적으로 비생산적이다. 이런 사람은 예술 작품이 어떤 형태를 띠어야 하는지에 관해서는 장광설을 늘어놓지만, 막상 작품을 만들라고 하면 아무것도 하지 못하는 예술 비평가와 똑같다.

4. 　　　도덕적 구상력은 그 표상의 실현을 위해 특정 지각 영역에 반드시 개입해야 한다. 인간 행위는 새로운 지각을 만들어 내지 않는다. 이미 존재하는 지각을 변화시키고 그것에 새로운 형태를 새겨 넣는다. 특정 지각 객체 혹은 그것들의 합을 한 가지 도덕적 표상에 맞추어서 변형시킬 수 있으려면, 그 지각 형상의 법칙적 내용(새로운 형태로 바꾸거나 새로운 방향을 부여하고자 할 때 지금까지 사람이 작

용한 방식)을 파악해서 알고 있어야 한다. 더 나아가 이 기존 법칙성을 새로운 것으로 변화시킬 방법도 반드시 발견해야 한다. 도덕적 효력의 이 부분은 해당 사항이 있는 현상 세계에 대한 앎에 근거한다. 이 부분은 학문적 인식의 한 분야에서 찾아야 한다. 그러므로 도덕적 행위는 도덕적 관념 능력[02]과 도덕적 구상력 외에도 지각 세계를 그 자연 법칙적 연관성을 깨트리지 않으면서 변형시키는 능력을 전제한다. 이 능력은 **도덕적 기술**이다. 누구나 학문을 배울 수 있는 것과 같은 의미에서 도덕적 기술도 배울 수 있다. 일반적으로 인간은 구상력을 동원해 아직 존재하지 않는 미래의 행위를 생산적으로 결정하기보다는 이미 완성된 세계에 대한 개념을 발견하는 데에 더 적절하다. 그래서 도덕적 구상력이 없는 사람이 타인으로부터 도덕적 표상을 받아들여서 요령 있게 현실에 심어 넣는 게 상당히 가능한 일이다. 이와 반대되는 경우도 있을 수 있다. 그러니까 도덕적 구상력은 있지만 기술적 요령이 없는 사람이 자신의 표상을 실현하기 위해 다른 사람한테 도움을 받는 것이다.

---

02 피상적 성격의 사람만 이 책 여기저기에서 쓰인 '능력'이라는 단어에서 기존 심리학이 가르치는 영혼 능력으로 되돌아간다고 생각할 것이다. 이 단어의 정확한 의미는 이 책 5장 24문단 이하에서 설명된 연관성에서 제시하고 있다.

5.   우리 행위 영역 내부에 존재하는 객체에 관한 지식이 도덕적 행위에 필수적인 한에서 우리 행위는 그 지식을 근거로 한다. 여기서 고려되는 것은 **자연 법칙**이다. 이 경우 우리는 윤리학이 아니라 자연 과학과 관계한다.

6.   도덕적 구상력과 도덕적 관념 능력은 일단 개인에 의해 창출된 **다음에** 비로소 지식의 대상이 될 수 있다. 그런데 일단 지식의 대상이 되고 나면 더 이상 인간 생활을 조절하지 않는다. 왜냐하면 이미 조절했기 때문이다. 도덕적 구상력과 관념 능력은 다른 모든 것과 마찬가지로 작용하는 원인으로 이해해야 한다.(그것들이 목적이 되는 것은 오로지 주체를 위해서일 뿐이다) 우리는 **도덕적 표상의 자연론**으로서 그것들을 다룬다.

7.   이 외에 규범학으로서의 윤리학은 주어질 수 없다.

8.   사람들은 일단 유기체의 생존 조건에서 일반 규칙을 도출해 낸 다음에 이것을 근거로 육체에 특별히 영향을 미치는 식이 요법의 의미에서 윤리학을 파악함으로써 적어도 도덕적 법칙의 규범적 성격을 유지하고자 했다.(파울젠, 『윤리 체계』[03]) 이런 식의 비교는 잘못된 것이다. 왜냐하면

---

03 원발행자 프리드리히 파울젠Friedrich Paulsen(1846~1908)_ 독일 철학자, 교육자.『국가론과 사회론 개요를 수반하는 윤리 체계System der Ethik,

인간의 도덕 생활은 유기체의 생존과 비교할 수 없기 때문이다. 유기체의 효능은 우리가 관여하지 않아도 존재한다. 이는, 그 법칙이 이미 완성된 상태로 이 세상에 존재하기 때문에 우리가 찾으면 발견할 수 있고, 또한 발견한 그대로 적용할 수 있다는 것을 의미한다. 이에 반해 도덕적 법칙은 우리가 먼저 **창출해야 한다.** 우리가 창출하기 전에는 적용할 수 없는 것이 도덕적 법칙이다. 도덕적 법칙이 매 순간 새롭게 내용적으로 창출되지 않고 계속해서 전승되기 때문에 오류가 생겨난다. 그러면 조상으로부터 물려받은 도덕이 유기체의 자연 법칙처럼 그냥 주어진 것으로 드러난다. 그럼에도 전승된 도덕은 식이 요법과 같은 정당성으로 후대에 적용되지는 않는다. 왜냐하면 도덕은 개인에 관한 문제지 자연 법칙처럼 종의 한 표본에 관한 문제가 아니기 때문이다. 물론 나는 유기체로서 종에 속하는 표본 중 하나다. 그리고 내가 나의 특별한 사례에 종의 자연 법칙을 적용한다면, 나는 자연에 맞추어서 살게 된다. 하지만 윤리적 존재로서 나는 개인이고, 전적으로 나 자신만의 법칙을 가

---

mit einem Umriss der Staats- und Gesellschaftslehre』 제1판 (베를린, 1889)

지고 있다.[04]

9.　　　이 책에서 제시된 의견이 이른바 **진화론**이라 불리는
현대 자연 과학의 기초 학문에 모순되는 듯이 보인다. 하지
만 그렇게 **보일** 뿐이다. **진화**란 자연 법칙적 과정에서 나중
의 것이 이전의 것에서 **실제로** 생성되는 것을 일컫는다. 오
늘날 사람들이 유기적 세계의 진화라는 말을 들을 때 보통
떠올리는 상태는, 이전의 (덜 완벽한) 유기적 형태에서 나
중의 (더 완벽한) 유기적 형태가 실재상의 자손으로, 즉 이
전의 불완전한 형태에서 더 완벽한 형태의 자손이 자연 법
칙적으로 생겨난다는 것이다. 이런 유기적 진화론의 추종
자는, 굉장히 오래 살 수 있는 어떤 사람이 먼 옛날 지구상
에서 파충류가 원시 양서류에서 서서히 생성된 시대에 관
찰자로서 존재했다면 그 모든 변화를 두 눈으로 추적할 수
있었을 것이라고 표상하는 게 틀림없다. 이와 똑같이 진화

---

04 파울젠은 『윤리 체계』 15쪽에 다음과 같이 서술했다. "자연 근거와
생활 조건은 다양한 신체적 식이 요법뿐 아니라 다양한 정신적, 윤리적
식이 요법을 요구한다." 이 말은, 파울젠이 사실 올바른 인식에 가까이
접근하기는 했지만 결정적 요소는 제대로 맞추지 못하고 있다는 것을
보여 준다. 개인인 한 나는 식이 요법이 필요하지 않다. 식이 요법은
특별한 표본을 종의 일반적 법칙과 조화를 이루도록 만드는 기술을
일컫는다. 그런데 개인으로서 나는 종의 한 표본이 전혀 아니다.

론자는 어떤 존재가 무한히 긴 시간 동안 세계 에테르 영역 내부의 어떤 적정 장소에 머무를 수만 있다면 칸트-라플라스 성운에서 태양계가 생성되는 과정을 관찰할 수 있을 것이라고 표상하는 게 틀림없다. 이 표상의 경우 원시 양서류의 본질뿐 아니라 칸트-라플라스 성운의 본질이 물질주의적 사상가가 하는 것과 **다르게** 생각될 수밖에 없다는 것은 여기에서 고찰 대상이 아니다. 하지만 어떤 진화론자도 파충류를 본 적이 전혀 없는데 원시 양서류의 개념에서 모든 특성을 내포한 파충류의 개념을 건져 낼 수 있다고 주장하려는 생각은 꿈에도 하지 못할 것이다. 이와 마찬가지로 칸트-라플라스 성운의 개념이 오로지 성운의 지각에서 직접 사고 되었다면, 이 성운의 개념에서 태양계가 도출 되어서는 안 된다. 이것을 다른 말로 설명해 보겠다. 진화론자가 일관성 있게 생각하기만 한다면, 이미 존재하는 발달 단계에서 실제로 나중의 발달 단계가 생겨나며, 덜 완벽한 것**과** 더 완벽한 것의 개념 둘 **다** 주어지기 때문에 이 양자 사이에 연관성을 알아볼 수 있다고만 주장해야 한다. 하지만 이전의 것에서 획득한 개념이 나중의 것을 발달시키는 데 충분하다는 주장을 해서는 안 된다. 바로 이 사실에서 윤리학자는 기존 도덕 개념과 새로 생긴 도덕 개념 사이의 연관성은 알아볼 수 있어도, 기존 도덕 관념에서 새로운 것은 하나도 건져 내지 못한다는 결론이 나온다. 개인은 도덕적 존재로서 자신의 내용을 창출한다. 자연 과학자에게 파충류는 주어진 것이다. 이와 똑같이 이미 창출된 내용은 윤리학자에게 그저 주어진 것일 뿐이다. 파충류는 원시 양서류에서 생겨났지만, 자연 과학자는 원시 양서류의 개념에서 파충류의 개념을 건져 낼 수는 없다. 나중의 도덕적 관념은 이전에 있었던 것에서 발달된다. 하지만 윤리학자는 과거 문화기의 윤리 개념에서 그 다음 문화기의 윤리 개념을 건져 낼 수는 없다. 이런 혼란은, 자연 과학자로서는 우리가 이미 먼 과거에 이루어진 자연의 사실을 목전에 두고, 지금에야 비로소 그것을 인식하면서 관찰하는 반면에, 윤리 행위에 있어서는 먼저 사실을 창출하고 그 다음에 결과를 인식하기 때문에 생겨나는 것이다. 윤리적 세계 질서의 발달 과정에서 우리가 처리하는 것은 자연이 낮은 단계에서 처리하는 것이다. 즉 지각할 수 있는 것에 우리가 변화를 준다는 말이다. 그러니까 도덕 규범은 자연 법칙처럼 처음부터 **인식**될 수 있는 것이 아니고 먼저 창출되어야 하는 것이다. 그렇게 창출되어서 존재하면, 그 다음에야 인식 대상이 될 수 있다.

10.   그렇다면 우리는 새로운 것을 낡은 것에 견줄 수 없

다는 말인가? 아무도 도덕적 구상력으로 창출한 것을 전승된 윤리적 가르침에 견주어 보도록 강요되지 않는다는 말인가? 윤리적 생산물로 드러나는 것을 위해서 이런 비교는 자연의 새로운 형태를 낡은 형태와 비교하면서 파충류가 원시 양서류와 일치하지 않기 때문에 부당한 (병적인) 형태라고 말하는 것과 똑같이 어처구니없는 것이다.

11.　　그러므로 도덕적 개인주의는 올바르게 이해한 진화론에 반대하는 입장에 있는 게 아니라, 오히려 그 이론에서 직접 나오는 결과다. 하등 동물에서 유기적 존재로서 인간에 이르는 헤켈[05]의 진화 계보도에서 자연 법칙이 중단되지 않고 단일적 발달이 무너지지 않으면서 특정한 의미에서 윤리적 존재로서 개인에 이르기까지 거슬러 올라가 추적할 수 있어야 한다. 그런데 선대의 **본질**을 아무리 들여다보아도, 그것에서 후대의 **본질**을 건져 낼 수는 없을 것이다. 개인의 윤리적 관념이 조상의 윤리적 관념에서 생겨나 지각할 수 있게 되었다는 것은 진실이다. 하지만 스스로 도덕적 관념을 지니지 않는 개인은 윤리적으로 불모의 상태라 하는 것도 그와 똑같이 진실이다.

---

05 옮긴이 에른스트 헤켈Ernst Haeckel(1834~1919)_ 독일 생물학자,
진화학자, 철학자, 의사

12.　　　내가 선행된 관조를 근거로 발달시킨 개인주의는 진화론에서도 도출할 수 있다. 최종 확신은 같다. 다만 그것에 도달하는 길이 다를 뿐이다.

13.　　　진화론적으로 보자면 도덕적 구상력에서 완전히 새로운 윤리 관념이 생겨나는 것은 기존의 동물에서 새로운 동물이 생겨나는 것과 똑같이 유별난 기적이 아니다. 단, 일원론적 세계관으로서 이 이론은 윤리 생활에서뿐 아니라 자연 생활에서도 단순하게 연역된, 관념적으로 체험할 수 없는 저 너머의 (형이상학적) 영향을 거부하는 수밖에 없다. 이때 이 이론은, 새로운 유기적 형태의 원인을 찾되, 새로운 창조 계획에 따라 초자연적 영향을 통해 새로운 종을 생성시키는 초세계적 존재의 개입을 증거로 끌어내지 않을 때 독려하는 바로 그 원칙을 따른다. 일원론이 생명 존재의 해명을 위해 초자연적 창조 계획을 전혀 필요로 하지 않는 것과 똑같이, 체험 가능한 세계에 내재하지 않는 원인에서 윤리적 세계 질서를 도출하는 것 역시 불가능하다. 일원론은, 윤리 생활에 계속 작용한다는 초자연적 영향(외부로부터 세계를 지배하는 신), 혹은 시대적으로 특별한 계시(십계명 수여), 혹은 지상에 현신한 신(그리스도) 등에서 그 원인을 찾는다고 해서 윤리적인 것으로서 욕구의 본질이 충분히 해명된다고 보지

않는다. 그런 모든 것을 통해 인간에서, 그리고 인간 내면에서 일어나는 것은 개인이 깊이 체험해서 자신의 소유로 만들어야 비로소 윤리가 된다. 일원론에서 윤리적 진행 과정은 이미 존재하는 다른 모든 것과 똑같이 세계 생산물이다. 그리고 그 원인은 세계 **내부에서**, 더 정확히 말해 인간이 윤리 주체이니 인간 내면에서 찾아야 한다.

14. 그러므로 도덕적 개인주의는 **다윈**[06]과 헤켈이 자연과학에서 추구한 건물을 장식하는 왕관에 해당한다. 도덕적 개인주의는 윤리 생활로 전환된 정신화한 진화론이다.

15. **자연적인 것**의 개념에 처음부터 편협하게 임의로 제한된 영역을 할당하는 사람은 그 내부에서 자유로운 개인이 행위 할 공간을 전혀 발견하지 못하는 상황에 쉽사리 빠질 수 있다. 일관성 있게 작업하는 진화론자는 그런 편협성에 빠지지 않는다. 그는 자연적 진화 양식이 유인원에서 끝나며 인간 원천은 '초자연적인 것'에 있다고 고백하지 못한다. 그는 인간의 자연적 조상을 찾을 때도 자연 속에서 정신을 찾을 수밖에 없다. 달리 말해 인간의 유기적 조직에 멈추어 서 있으면서 오직 그것만 자연적인 것이라 단정하지 못하며, 윤리적으로-자유로운 생활을 유기적인 것의 정신적

---

06 원발행자 찰스 다윈Charles Robert Darwin(1809~1882)_ 영국 생물학자

연속으로 간주하는 수밖에 없다.

16.　　진화론자가 자신의 기본관을 따른다면 지금 눈앞에 일어나는 윤리 행위는 다른 종류의 세계 사건에서 생겨난다고 주장할 수 있을 뿐이다. 하지만 행위의 성격, 더 정확히 말해 **자유로운** 행위로서 규정성은 그 행위의 **직접적 관찰에** 의존할 수밖에 없다. 진화론에서 흔히 주장하기를 아직 인간이 아닌 조상에서 인간이 진화되어 나왔다고 한다. 하지만 인간이 어떤 특성의 존재인지는 인간 자체의 관찰을 통해서 규명될 수밖에 없다. 이 관찰 결과는 올바르게 판단된 진화사에 모순되지 않는다. 그 결과가 자연적 세계 체계를 배제하는 종류라 하는 주장만 자연 과학의 새로운 방향과 조화를 이루지 못할 것이다.[07]

17.　　자연 과학이 그 자체를 이해한다면, 도덕적 개인주의를 무서워할 이유가 없다. 관찰에 따르면, 인간 행위 중 완벽한 형태의 성격으로서 **자유**가 나온다. 순수하게 관념적인 직관을 실현하는 한에서 인간의 욕구에 자유가 할당될 수밖에 없다. 왜냐하면 직관은 외부에서 작용하는 불가피

07　여기서 우리가 사고내용(도덕적 관념)을 관찰의 객체라 명명하는 것은 당연하다. 왜냐하면 비록 사고 형상들이 사고 활동 중에는 관찰 영역에 들어서지 않는다 해도, 나중에는 역시 관찰 대상이 되기 때문이다. 그리고 이 길에서 우리가 행위의 성격을 획득했다.

성의 결과가 아니고 그 자체로 존속하는 것이기 때문이다. 어떤 행위가 그런 관념적 직관의 **모사**라는 것을 알아보면, 인간은 그 행위를 **자유로운 것**으로 느낀다. 행위의 이 특성에 자유가 내재한다.

18.　　그렇다면 이 책 앞 부분(1장)에서 언급한 두 문장의 차이를 이 관점에서 어떻게 이해해야 하는가? 그중 하나는 "자유롭다 함은 … 인간이 원하는 것을 **할 수 있다**는 것을 의미한다."(1장 12문단) 다른 하나는 "누구나 마음 가는 대로 갈망할 수 있는가 혹은 없는가 하는 것이 자유로운 의지라는 도그마의 사실상 의미일 것이다."(1장 2문단) 하멜링은 바로 이 차이를 근거로 자유로운 의지에 대한 의견을 개진한다. 그는 첫 번째는 옳은 반면 두 번째는 터무니없이 동의어만 반복하는 것이라 한다. 하멜링의 말을 직접 들어보자. "나는 내가 원하는 것을 **실행할** 수 있다. 하지만 내가 원하는 것을 원할 수 있다고 말한다면, 그것은 공허한 동의어만 반복하는 것이다."**08** 내가 원하는 것, 즉 내 행위의 관념으로 결정한 것을

08　원발행자　로베르트 하멜링의 『의지의 원자론, 현대 인식 비판에 대한 기고문Die Atomistik des Willens, Beiträge zur Kritik der modernen Erkenntnis』, 총 2권, (함부르크, 1892) 제2권 214쪽 이하. "자유롭다는 것은 원하는 것을 할 수 있다는 것을 의미한다."는 존 로크John Locke(1632~1704)의 말을 허버트 스펜서가 "누구나 마음 가는 대로

할 수 있는지, 달리 말해 구체적 사실로 만들 수 있는지, 이는 외적 상황과 내 기술적 숙련에 달려 있다.(이 장 4문단 참조) 자유롭다 함은, 행위 근저에 놓인 표상을 (동기를) 도덕적 구상력을 통해서 스스로 결정할 수 있다는 것을 의미한다. 외부에 있는 어떤 것(기계적 과정이나 단순히 추론된 초세계적 신 등)이 내 도덕적 표상을 결정한다면 자유는 불가능하다. 나는 다른 존재가 내 내면에 집어넣은 동기를 **실행할 수 있어서** 자유로운 게 아니다. 나는 오직 **나 스스로** 도덕적 표상을 창출하는 경우에만 자유롭다. 자유로운 존재란, 스스로 옳다고 생각하는 것을 **원할 수 있는** 존재를 일컫는다. 자신이 원하지 않는 다른 어떤 것을 하는 사람은 자신 내면에 존재하지 않는 동기를 통해서 그것을 행하도록 내몰리는 것이다. 그런 행위는 자유롭지 못하다. 옳거나 그르다 여기는 것을 자의로 원할 수 있기, 이는 자의로 자유롭거나 자유롭지 못할 수 있다는 것을 의미한다. 물론 이는 사람이 원할 수밖에 없는 것을 할 수 있는 능력에 자유가 있다고 하는 것만큼이나 터무니없다. 그런데 바로 이것을 하멜링이 다음과 같은

갈망할 수 있는가 혹은 없는가 하는 것은 자유로운 의지라는 도그마에 들어 있는 사실상의 문장이다."로 바꾸었고, 이것을 하멜링이 인용했다. (이 책 1장 2문단에 인용한 허버트 스펜서의 말 참조)

말로 주장한다. "언제나 동기를 통해 의지가 규정된다는 것은 완벽한 진실이다. 하지만 그렇기 때문에 사람이 자유롭지 못하다고 한다면 터무니없는 말이다. 왜냐하면 인간이 자신의 용기와 결정력의 정도에 따라 실현하는 자유보다 더 큰 자유는 원할 수도 생각할 수도 없기 때문이다." 이는 천만의 말씀이다. 인간은 더 큰 자유를 원할 수 있다. 그리고 그것이야말로 진실한 자유다. 그것은 다름 아니라 인간이 욕구 자체의 근거를 스스로 결정할 자유다.

19.　　원하는 것을 하지 말라고 사람을 설득하는 것은 상황에 따라 가능하다. 하지만 **해야 할 것**을 지시 받기, 즉 자신이 아니라 타인이 옳다고 보는 것을 원하기, 이는 **자유롭지 않다**고 느끼는 사람에게만 가능하다.

20.　　외부 세력이 내가 원하는 것을 하지 못하도록 저지할 수 있다. 그 다음에는 내가 아무것도 할 수 없거나 자유롭지 못한 상태에 처하도록 만든다. 그 세력이 내 정신을 예속시키고 내 동기를 머리에서 몰아내고 그 자리에 그들 것을 박아 넣으면 비로소 내 자유를 박탈할 의도가 드러난다. 이런 까닭에 교회는 단순히 **활동만** 겨냥하지 않고, 주로 **불순한 생각**, 즉 행위 동기를 타파하는 쪽으로 일한다. 교회는 직접 제시하지 않은 동기가 불순해 보이는 경우 나를 자유

롭지 못하게 만든다. 교회뿐만 아니라 다른 조직 역시 목회자나 지도자를 양심의 설교자로 만든다면, 즉 신도나 추종자가 목회자나 지도자한테 와서 (고해소告解所 등에서) 행위 동기를 **받아가야 할 수밖에 없도록 되어 있다면**, 그곳에 부자유가 생겨난다.

개정판에 즈음한 주석

21.　　인간의 욕구에 관한 이 글에는 인간이 자신의 행위에서 체험하는 것 중에 특히 "내 욕구는 자유롭다." 하는 의식에 도달하게 만드는 것이 설명되었다. 여기서 각별한 의미는, 욕구를 자유로운 것이라 명명하기 위한 정당성은 욕구에서 관념적 직관이 실현되는 체험을 통해서 획득된다는 데에 있다. 이것은 관찰 결과**일 수만 있다**. 그러나 욕구의 가능성 중에서 순수하게 관념적인 직관에 의해 지탱되는 가능성에 도달하는 데에 목적이 있는 발달 흐름 속에서 인간 욕구가 스스로를 관찰하는 **의미에서다**. 이러한 욕구 가능성에 도달할 수 있다. 왜냐하면 관념적 직관 속에는 그 자체를 근거로 구축된 자체적 본질 외에 다른 것은 전혀 작용하

지 않기 때문이다. 이런 직관이 인간 의식 속에 현존한다면, 그것은 유기체적 과정에서 생겨난 것이 아니다.(9장 3문단 이하 참조) 오히려 유기체의 활동이 그 관념적인 것에 자리를 만들어 주고자 뒤로 물러난다. 직관의 모사인 욕구를 관찰해 보면, 이 욕구에서도 유기적으로 필수적인 활동은 뒤로 물러난다는 것을 알아볼 수 있다. 욕구는 자유롭다. 자유로운 욕구는, **먼저** 직관적 요소가 인간 유기체의 필수적 작용을 마비시키고, 즉 뒷전으로 밀어 내고, 그렇게 해서 생긴 자리에 관념으로-가득한 의지의 정신적 활동이 들어선다는 데에 근거한다. 이 사실을 알아보지 못하는 사람은 욕구의 자유 역시 관찰하지 못한다. 자유로운 욕구의 이중성을 **이런 식으로** 관찰할 능력이 없는 사람만 **모든** 욕구가 자유롭지 못하다고 믿는다. 그렇게 관찰할 능력이 있는 사람은 인간이 유기체의 활동을 뒷전으로 밀어 내는 작업을 끝까지 해낼 수 없는 한에서만 자유롭지 못하다는 의견으로 분투해 나아간다. 이 부자유는 언제나 자유를 향해 나아가며, 자유는 추상적 이상이 절대 아니고 인간 본질 속에 놓여 있는 인도력이다. 인간은 순수하게 관념적인 (정신적) 직관의 형상화에서 자신을 의식할 때 내면에 살아 있는 영혼 정서를 의지 활동으로 실현할 수 있는 바로 그만큼 자유롭다.

13. 인생의 가치 (비관론과 낙관론)

1.   인생의 목적이나 규정에 대한 질문(11장 1문단 이하) 과 쌍벽을 이루는 것이 있으니 바로 인생의 가치에 대한 질문이다. 이 관계에서 우리는 정반대되는 두 가지 의견을 만나며, 그 양자 사이에는 생각할 수 있는 온갖 종류의 중재시도가 있다. 그중 한편에서는 다음과 같이 말한다. "이 세상은 주어질 수 있고 생각할 수 있는 최상의 것이며, 이 세상에서 살면서 활동한다는 것은 잴 수 없이 귀중한 자산이다. 모든 것은 조화롭고 합목적적인 상호 작용으로 드러나기에 경탄할 만한 가치가 있다. 외관상의 악과 불행도 더 고차적인 관점에서는 선한 것으로 드러난다. 왜냐하면 그런것이 선에 대한 유익한 대응물 역할을 하기 때문이다. 그러니까 선이 악에 비해 분명하게 돋보일 때 훨씬 더 소중히 여

겨질 수 있다는 말이다. 불행 역시 정말로 존재하는 게 아니다. 안락의 정도가 적은 경우 우리가 불행으로 감지한다. 악이란 선의 부재일 뿐 그 자체로는 아무 의미도 없다."

2.　　　다른 의견은 다음과 같이 주장한다. "인생은 고통과 절망으로 가득 차 있다. 어디에서나 불쾌가 쾌락을, 고통이 기쁨을 압도한다. 현존은 무거운 짐이고, 어떤 상황에서든 존재하지 않는 것이 존재하는 것보다 더 낫다."

3.　　　첫 번째 의견, 즉 낙관론을 대리하는 철학자로는 **섀프츠베리**와 **라이프니츠**[01]를, 두 번째 의견, 즉 비관론을 대리하는 철학자로는 **쇼펜하우어**와 **하르트만**을 들 수 있다.

4.　　　**라이프니츠**는 주어질 수 있는 최상의 것이 바로 이 세계라고 한다. 이 세계보다 더 나은 것은 불가능하다. 왜냐

---

01 원발행자 섀프츠베리 백작Earl of Shaftesbury, 앤서니 애슐리 쿠퍼 Anthony Ashley Cooper(1671~1713)_ 영국 정치가, 작가. 『인간, 윤리, 의견, 시대의 특성Charakteristika der Menschen, Sitten, Meinungen, Zeiten』 총 3권 (런던, 1711)

고트프리트 빌헬름 라이프니츠Gottfried Wilhelm Leibniz(1646~1716) 독일 수학자, 물리학자, 철학자, 신학자. 『신의 정당성에 관한 논설, 신의 선함, 자유와 악의 원천에 관하여Essais de théodicée sur la bonté de dieu, de la liberté de l'homme et de l'origine du mal(Abhandlung zur Rechtfertigung Gottes, über die Güte Gottes, die Freiheit und den Ursprung des Übels)』(암스테르담, 1710)

하면 신은 선하고 현명하기 때문이다. 선한 신은 최상의 세계를 창조하기를 **원한다**. 그리고 신은 현명하기 때문에 어떤 세계가 최상의 것인지 잘 **알고 있으며**, 더 나쁜 것으로서 가능한 다른 모든 것과 최상의 세계를 구별할 수 있다. 오직 악하거나 어리석은 신만 최상으로 가능한 세계보다 나쁜 것을 창조할 수 있다.

5.   이 관점에서 출발하는 사람은 세계를 최상으로 만드는데 각자의 몫으로 기여하기 위해 반드시 들어서야 하는 방향을 인간 행위에 쉽게 그려 줄 수 있다. 인간은 신의 뜻을 알아내야 하고, 그에 맞춰 처신해야 할 뿐이다. 신이 세계와 인류를 가지고 무엇을 할 의도인지 알면, 역시 옳은 것을 행하게 된다는 말이다. 그렇게 기존의 선한 것에 자신의 것을 더함으로써 행복을 느낀다. 그러므로 낙관적 관점에서 인생은 살 만한 가치가 있다. 인생은 우리도 참여해서 협력하라 부추길 수밖에 없는 것이다.

6.   **쇼펜하우어**는 그와 다르게 생각한다. 그는 전지전능하고 무한히 자비스러운 존재가 아니라 눈먼 충동이나 의지가 세계 근거를 이루고 있다고 본다. 절대로 채워지지 않는 충족을 향한 영원한 추구, 끊임없는 동경이 모든 의지의 특징이다. 왜냐하면 추구하던 목표가 이루어지고 나면 새

로운 욕구가 계속 생겨나기 때문이다. 충족은 언제나 극히 짧은 시간 동안만 유지될 뿐이다. 우리 인생의 나머지 내용은 충족되지 않은 갈망, 즉 불만과 고통뿐이다. 눈먼 갈망이 마침내 무뎌지고 나면, 그 모든 내용은 사라지고 끝없는 지루함이 우리 현존을 채운다. 그러므로 상대적 최상은 소망과 욕구를 모조리 질식시키는 것이며, 의지를 그 자체로 절멸하는 것이다. 쇼펜하우어식 비관론에 따르면 결국 무위無爲에 이르며, 그의 윤리 목표는 **보편적 나태**다.

7.   **하르트만**은 본질상 다른 방식으로 비관론을 확립해서 윤리학에 이용하려 한다. 그는 우리 시대에 특히 편애되는 추구를 따르면서 **경험**을 토대로 세계관을 확립하려고 한다. 하르트만은 인생의 **관찰**에서 다름 아니라 쾌락이나 불쾌 중 어느 것이 세상에서 우위를 점하고 있는지에 대한 답을 얻고 싶어 한다.[02] 사람들이 보통 충족이라 여기는 모든 것을 자세히 들여다보면 실은 착각으로 드러난다는 것을 보여 주고자 인생에서 선과 행복으로 보이는 것을 이성적으로 숙고하도록 권한다. 건강, 젊음, 자유, 넉넉한 삶의 터전, 사랑(성적인 쾌락), 동정심, 우정, 가족 생활, 공명

---

02 원발행자 에두아르트 폰 하르트만의 『윤리적 의식의 현상학』(이 책 1장 각주05 참조) 866쪽(제2부, C, IV)

심, 명예와 명성과 권력, 종교적 신앙심, 학문과 예술 활동, 사후 세계에 대한 기대, 문화 진보에 대한 기여 등 이 모든 것에 행복과 충족의 원천이 있다고 믿는다면, 그것은 착각이라는 말이다. 냉철하게 고찰해 보면, 어떤 종류든 향락이 이 세상에 더 많이 불러일으키는 것은 행복이 아니라 고통과 비극이다. **환락 후의 비애가 도취의 쾌락보다 언제나 더 큰 법이다.** 세상에는 불행이 훨씬 더 만연한다. 그 누구도, 심지어는 상대적으로 행복한 사람도 물어보면 이 비참한 인생을 또다시 살고 싶지 않다고 대답할 것이다. 그런데 하르트만은 이 세계 내부에 관념적인 것(즉 지혜)의 존재를 부정하지 않고 오히려 그 관념적인 것에 눈먼 충동(의지)과 똑같은 정당성을 부여하기 때문에 세계의 고통을 지혜로운 세계 목적으로 이어지도록 하는 경우에만 원초 존재에 세계 창조를 기대할 수 있다. 여기에서 하르트만은 전체로서 세계의 삶은 곧 신의 삶이기에 세계 존재의 고통은 곧 신의 고통 그 자체일 뿐 다른 아무것도 아니라 한다. 그런데 전지한 존재는 오로지 고통에서 해방되는 것만 목적으로 삼을 수 있으며, 모든 현존은 고생이라 결국 현존에서 해방되는 것이 그 존재의 목적이 된다고 한다. 이 경우 세계 창조의 목적은 현존을 훨씬 더 나은 비현존으로 바꾸는 것이다. 세계 과정은 신의 고통에 맞선 끊임없는 싸움이며, 신의 고통은 세상에서 현존재가 모두 절멸되어야 비로소 끝난다. 그러므로 현존재의 절멸에 참여하는 게 바로 인간 윤리 생활이라 한다. 신이 이 세상을 창조했고, 그로써 이 세상을 통해서 자신의 끝없는 고통에서 해방된다는 말이다. 이 끝없는 고통은 "말하자면 절대 존재에 생긴 피부 발진 같은 것으로 고찰해야 한다." 이 발진을 통해서 절대 존재의 무의식적 치유력이 내적 질병에서 풀려나 자유로워지는 것이다. "혹은 통증을 수반하는 발포제發疱劑 같은 것으로 보아도 된다. 전능한 유일 존재가 내면의 고통을 일단 외부로 치환하고, 그 결과로 고통을 절멸시키기 위해 스스로 붙인 고약 같은 것 말이다." 인간은 세계 속의 한 부분이다. 각 인간 내면에서 신이 고생하고 있다. 신은 자신의 무한한 고통을 분산시키기 위해서 인간을 창조한 것이다. 신이 겪는 고통이 광대한 대양과 같다면, 인간 각자가 겪는 고통은 그 대양 속의 한 방울에 불과하다.(하르트만의『윤리적 의식의 현상학』866쪽 참조)

8.   하르트만에 따르면, 인간은 개인적 충족을 얻기 위한 사냥(이기주의)이 우둔한 짓이라는 깨달음을 뼛속 깊이 새겨야 하며, 세계 과정에 사욕 없이 헌신함으로써 신을 구제

하는 과업에 전념하는 것만 유일한 인생 과제로 삼아야 한다. 쇼펜하우어의 생각과는 반대로 하르트만의 비관주의는 숭고한 과제에 헌신적으로 활동하도록 촉구한다.

9. 그런데 경험을 토대로 보면 하르트만의 생각은 과연 어떤 상황에 있는가?

10. 충족을 향한 추구는 기존 인생 내용을 넘어서서 그 이상의 것을 얻으려는 활동을 의미한다. 한 존재가 배고프다 함은, 그의 유기적 기능이 계속 이어질 과정을 위해 음식물의 형태로 새로운 생명 내용의 공급을 요구한다는 것을 의미한다. 명예를 향한 추구는 어떤 활동에 대한 인정이 외부에서 와야만 그것을 하거나 하지 않을 가치가 있다는 생각에 기반을 둔다. 인식에 대한 추구는 인간이 보고 듣고 경험할 수 있는 세상에 아직 파악하지 못한 것이 있다고 생각하는 경우에 시작된다. 이런 추구가 성취되면 추구하는 개인 내면에 쾌락이 생겨나고, 충족되지 못하면 불쾌감이 생겨난다. 여기에서 관찰해야 할 중점은, 쾌락이나 불쾌가 추구의 달성 혹은 미달에 의존한다는 것이다. 추구 자체가 불쾌한 것이라고는 절대 말할 수 없다. 추구가 성취되는 순간에 곧바로 새로운 추구가 생겨난다 해도, 나를 위해 불쾌를 낳는다고 말할 수는 없다. 왜냐하면 어떤 상황에서든 성

취의 향유가 같은 것의 반복이나 새로운 쾌락에 대한 갈망을 생성시키기 때문이다. 이 갈망이 이루어질 가능성이 전혀 없으면, 비로소 불쾌에 관해 언급할 수 있다. 성취를 맛본 후에 더 크거나 미묘한 쾌락을 체험하려는 갈망이 내면에 생긴다 해도, 첫 번째 쾌락을 통해 불쾌가 생긴다는 말은 더 크거나 미묘한 쾌락을 체험하기 위한 수단이 좌절될 때 비로소 할 수 있다. 예를 들어 여성의 성관계에서 그로 인한 출산의 고통과 양육의 노고를 생각할 수 있듯이, 향유의 자연 법칙적 결과로 불쾌가 들어서는 경우에만 그 향유에서 고통의 창조자를 발견할 수 있다. 만일 추구 자체가 불쾌를 만들어 낸다고 한다면, 모든 추구의 제거에 쾌락이 수반될 수밖에 없다. 하지만 실제 상황은 그와 반대다. 추구가 없으면 인생 내용이 지루해지고, 이 지루함은 불쾌와 직결된다. 그런데 추구는 본질상 성취될 때까지 오랜 시간이 걸리고, 사람들은 보통 잠정적으로 성취에 대한 희망으로 만족하기 때문에 불쾌는 추구가 성취되지 않으면 생겨나는 것이지 추구 자체와는 아무 관계가 없다는 사실을 인정해야 한다. 그리고 갈망이나 추구(즉 의지)를 그 자체로 고통의 원천이라고 보는 쇼펜하우어는 어떤 상황에서도 옳지 않다.

11.　　　진실을 들여다보면 오히려 그 반대가 옳다. 추구 (즉

갈망) 자체가 기쁨을 만들어 낸다. 아득히 멀어도 강렬하게 갈망하는 목표에 대한 희망이 마련해 주는 향유를 모르는 사람이 과연 있을까? 이 기쁨은 먼 미래에 열매가 열릴 일에 곁들여지는 요소다. 이 쾌락과 목표의 성취는 완전히 별개다. 목표에 도달하고 나면, 새로운 어떤 것으로서 성취의 기쁨이 추구의 기쁨에 더해진다. 다음과 같이 말하고 싶은 사람도 물론 있다. "목표를 성취하지 못해서 생긴 불쾌에 좌절된 희망으로 인한 불쾌까지 더해진다. 결국은 성취하지 못해서 생겨난 불쾌가 성취해서 생겨난 쾌락보다 훨씬 더 커진다." 그 사람에게는 다음과 같이 응수해야 한다. "사실은 그 반대가 될 수도 있다. 충족되지 않은 갈망의 시간 동안 누린 것을 되돌아보는 것이 성취하지 못해서 생긴 불쾌를 그와 똑같이 완화하며 작용한다." 이 주장을 증명하는 자가 있으니, 희망이 좌절된 순간에 "나는 최선을 다했다!" 하고 언명하는 사람이다. 갈망이 충족되지 않을 때마다 성취의 기쁨이 결여될 뿐 아니라 추구하는 즐거움 자체도 파괴된다고 주장하는 사람은 있는 힘을 다해 최상의 것을 시도했다는 행복한 느낌을 간과하는 것이다.

12.　　갈망이 충족되면 쾌락이 생기고 충족되지 않으면 불쾌가 생긴다. 하지만 이에서 갈망의 충족은 쾌락을, 그것의

불충족은 불쾌를 불러일으킨다 추론해서는 안 된다. 쾌락과 불쾌는 어떤 갈망의 결과가 아니어도 한 존재 내면에 생겨날 수 있다. 예를 들어서 질병이 그런 것이다. 질병은 전혀 갈망하지 않는데도 들어서는 불쾌이다. 건강에 대한 충족되지 못한 갈망이 질병이라고 주장하는 사람은 병들고 싶지 않다는 바람처럼 극히 자연스러워서 의식하지 못하는 것을 긍정적 갈망으로 여기는 실수를 범하는 것이다. 어떤 사람이 세상에 있으리라 상상도 하지 않았던 부유한 친척한테 유산을 상속받았다고 하자. 이 경우 먼저 갈망하지 않았는데도 유산을 상속받은 사람은 쾌락을 만끽한다.

13.   그러므로 이 세상에 쾌락과 불쾌 중 어느 것이 더 많은지 알아보고자 연구하는 사람은 장부에 다음 사항을 기입해야 한다. 한쪽에는 갈망 자체에서 나오는 쾌락, 갈망이 충족될 때 생기는 쾌락, 우리가 추구하지 않는데도 주어지는 쾌락을 기입해야 한다. 다른 쪽에는 인생이 지루해서 생기는 불쾌, 추구한 것이 성취되지 못한 경우에 생기는 불쾌, 그리고 마지막으로 갈망하지 않는데도 들어서는 불쾌를 기입해야 한다. 이 마지막 것에는 우리가 선택한 게 아니라 강요되기 때문에 해야 하는 일에서 나오는 불쾌도 속한다.

14.　　　이제 다음과 같은 질문이 떠오른다. "**차변**과 **대변**으로, 즉 **부채**와 **자산**으로 **대차 대조표**를 작성하는데 올바른 수단은 어떤 것인가?" 에두아르트 폰 하르트만에 따르면 그것은 신중하게 숙고하는 오성이다. 하르트만이 "고통과 **쾌락은 느껴지는 한에서만 고통과 쾌락이다.**"라고 실제로 말하기는 한다.(『무의식의 철학』 7판, 2권 290쪽)**03** 이에 따르면 쾌락을 위해서는 느낌의 주관성 외에 다른 기준은 없다는 결론이 나온다. 불쾌감의 총계를 쾌감과 계산해서 내내면에 기쁨이나 고통 중에 어느 것이 더 많이 생기는지를 **느껴야만** 한다는 것이다. 그런데 하르트만은 자신의 이 관점을 무시하고 다음과 같이 주장한다. "모든 존재의 인생 가치가 그 자체의 주관적 기준에 따라서만 계산될 수 있다고 해도 … 모든 존재가 인생에서 생기는 모든 심적 의향을 기반으로 해서 **올바른** 대수학적 합계를 얻는다는 의미는 아니다. 이를 달리 표현하자면, 한 존재가 자신의 인생에 관해 내리는 **전반적 판단**은 주관적 체험과 관련해 옳은 것이라고 주장하지 않는다는 것이다." 이로써 다시금 **느낌**

---

03 원발행자 에두아르트 폰 하르트만, 『무의식의 철학Philosophie des Unbewußten』, 제7 증보판, 제2권, '무의식의 형이상학' (베를린, 1875) 290쪽(제13장)

의 오성적 판단을 가치 척도로 만든다.[04]

15.　　　　다소 간에 차이가 있다 해도 어쨌든 에두아르트 폰 하르트만 같은 철학자의 표상 방향에 격하게 동조하는 사람은 인생을 제대로 평가하기 위해 먼저 쾌락과 불쾌 대차 대조표에 대한 **판단**을 변조하는 요소를 제거해야 한다고 믿을 수 있다. 두 가지 방법으로 그렇게 할 수 있다. **첫 번째**는, 느낌의 가치를 냉철하게 판단하는 데에 갈망(즉 충동, 의지)이 방해 요소로 끼어든다는 사실을 증명하는 것이다. 예를 들어서 성적 향락이 괴로움의 원천 중에 하나라고 말해야 하는 반면에, 우리 내면에 강렬한 성욕이 있다는 상태가 실은 전혀 존재하지 않는 강도의 성적 쾌락이 있다고 우리를 꼬드긴다. 우리는 즐기고 싶어 하고, 그런 까닭에 향락으로 고생한다는 것을 고백하지 않는다는 말이다. **두 번째**는, 느낌을 비판적으로 평가해서 그것에 연결된 대상이 이성적 인식 앞에 허상으로 드러난다는 사실을, 그리고 **지속적으로 성장하는 우리 지혜가 허상이라는 것을 꿰뚫어 보는**

---

04 쾌락과 불쾌의 총계 중에 어느 것이 더 큰지 계산하고 싶은 사람은 이 세상 어디에서도 체험되지 않는 어떤 것에 대한 계산서를 작성하려고 한다는 사실을 간과하는 것이다. 느낌은 계산될 수 있는 것이 아니다. 그리고 인생의 가치를 진정으로 판단하기 위해서는 꿈꾸어진 계산서의 체험이 아니라 진짜 체험을 고려해야 한다.

순간에 느낌은 파괴되고 만다는 사실을 증명하는 것이다.

16.　　　그는 문제를 다음과 같은 방식으로 생각할 수도 있
다. 야심에 찬 사람이 고찰을 시작하는 순간까지 인생에서
쾌락과 불쾌 중 어느 쪽이 더 큰 비중을 차지하는지 명확하
게 알아보고 싶어 한다면, 판단할 때 반드시 두 가지 오류
원천을 제거해야 한다. 야심에 찬 사람이라 바로 이 근본적
성향으로 인해 성과를 인정받아서 생긴 기쁨은 돋보기를
통해서 보고, 성과를 인정받지 못해서 느끼는 모욕은 졸보
기를 통해서 본다. 타인한테 거부당한 경우 유별나게 치욕
감을 느끼고 속상해 하는 것은 다름 아니라 야심에 찬 성격
때문이다. 그런데 기억 속에는 그 모욕감이 실제로 느꼈던
것보다 경감된 상태로 드러난다. 반면에 타인의 인정에 민
감하기 때문에 인정받아서 생긴 기쁨은 훨씬 더 강렬하게
기억 속에 새겨진다. 이런 사실은 야심에 찬 사람한테 진정
한 은혜가 된다. 이 기만이 자아 관찰을 하는 순간에 불쾌
감을 경감한다. 그럼에도 불구하고 그의 판단은 틀린 것이
다. 나중에 기억해 보면 고생이 얇은 막으로 살짝 가려진다.
그래도 그가 그 고생을 하는 동안에는 실제 강도 그대로 체
험하는 수밖에 없었을 것이다. 그러므로 그는 인생 장부에
실제로 틀린 것을 기입하는 것이다. 야심에 찬 사람이 올바

르게 판단하려면, 고찰 순간에 자신의 야심을 벗어 내야 한다. 정신적 눈앞에 돋보기나 졸보기가 없이 지금까지 살아온 대로 인생을 고찰해야 한다. 그렇게 하지 않는다면, 그는 결산을 하면서 영업에 대한 열의를 수입란에 적는 장사꾼과 똑같다.

17.   에두아르트 폰 하르트만을 추종하는 사람은 이에 그치지 않고 한 걸음 더 나아가 "야심에 찬 사람도 자신이 갈구하는 인정이 실은 무가치하다는 것을 깨닫게 된다."고 말할 수 있다. "발달의 중대한 문제가 아닌 모든 것, 혹은 과학에 의해 이미 완벽하게 해결된 모든 주제에 있어서는 언제나 다수가 틀리고 소수가 맞다고 장담할 수 있기 때문에" 타인의 인정은 이성적인 사람에게 크게 신경쓸 만한 게 아니라고 스스로 생각하게 되든가, 아니면 다른 사람한테 그런 생각을 배우게 된다. "야심을 활동의 원동력으로 삼는 사람은 그런 판단 중 하나에 인생의 행운을 맡긴다."(『무의식의 철학』제2권 332쪽) 야심에 찬 사람이 이 모든 것을 알아보면, 야심이 그에게 진짜라 하면서 보여 준 것을, 따라서 자신의 야심에 해당하는 허상에 연결된 느낌도 허상이라 칭하지 않을 수 없다. 바로 이 사실을 근거로 다음과 같이 말할 수 있을 것이라 한다. "허상에서 쾌락의 느낌으로

생겨나는 것도 인생 장부에서 빼야 한다. 그것을 뺀 다음에 남는 것이 허상에서 자유로운 인생 쾌락의 총계를 보여 준다. 이렇게 해서 남는 것은 불쾌의 총계에 비해 너무 적어서 인생은 절대 즐기고 누릴 수 있는 것이 아니다. 결과적으로 존재하기보다는 존재하지 않는 편이 더 나을 것"이라 한다.

18.   그런데 쾌락 대차 대조표를 만드는데 야심에 찬 충동이 개입해서 야기된 기만이 잘못된 결과를 초래한다는 것은 곧바로 알아볼 수 있는 반면에, 쾌락의 대상이 지니는 허상적 성격의 인식에 관해 이야기된 것은 논쟁거리가 될 수밖에 없다. 진짜 허상이든 추정된 허상이든 그 모든 것에 연결된 쾌락의 느낌을 인생 장부에서 누락하는 것은 장부 위조나 다름없다. 왜냐하면 야심에 찬 사람은 대중으로부터 인정받는 그 순간에 정말로 기쁨을 느꼈기 때문이다. 나중에 그 자신이나 타인이 그것을 허상으로 알아보는 것과는 무관하게 이미 누린 기쁨은 조금도 감소될 수 없다. 인생 장부에서 이런 '허상적' 느낌을 모두 누락시키는 것은 느낌에 대한 판단을 올바르게 제시하는 게 아니라, 정말로 존재하는 느낌을 인생에서 소멸시키는 것이다.

19.   왜 그런 느낌이 제거되어야 하는가? 그런 느낌을 가진 사람을 보면, 그것이 그에게 실제로 쾌락을 마련해 준다.

그런 느낌을 극복한 사람도 있다. 이 경우에는 극복을 체험함으로써 ("나는 참 대단한 인간이야!" 하는 자만심을 통해서가 아니라 극복 자체에 놓인 객관적 쾌락의 원천을 통해서) 일종의 정신화 된, 그럼에도 그 의미가 절대 덜하지 않은 쾌락이 들어선다. 허상으로 드러나는 대상에 그런 느낌이 점착되어 있기 때문에 인생 장부에서 쾌락을 제거해야 한다면, 인생의 가치가 쾌락의 양이 아니라 쾌락의 질에 달려 있으며, 쾌락의 질은 쾌락을 야기하는 대상의 가치에 달려 있다고 보는 것이다. 그런데 일단 인생이 주는 쾌락이나 불쾌의 양으로 인생의 가치를 결정하겠다는 생각이라면, 쾌락의 가치나 무가치를 결정하는 어떤 요소를 전제해서는 안 된다. "쾌락의 양을 불쾌의 양과 비교해 보고 그중에 어느 것이 더 큰지 알아보겠다."고 말하는 사람은, 혹시 쾌락의 근저에 허상이 놓여 있는지 그렇지 않은지는 완전히 간과하고 모든 쾌락과 불쾌를 실제 크기로 인생 장부에 기입해야 한다. 허상에 근거하는 쾌락이 오성 앞에 정당화되는 쾌락에 비해 인생을 위한 가치가 적다고 보는 사람은 인생의 가치를 쾌락 외에 또 다른 요소에 의존하도록 만드는 것이다.

20.   천박한 대상에 연결되어 있다는 이유로 쾌락을 평가

절하는 사람은, 장난감 공장은 애들 놀거리에 불과한 물건을 생산하니 수익 전액이 아니라 사분의 일만 장부에 기입해야 한다고 말하는 사업가와 비교할 수 있다.

21.　쾌락과 불쾌의 양을 비교 평가하는 문제라면, 논리적으로 보아 특정 쾌락을 불러일으키는 대상의 허상적 성격은 그 평가에서 완전히 배제되어야 한다.

22.　인생으로 인해 생겨난 쾌락과 불쾌의 양을 이성적으로 고찰하기 위해 하르트만이 추천한 길을 따라가다 보니, 이제 우리는 어떻게 계산서를 작성해야 하고 우리 인생 장부의 차변과 대변에 무엇을 적어야 하는지 아는 지점에 도착하기는 했다. 하지만 어떻게 계산서를 작성해야 한다는 말인가? 과연 이성은 그런 대차 대조표를 작성하기에 적합한가?

23.　**견적한** 수익이 이미 판 상품 혹은 앞으로 팔 상품을 통한 수익과 일치하지 않는다면 사업가는 계산에서 실수를 범한 것이다. 철학자가 아무리 머리를 짜내도 느낌 속에 쾌락과 불쾌 중 어느 것이 더 많은지 그 잉여분을 증명하지 못한다면, 판단에 있어 실수를 범한 게 틀림없다.

24.　나는 비관주의자가 이성적 세계 고찰로 작성한 계산서를 당장 검사할 생각이 없다. 하지만 인생이라 하는 사업

을 계속할지 말아야 할지 결정해야 하는 사람은 일단 계산된 불쾌 잉여분이 어디에 박혀 있는지 증명하라고 요구할 것이다.

25.　　이로써 우리는 이성이 쾌락이나 불쾌 잉여분을 자체적으로 규정하는 상태에 있지 **않은** 지점에, 그리고 그 잉여분을 인생에서 지각으로 보여 주어야 하는 지점에 도착했다. 진정한 실재는 인간에게 개념으로만 다가오지 않는다. 개념과 지각이 (느낌은 지각이다) 사고를 통해 매개되어 서로 밀접한 관계를 이루어야 인간에게 다가올 수 있다.(5장 15문단 이하) 사업가도 회계 담당자가 계산한 상품 손실이 사실을 통해 증명되면 비로소 사업을 포기할 것이다. 그렇지 않아 보이면 사업가는 회계 담당자에게 다시 계산해 보라 지시할 것이다. 인생에서 두 발로 확고하게 서 있는 사람도 바로 그런 사업가와 똑같은 식으로 처신할 것이다. 철학자가 인생에는 쾌락보다 불쾌가 훨씬 더 많다는 것을 증명한다 해도, 그 사람은 그렇게 느끼지 않기 때문에 다음과 같이 말할 것이다. "당신은 쓸데없이 너무 많은 생각을 하다 보니 오류에 빠진 거요. 문제를 다시 한번 잘 생각해 봐요." 사업을 하다 보면 특정 시점에 아무리 많은 대출을 받아도 채권자를 만족시키지 못할 정도로 손실이 일어나는

경우가 있다. 그런 상황에서 사업가가 회계 장부를 들여다 보고 재무 상태를 깨끗하게 정리하려는 노력을 하지 않는 다면, 그 회사는 파산하고 만다. 이와 똑같은 이치로 어떤 사람이 특정 시점에 불쾌의 양이 너무 커져서 미래의 쾌락 에 대한 희망(신용)이 전혀 없어 더 이상 고통을 해결할 수 없으면, 그때 비로소 인생이라는 사업이 파산하게 된다.

26.   그런데 현실에서는 용감하게 계속해서 살아가는 사 람들에 비해 자살하는 사람들의 수는 상대적으로 매우 적 다고 밝혀진다. 불쾌 때문에 인생이라는 사업을 그만두는 사람들은 극소수에 불과하다는 의미다. 이 사실에서 어떤 결론이 나오는가? 인생에서 불쾌의 양이 쾌락의 양보다 많 다고 말하는 것은 옳지 않든가, 우리가 인생을 계속해서 살 아가는 것은 느껴지는 쾌락의 양이나 불쾌의 양에 달려 있 지 않다는 것이다.

27.   에두아르트 폰 하르트만의 비관주의는 고통이 더 우 세하기 때문에 인생은 살 가치가 없다고 설명하면서도 계 속해서 사는 게 불가피하다는 주장에 굉장히 기이한 방식 으로 이른다. 이 불가피성은 앞(이 장 7문단)에서 제시한 세 계 목적이 부지런하고 헌신적인 인간의 일을 통해서만 도 달될 수 있다는 생각에 있다. 그런데 인간은 이기적인 욕망

에 몰두하는 한 그런 이타적인 일을 하기에 부적당하다. 인생에서 이기적으로 추구하는 향락은 이루어질 수 없는 것이라고 경험과 이성을 통해 일단 납득하면, 그때 비로소 원래 과제에 전념할 것이라는 말이다. 비관주의적 확신은 바로 이런 방식으로 이타성을 위한 원천이 된다. 그러므로 비관주의를 근거로 하는 교육은 이기주의가 아무 가망성이 없다는 것을 보여 줌으로써 그 뿌리를 뽑으려 한다.

28. 이 의견에 따르면 쾌락을 추구하는 것이 원래부터 인간 천성에 속한다. 단, 충족이 불가능하다는 것을 깨닫기 때문에 그 추구가 더 고차적인 인류 과제에 자리를 내주고 물러날 뿐이라는 말이다.

29. 비관주의를 인정하면 이타적 인생 목표에 전념할 것이라 기대하는 윤리적 세계관은 문자 그대로 진정한 의미에서 이기주의를 극복하는 것으로 간주될 수 없다. 이 윤리관에 따르면, 쾌락을 즐기려는 이기적 추구가 어떤 상황에서도 충족될 수 없다는 것을 깨달아야 비로소 윤리적 이상이 의지를 장악할 수 있을 정도로 강해진다. 이는, 포도를 먹고 싶다는 이기적 욕구가 있지만 따 먹을 수 없기 때문에 신 포도라 판단한 다음에 그것을 포기하고 이타적 인생을 살기로 작정하는 사람과 똑같은 이치다. 비관론자의 의견

에 따르면 윤리적 이상은 이기심을 극복할 만큼 충분히 강하지 않다. 그럼에도 불구하고 비관주의는 먼저 이기심으로는 아무 가망이 없다는 것을 인식함으로써 다져진 바닥 위에 통치권을 확립한다.

30.　　사람들이 천성에 따라 쾌락을 추구해도 그것에 도달할 가능성이 없다면, 비존재를 통한 구원과 현존재의 파괴가 유일한 이성적 목표가 될 것이다. 그리고 실제로 세계 고통을 짊어진 존재가 바로 신이라는 의견이라면, 인간은 신의 구원을 과제로 만들 수밖에 없을 것이다. 그런데 사람들이 모두 자살한다면, 그 목표가 이루어지도록 장려하는 게 아니라 오히려 저해하는 것이다. 신은 현명하니 인간 행위를 통해 자신이 구원될 것이라는 단 한 가지 이유에서만 인간을 창조할 수 있었을 것이다. 그렇지 않다면 창조는 무의미하다. 그리고 이런 세계관은 초인간적 목표를 염두에 둔다. 보편적 구원 사업에서 각자가 특정 과제를 처리해야 한다. 자살을 해서 그 일을 기피한다면, 다른 사람이 그것을 떠맡아서 완수해야 한다. 자살한 사람 대신에 다른 사람이 현존재의 고통을 짊어져야 한다는 말이다. 그리고 고통의 본체인 신이 모든 존재 속에 박혀 있기 때문에, 자살은 신의 고통을 조금도 경감하지 못한다. 오히려 신은 그렇게 자

살한 사람의 자리에 다른 사람을 만들어 넣어야 하기에 새로운 난관을 짊어져야 한다.

31.　　　이 모든 것은 인생을 위한 가치 척도가 쾌락이라는 생각을 전제한다. 인생은 충동(욕구) 총계를 통해 드러난다. 그런데 쾌락과 불쾌 중 어느 것이 더 많이 생기는가에 인생의 가치가 달려 있다고 본다면, 주체에게 불쾌 잉여분을 가져다 주는 충동은 무가치한 것으로 기입해야 한다. 과연 충동이 쾌락을 통해서 측정될 수 있는지 알아보기 위해 일단 이 두 가지를 주시하는데, '정신적 귀족'의 영역에서 인생을 시작하게 만든다는 의심이 일어나지 않도록 '순수하게 동물적 욕구'인 배고픔에서 시작하겠다.

32.　　　새로운 물질이 공급되지 않아서 장기臟器가 그 본질에 따라 계속해서 기능할 수 없으면 배가 고파진다. 배고픈 사람이 가장 먼저 추구하는 것은 배를 채우는 것이다. 배고픔이 멈출 만큼 음식을 먹고 나면, 먹어야겠다는 충동이 추구하는 모든 것이 이루어진 것이다. 배부르게 먹었다는 충족 상태에 연결된 향유는 일단 배고파서 생긴 고통을 배제하는 데에 있다. 그런데 무엇이든 먹어야겠다는 이 단순한 충동에 다른 욕구가 들어선다. 인간이 음식을 먹는 이유는 방해받은 장 기능을 다시 정상화해서 배고픈 고통을 극복

하는 데에만 있지 않다. 이왕이면 입맛을 돋우는 음식으로 배고픔을 달래고 싶어 한다. 30분 후에 정말 맛있는 식사가 있을 예정이라면, 지금 아무리 배가 고파도 싸구려 음식으로 배를 채울 사람은 없을 것이다. 질 낮은 음식으로 미리 배불러지면 나중에 맛있는 음식을 제대로 즐길 수 없기 때문이다. 식사를 완벽하게 즐길 수 있으려면 배가 고파야 한다. 이렇게 보면 배고픔은 고통인 동시에 쾌락을 야기하는 요소다. 이제 이 세상에 존재하는 모든 배고픔이 충족될 수 있으리라 가정한다면, 먹어야겠다는 욕구가 있기 때문에 생겨난 향유 총량이 나온다. 이것에 특별한 향유를 더해야 한다. 식도락가가 평범한 음식이 아니라 특별한 식문화를 통해 미각을 충족시킬 때 생기는 향유가 바로 그것이다.

33.　　여기에서 고려되는 종류의 향유를 겨냥하는 욕구가 남김없이 충족되는 동시에 특정 양의 불쾌를 감수할 필요가 없다면, 이 향유의 양은 생각할 수 있는 가장 큰 가치가 있는 것이다.

34.　　현대 자연 과학에 따르면 자연은 유지할 수 있는 것보다 더 많은 생명을 발생시킨다고 한다. 자연은 충족시킬 수 있는 것보다 더 많은 배고픔을 불러일으킨다는 말이다. 이렇게 너무 많이 생겨난 생명은 생존 투쟁이라는 고통 속

에 파멸의 길을 갈 수밖에 없다. 이를 인정한다. 세계 사건이 진행되는 모든 순간에 생명의 욕구는 존재하는 충족 수단에 비해 훨씬 더 크고, 그로 인해 인생의 향유가 저해된다는 것은 사실이다. 하지만 인생에 정말로 존재하는 개별적 향유는 조금도 적어지지 않는다. 추구하는 존재 자체 내면이나 그 옆의 다른 존재 내면에 충족되지 못한 욕구가 남아 있는 경우라 해도 욕구의 충족이 들어선 곳에는 그에 상응하는 향유의 양이 있다. 그런데 충족되지 못한 욕구가 있기 때문에 적어지는 것은 다름 아니라 인생의 향유 **가치**다. 어떤 생명 존재의 욕구 중에 한 부분만 충족된다면, 상응하는 향유가 그 존재에 생긴다. 이것은 문제가 되는 갈망 영역에서 인생 전체의 요구 사항에 비교해 적을수록 더 적은 가치가 있다. 실제로 존재하는 향유는 분자고 욕망의 총계는 분모인 분수로 그 가치가 표현된다고 생각해 볼 수 있다. 분모와 분자가 같다면, 달리 말해 모든 욕구가 충족된다면 분수의 가치는 1이다. 한 생명 존재 내면에 욕구가 원하는 것보다 더 많은 쾌락이 존재한다면 분수의 가치는 1보다 커진다. 그리고 향유의 양이 욕구 총계보다 뒤떨어진다면 그 가치는 1보다 작아진다. 분자가 아무리 작은 가치만 있다고 해도 분수는 절대 0이 될 수 없다. 어떤 사람이 죽기 전에 결산을 한다고 하자. (예를 들어서 배고픔 같은) 특정 종류의 충동에 이어진 향유의 양이 그 충동의 모든 요구 사항과 함께 인생 전체에 걸쳐 골고루 분산되어 있다고 가정해 보면, 체험한 쾌락의 가치가 아주 적을 수는 있지만, 절대로 무가치한 것은 될 수 없다. 향유의 양이 동일하게 머무는 경우 한 생명 존재의 욕구가 증가하는 만큼 인생 쾌락의 가치가 줄어든다. 이는 자연에 존재하는 모든 생명 총계에 역시 똑같이 적용할 수 있는 사항이다. 욕망이 완벽하게 충족된 것으로 보이는 존재들 수와 비교해 생명 존재의 수가 더 클수록 인생 쾌락의 평균 가치는 더 적어진다. 인생의 쾌락을 담보로 우리 욕구 속에 발행된 어음은 그 총액으로 교환될 가망이 없는 경우 싸질 수밖에 없다. 내가 사흘 동안 배부르게 먹었다면, 그 다음 사흘을 굶어도 배부르게 먹은 날 동안의 향유가 적어지는 것은 아니다. 그래도 나는 그 향유를 엿새에 걸쳐 나누어 생각해야 하고, 그렇게 함으로써 음식을 먹고 싶은 내 욕구의 **가치**가 절반으로 줄어든다. 내 욕구의 **정도**에 대한 관계에서 본 쾌락의 크기 역시 이와 같은 상태에 있다. 배가 고파서 버터 빵을 두 개 먹고 싶은데 한 개밖에 없다면, 이 버터 빵 한 개를 먹을 때 향유 가치는 두 개를 먹어서 배가 부를 때 향유 가치의 절반밖에 되지 않는다. 이것이 바로 인생에서 쾌락의 **가치가** 결정되는 방식이다. 쾌락은 인생의 욕구에서 측정된다. **척도**는 우리의 갈망이다. 그리고 쾌락은 측정된 것이다. 배부름의 향유는 배고픔이 있을 때만 가치를 얻는다. 그리고 그것은 존재하는 배고픔의 크기에 대한 관계를 통해 특정 크기의 가치를 얻는다.

35.   인생에서 채워지지 않은 요구 사항이 충족된 갈망에 그림자를 드리우고, 향유한 시간의 **가치**를 감소시킨다. 하지만 쾌락의 **현재 가치**에 관해서도 언급할 수 있다. 이 가치는 우리 갈망의 지속성과 강도에 비교해 쾌락이 적을수록 더 낮아진다.

36.   쾌락의 양은 그 지속성과 강도에 있어 우리의 욕구와 정확하게 일치할 때 우리를 위해 완벽한 가치가 있다. 욕구에 비해 쾌락의 양이 적으면 쾌락의 가치가 감소된다. 더 큰 쾌락은 요구되지 않은 잉여분을 만들어 낸다. 이 잉여분은 우리가 향유하는 동안 욕구를 고조시킬 수 있는 한에서만 쾌락으로 감지된다. 우리 욕구가 고조되는 동안 점점 더 커지는 쾌락과 보조를 맞출 수 없으면, 쾌락이 불쾌로 바뀐다. 보통은 우리를 만족시키는 대상이라 해도 원하지 않는데 한꺼번에 들이닥치면 고생을 불러일으키는 것으로 뒤바뀐

다. 바로 이 사실이, 쾌락은 욕구를 기준으로 측정할 수 있는 한에서만 가치가 있다는 것을 증명한다. 편안한 느낌도 너무 지나치면 고통으로 뒤바뀐다. 우리는 이것을 쾌락 중 어떤 한 종류에 대한 욕구가 굉장히 적은 사람에게서 관찰할 수 있다. 예를 들어서 식욕이 거의 없는 사람한테 식사는 쉽사리 메스꺼운 것이 된다. 이런 사실에서도 욕구가 쾌락의 가치 척도라는 결론이 나온다.

37.   이제 비관론자는 다음과 같이 말할 수 있다. "충족되지 않은 식욕은 부재하는 향유에 대한 불쾌뿐만 아니라 이 세상에 실제로 고통과 고생과 불행을 가져온다." 이렇게 말하면서 비관론자는 식량 부족으로 인한 불명확한 고생까지 들먹인다. 기아에 허덕이는 사람들한테 간접적으로 생겨나는 불쾌 총계를 증거로 끌어대는 것이다. 비관주의자는 초인간적 자연에 자기들 주장을 적용하려고 할 때 특정 계절에 먹을 것이 없어서 굶어 죽는 동물의 고통을 가리키기도 한다. 그런 재해가 양분 섭취 욕구를 통해 이 세상에 생겨난 향유의 양에 비해 압도적으로 더 크다고 주장한다.

38.   사업에서 **수익과 손실**을 계산하는 것처럼 **쾌락과 불쾌**도 당연히 서로 비교해서 그중 어느 것이 더 많은지 결정할 수 있다. 그런데 비관론자가 불쾌 쪽에 잉여분이 있다고

믿으면서 인생은 가치 없는 것이라는 결론을 내릴 수 있다고 생각한다면, 이는 진짜 인생에서 절대 생겨날 수 없는 계산서를 작성한다는 의미에서 이미 오류다.

39.　개별적인 경우 우리 욕구는 한 가지 특정 대상을 향한다. 이미 보았듯이 갈망의 크기와 비교해 쾌락의 양이 많을수록 충족의 쾌락 가치가 더 커진다.[05] 그런데 우리가 쾌락을 얻기 위해 감수하고자 하는 불쾌의 양이 얼마나 큰지는 역시 갈망의 크기에 달려 있다. 사실 우리는 불쾌의 양을 쾌락의 양이 아니라 갈망의 크기와 비교한다. 식욕을 충족시키는 데에 별 기쁨을 느끼지 못하는 사람에 비해 먹는 것을 굉장히 즐기는 사람은 좋은 시절에 즐긴 음식을 기억하면서 곤궁한 시기를 좀 쉽게 극복할 것이다. 아이를 갖고 싶어 하는 여성은 아이가 있음으로 해서 생기는 즐거움을 아이를 갖고 싶다는 소망과 비교하지, 임신과 수유와 양육 등에서 생겨나는 불쾌의 양과 비교하지는 않는다.

40.　우리는 절대 특정 크기의 추상적 쾌락을 추구하지 않는다. 완전히 특정한 방식으로 구체적인 충족을 얻고자 한다. 특정 대상이나 느낌을 통해서만 충족되는 쾌락을 추구하는 경우, 아무리 똑같은 크기로 쾌락을 불러일으킨다 해

---

05 쾌락이 과도하게 고조되어 불쾌로 변하는 경우는 일단 도외시한다.

도 다른 대상이나 느낌으로는 절대 충족을 얻지 못한다. 배부르게 먹고 싶어 하는 사람은 식사를 해서 생기는 쾌락과 똑같은 크기라 해도 산책을 통해 생기는 쾌락으로 만족하지 못한다. 우리의 갈망은 쾌락의 특정 양을 순전히 일반적으로 추구하는 경우에만 훨씬 더 큰 불쾌 총량이 없는데도 쾌락이 성취될 수 없다고 판명되는 즉시 침묵할 수밖에 없을 것이다. 그런데 충족은 특정 양식으로 추구되기 때문에 쾌락보다 훨씬 더 큰 불쾌를 감내할 수밖에 없다 해도 충족과 동시에 쾌락이 생겨난다. 생명 존재의 충동은 특정 방향으로 움직이고 구체적인 목표를 향해 나아가기 때문에 그 목표로 가는 길을 막는 불쾌의 양을 같은 값의 요소로 계산서에 기입할 가능성은 사라진다. 불쾌를 극복한 후에도 ―이 불쾌가 절대적으로 보아 아무리 크다 해도― 여전히 남아 있을 정도로 갈망이 충분히 강하기만 하다면, 충족에 대한 쾌락을 그 완벽한 크기로 맛볼 수 있다. 갈망은 도달한 쾌락에 불쾌를 직접 연관시키지 않는다. 달리 말해 갈망은 그 자체의 크기를 불쾌의 크기와 (비교해서) 간접적으로 쾌락에 연관시키는 것이다. 중점은, 이루어야 할 쾌락 혹은 불쾌 중 어느 것이 더 큰가 하는 것이 아니라, 추구하는 목표에 대한 갈망 혹은 길을 가로막는 불쾌의 저항 중 어느 것이 더 큰가 하는 것이다. 불쾌의 저항이 갈망에 비해 더 크다면, 어쩔 수 없이 후자를 포기하고 약해져서 더이상 목표를 추구하지 않게 된다. 충족은 특정 방식으로 일어나야 하기 때문에 그와 연결된 쾌락이 무게를 얻는다. 바로 이 무게가 충족이 들어선 후 결산 장부를 작성할 때, 필수적 불쾌 총량은 우리 갈망의 정도를 감소시킨 바로 그만큼만 기입하도록 만든다. 내가 원경遠景을 굉장히 열정적으로 즐기는 사람이라면 절대 다음과 같이 계산하지 않을 것이다. "산 정상에서 내다보는 풍경이 고생스러운 등정과 하산의 불쾌와 직접 비교해 얼마나 많은 쾌락을 주는가?" 내가 생각하는 것은, 난관을 극복한 다음에도 산 정상에서 내다보는 풍경에 대한 갈망이 충분히 강렬하게 남아 있을까 하는 것이다. 쾌락과 불쾌는 오직 갈망의 크기를 통해 간접적으로 결과를 낸다. 그러므로 우리가 해야 하는 질문은 쾌락이나 불쾌 중 어느 것이 더 많은지가 아니라, 쾌락에 대한 욕구가 불쾌를 극복할 수 있을 만큼 강렬한가 하는 것이다.

41.　　　이 주장이 옳다는 것을 증명하는 상황이 있다. 쾌락이 선물처럼 하늘에서 넝쿨째 우리 품으로 떨어진 경우에 비해 우리 스스로 커다란 불쾌를 극복하고 쟁취해야 하는 경우 쾌락의 가치를 더 높게 책정한다는 것이다. 고통과 고

생이 갈망을 짓눌러도 결국 목표에 도달한다면, 그렇게 해서 누리는 쾌락은 그때까지 남아 있는 갈망의 양과 **비교해 훨씬 더 크다.** 앞에서 이미 보았듯이(이 장 32문단 이하) 바로 이 관계가 쾌락의 **가치**를 보여 준다. 이에 대한 또 다른 증명은, (인간을 포함한) 모든 생명 존재는 목표를 향하는 길을 가로막는 고통과 고생을 견뎌 낼 수 있는 한 본능을 추구하고 펼쳐 내려 한다는 사실을 통해 주어진다. 생존 투쟁은 이 사실에서 나온 결과일 뿐이다. 존재하는 생명은 발달을 추구한다. 지나치게 쌓이는 난관에 짓눌려 갈망이 완전히 고사된 존재만 생존 투쟁을 포기한다. 어떤 생명 존재든 식량 부족으로 삶이 완전히 파괴될 때까지 식량을 찾아다닌다. 인간 역시 추구할 가치가 있는 인생 목표에 더 이상 도달할 수 없다고 (옳든 그르든) 믿는 경우에 비로소 삶을 마감한다. 추구할 가치가 있다고 생각되는 것에 도달할 가능성이 있다고 믿는 한 모든 고생과 고통을 무릅쓰고 투쟁한다. 철학은 쾌락이 불쾌보다 더 큰 경우에만 욕구에 의미가 있다고 일단 가르칠 수밖에 없었을 것이다. 하지만 그 천성에 따라 인간은 추구하는 동안 생겨나는 불쾌가 아무리 크다 해도 견뎌 낼 수 있기만 하다면 추구 대상에 도달하고 싶어 한다. 그러므로 그런 철학은, 인간의 욕구가 원천적으로 인간에게 낯선 상태(즉 불쾌에 대한 쾌락의 잉여분)에 달려 있다고 보기 때문에 결국 오류를 범하는 것이다. 욕구의 원천적 척도는 갈망이다. 그리고 이 갈망은 가능성이 있는 한 끝까지 남는다. 갈망의 충족에서 쾌락과 불쾌에 관한 문제인 경우 이성적 철학이 아니라 **인생**이 보여 주는 계산서는 다음과 같은 상황과 비교할 수 있다. 사과를 사러 갔더니 사과 장수가 —좌판에 자리를 마련하기 위해— 멀쩡한 사과에 비해 썩은 사과가 두 배나 들어 있는 무더기를 가져가라고 한다. 비록 그 무더기에 멀쩡한 사과는 소량만 들어 있지만, 가치를 어림잡아 계산해 보고 썩은 사과를 가져가는 수고를 짊어져도 괜찮을 정도로 저렴한 가격을 사과 장수가 제시한다면, 두 번 생각해 볼 필요 없이 썩은 사과가 들어 있는 무더기를 살 것이다. 이 예가 본능을 통해 마련되는 쾌락과 불쾌의 양 사이에 관계를 분명하게 보여 준다. 이 경우에 썩은 사과의 총액에서 멀쩡한 사과의 총액을 빼기해서 사과의 가치를 결정하지 않는다. 사과 무더기에 썩은 사과가 많이 들어 있다 해도 멀쩡한 사과가 여전히 일정 가치가 있는가 하는 것이 가치 결정의 기준이 된다.

42.   그렇게 사 온 사과 중에서 멀쩡한 것을 먹을 때 썩은 것은 전혀 생각하지 않듯이, 일단 추구가 충족되면 그동안

불가피했던 고생은 잊어버리고 그 충족에 몰두하기 마련이다.

43.　　　이 세상에는 쾌락에 비해 불쾌가 더 많다고 주장하는 비관론이 옳다고 해도, 욕구에는 아무 영향도 미치지 않을 것이다. 왜냐하면 생명 존재는 불쾌가 아무리 많아도 쾌락이 조금이라도 남아 있다면 그것을 추구하기 때문이다. 고통이 기쁨을 능가한다는 경험적 증거는, 쾌락의 잉여분에서 인생의 가치를 보는 (행복주의) 철학 사조가 가망이 없다는 것을 밝히는 데에 ―노력을 하면― 적합할 수도 있을 것이다. 하지만 욕구를 비이성적인 것으로 보여 주는 데에는 적합하지 않다. 왜냐하면 욕구는 쾌락의 잉여분이 아니라, 불쾌를 뺀 후에도 남아 있는 쾌락의 양에 관한 문제이기 때문이다. 이 나머지 쾌락이 여전히 추구할 가치가 있는 목표로 드러나는 것이다.

44.　　　사람들은 세상에 쾌락이나 불쾌 중 어느 것이 더 많은지 계산하는 것은 불가능하다고 주장하면서 비관론을 부정해 왔다. 계산 가능성은 장부에 기입해야 하는 것들을 그 크기에 따라 서로 비교할 수 있어야 한다는 것을 전제한다. 쾌락이든 불쾌든 나름 특정 크기가 (그리고 강도와 지속성이) 있다. 심지어 다양한 쾌락의 느낌 역시 적어도 어

림잡아서 그 크기에 따라 비교할 수 있다. 우리는 질 좋은 담배나 재미있는 농담 중에 어느 것이 우리에게 더 많은 즐거움을 주는지 알고 있다. 그러므로 다양한 종류의 쾌락이나 불쾌를 그 크기에 따라 비교할 가능성에 반박할 이유가 없다. 세상에 있는 쾌락이나 불쾌 잉여분을 규정하는 것을 과제로 삼는 학자는 전적으로 정당한 전제 조건에서 출발하는 것이다. 비관론이 내린 결과에 오류가 있다는 말은 할 수 있어도, 쾌락과 불쾌의 양에 관한 과학적 계산 가능성, 더 나아가 쾌락 결산 장부의 규정성을 의심해서는 안 된다. 그럼에도 불구하고 이 결산 결과에서 인간의 욕구를 위한 어떤 것이 나온다고 주장한다면, 그것은 옳지 않다. 쾌락이나 불쾌 중에 어느 것이 더 많은지, 이에 우리 활동의 가치를 실제로 의존하게 만드는 경우가 있기는 하다. 우리 행위가 겨냥하는 대상에 별로 신경 쓸 필요가 없을 때 그렇다. 예를 들어서 하루 종일 일을 한 후에 게임을 하거나 친구를 만나 이야기를 나누면서 그저 좀 즐기고 싶을 뿐이라 하자. 마음 편하게 즐기고 싶다는 이 목적을 위해 무엇을 하는지는 사실 전혀 중요하지 않다. 이런 경우에 보통 다음과 같이 질문할 것이다. "무엇이 제일 큰 쾌락 잉여분을 마련해 줄까?" 그리고 저울이 불쾌 쪽으로 조금이라도 기울어지는 활동은 절대 하지 않을 것이다. 아이에게 장난감을 사 주려고 할 때 우리는 어떤 것이 아이에게 가장 큰 즐거움을 줄 것인지를 주로 고려할 것이다. 이런 것 외의 다른 모든 경우에도 우리는 배타적으로 쾌락 결산 장부에 따라서만 결정하지 않는다.

45.　　　그러므로 비관론적 윤리학자가 세상에는 쾌락보다 불쾌가 더 많은 양으로 존재한다는 것을 증명함으로써 문화적 과제에 이타적으로 헌신하게 만드는 근거를 마련했다 생각한다면, 인간의 욕구는 천성에 따라 그런 깨달음에 영향을 받지 않는다는 사실을 고려하지 않는 것이다. 인간은 모든 난관을 극복한 다음에도 가능한 충족이 어느 정도인지, 바로 이것을 기준으로 삼아 추구한다. 인간 활동의 근거는 충족에 대한 희망이다. 각 개인 저마다의 일과 전반적 문화 활동이 그 희망에서 솟아난다. 비관론적 윤리학은, 행복을 좇는 사냥은 불가능한 것임을 알려 주기만 하면 사람들이 사실상의 윤리적 과제에 헌신할 것이라 믿는다. 그런데 이 윤리적 과제는 구체적으로 자연스러운 정신적 본능 외에 다른 것이 전혀 아니다. 그리고 이 본능의 충족은 불쾌가 생겨난다 해도 역시 추구된다. 그러므로 비관론이 뿌리 뽑고 싶어 하는, 행복을 좇는 사냥은 전혀 존재하지 않는

것이다. 하지만 완수해야 할 과제가 있다면, 인간은 그것을 역시 완수한다. 왜냐하면 과제의 본질을 정말로 알아보면, 자신 존재의 힘에 의해 그 과제를 완수하고 **싶어 하기** 때문이다. 비관론적 윤리학은 인간이 먼저 쾌락을 향한 추구를 포기하면 비로소 인생의 과제로 알아본 것에 헌신할 수 있다고 주장한다. 하지만 어떤 윤리학도 인간의 갈망에 의해 요구된 충족의 실현과 인간 자신의 윤리적 이상의 성취 외에 다른 인생 과제는 생각해 낼 수 없다. 어떤 윤리학도 인간 자신이 갈망하는 것을 성취해서 얻는 쾌락을 빼앗아 갈 수 없다. "어떻든 간에 도달할 수 없을 테니 쾌락을 추구하지 말라. 그보다는 네 과제로 알아본 것을 추구하라!" 하고 비관론자가 말한다면, 다음과 같이 응수해야 한다. "그것이 바로 인간 성향이다. 인간이 그저 행복만 추구한다고 주장한다면, 그것은 미로에서 헤매는 철학의 발상일 뿐이다. 인간은 자신 본성이 갈망하는 것을 충족시키기 위해 노력한다. 이 추구에서 주시하는 것은 구체적 대상이지 추상적 '행복'이 아니다. 그리고 그 충족이 곧 쾌락이다." 비관론적 윤리학은 쾌락을 추구하지 말고 인생 과제로 알아본 것을 달성하라 하는데, 그렇게 요구함으로써 인간이 그 본성에 따라 **원하는** 바로 그것을 말하고 있다. 인간은 철학을 통해 개조될 필요가 없다. 윤리적으로 되고자 먼저 자신의 천성을 벗어던질 필요가 없다는 말이다. 옳은 것이라고 알아본 목표를 추구하는 그 자체에 이미 윤리성이 들어 있다. 그런 목표를 따르는 것은 그것에 연결된 불쾌가 목표를 향한 갈망을 마비시키지 않는 한 인간 본성 속에 들어 있다. 그리고 바로 이것이 모든 진정한 욕구의 본질이다. 윤리는, 즐거움을 누리고자 하는 강렬한 갈망이 전혀 없는 곳에서 핏기 없이 창백한 추상적 관념이 그 지배권을 설치할 수 있도록 하고자 쾌락을 향한 추구를 뿌리째 뽑아내는 데에 근거하지 않는다. 윤리는, 고난에 찬 가시밭길을 걸어야 한다 해도 반드시 목표에 도달하는 **강렬한 욕구**에, 관념적 직관으로 떠받쳐지는 **욕구**에 근거한다.

46. 윤리적 이상은 인간의 도덕적 구상력에서 솟아난다. 그 구현은 인간이 고난과 고통을 극복할 만큼 충분히 강렬하게 갈망하는가에 달려 있다. 윤리적 이상은 곧 **인간의** 직관이며, 인간 정신을 팽팽하게 긴장시키는 원동력이다. 그 구현은 최고도의 쾌락이라 인간 스스로 그 이상을 **원한다**. 쾌락을 추구하지 말라고 윤리한테 금지 당하고, 그 다음에 무엇을 **추구해야 하는지** 윤리로부터 명령받는 것, 이런 것은 인간이 필요로 하지 않는다. 도덕적 구상력이 직관을 불

어넣어 줄 만큼 충분히 활동하면, 이 직관이 인간 조직 속에
들어 있는 저항을, 불가피한 불쾌 역시 속하는 저항을 뚫고
나아갈 수 있는 강도强度를 의지에 부여해서 인간이 윤리적
이상을 추구하게 된다.

47.　　고귀하고 위대한 이상을 추구하는 사람은 그 이상이
자신의 존재 내용이기 때문에, 그리고 그 구현은 일상적 욕
구의 충족에서 하찮은 것을 뽑아내는 쾌락을 실로 사소한
종류로 만드는 향유이기 때문에 그렇게 한다. 이상주의자
는 자신의 이상을 실재로 변환시키는 동안 정신적으로 **탐
닉한다.**

48.　　갈망의 충족에서 얻는 쾌락을 뿌리 뽑으려는 사람은
먼저 인간을 노예로 만들어야 한다. 왜냐하면 노예는 원해
서가 아니라 해야 하기 때문에 일을 하는 반면에 원하는 것
의 성취가 쾌락을 생성시키기 때문이다. 보통 **선한 것**이라
불리는 것은 인간이 **해야 하는 것**을 의미하지 않는다. 인간
이 그 진정한 천성을 완벽하게 펼치려 할 때 그 스스로 **원하
는 것**이 선한 것이다. 이 사실을 인정하지 않는 사람은 먼저
인간에게서 원하는 것을 모두 몰아내야 하고, 그 다음에 그
의 욕구에 내용으로 부여해야 할 것을 **외부로부터** 지시받
도록 해야 한다.

49.   인간은 갈망이 자신의 본성에서 솟아나기 때문에 그
충족에 가치를 부여한다. 성취한 것이 가치 있는 이유는, 인
간이 그것을 원했다는 데에 있다. 바로 이런 것으로서 인간
욕구의 목표에 가치가 없다고 말한다면, 인간이 원하지 않
는 어떤 것에서 가치 있는 목표를 받는 수밖에 없다.

50.   비관론을 근거로 구축된 윤리는 도덕적 구상력을 무
시하기 때문에 생겨난다. 개별적 인간 정신은 스스로 추구
내용을 발견할 능력이 없다고 생각하는 사람만 쾌락에 대
한 갈망에서 욕구의 총계를 찾는다. 상상력이 부재하는 사
람은 윤리적 관념을 절대 만들어 내지 못한다. 그런 사람한
테는 윤리적 관념이 주어져야 한다. 그가 저급한 욕망의 충
족을 추구하는 것은 육체적 천성에 기인한다. 인간 **전체가**
펼쳐지는 데에는 정신에서 유래하는 욕구 역시 속한다. 이
정신적 욕구가 전혀 없다고 생각하는 경우에만 인간이 외
부에서 그것을 받아들여야 한다고 주장할 수 있다. 만약에
그렇다면, 인간은 자신이 원하지 않는 어떤 것을 해야 할 의
무가 있다고 말하는 것 역시 정당화된다. 인간이 원하지 않
는 과제를 이루기 위해 자신의 욕구는 뒷전에 밀어 두어야
한다고 요구하는 윤리는, 그것이 어떤 종류든 **전인**이 아니
라 정신적 추구 능력이 없는 인간만 고려하는 것이다. 조화

롭게 발달된 인간을 위해서는 이른바 선善의 관념이 그의 존재 범위 **외부가** 아니라 **내부에** 있다. 윤리적 행위는 일방적 아집의 말살이 아니라 인간 천성의 **완벽한** 발달에 기인한다. 인간의 아집을 말살해야 도달할 수 있는 게 윤리적 이상이라 생각한다면, 동물적 본능의 충족처럼 그런 이상도 인간에 의해 원해져야 한다는 사실을 모르고 있는 것이다.

51.　　　지금까지 이 장에서 그 특성을 설명한 견해는 다분히 오해할 소지가 있다는 사실을 부정하지 않는다. 도덕적 구상력이 없는 미성숙한 사람은 반쪽짜리 천성인 본능을 완전한 인간 내용으로 간주하고 싶어 한다. 그리고 아무 방해도 받지 않고 '거침없이 삶을 즐기기 위해' 자신이 만들어내지 않은 윤리적 관념을 모두 거부한다. 전인을 위해 옳은 것이 절반만 발달한 사람에게 해당하지 않는다는 것은 당연하다. 윤리적 자질이 저급한 욕망의 껍질을 깨트리고 나오는 지점까지 교육을 통해 먼저 지도되어야 하는 사람한테 성숙한 인간에 해당하는 것을 요구할 수는 없는 노릇이다. 그런데 이 지면에는 미성숙한 사람에게 꾹꾹 눌러 집어넣어야 하는 것이 아니라 성숙한 인간의 본성에 들어 있는 것을 기록해야 한다. 왜냐하면 자유가 가능하다는 것을 증명해야 하는데, 이 자유는 감각적 혹은 영적 강요에서 나오

는 행위가 아니라 정신적 직관에 의해 지탱되는 행위에서 드러나기 때문이다.

52.　　　성숙한 인간은 자신에게 스스로 가치를 부여한다. 그는 자연이나 창조주가 은혜로운 선물로 건네는 쾌락을 추구하지 않는다. 그뿐만 아니라 쾌락에 대한 추구를 벗어던진 후에 알아본 추상적 의무도 떠맡지 않는다. 그는 자신이 원하는 대로, 즉 자신의 도덕적 직관의 척도에 따라 행동한다. 그리고 자신이 원하는 것을 성취하면, 이를 인생의 진정한 향유로 느낀다. 그는 추구한 것에 대한 성취의 관계에서 인생의 가치를 결정한다. 원함의 자리에 해야 함을, 애호의 자리에 의무를 집어넣는 윤리는 인간이 성취하는 것과 의무가 요구하는 것의 관계에서 인간의 가치를 결정한다. 그런 윤리는 인간 존재 외부에 놓인 척도로 인간을 잰다. 이에 반해 이 장에서 발달시킨 의견은 인간이 자신을 기준으로 삼도록 한다. 인간 각자가 자신 욕구의 척도에 따라 있는 그대로의 것으로서 알아보는 것만 인생의 진정한 가치로 인정한다는 말이다. 이 의견은 개인이 인정하지 않은 인생 가치도, 개인에서 솟아나지 않은 인생 목적도 알지 못한다. 이 의견은 모든 방면으로 두루 통찰하는 실존적 개인 내면에서 그 자신의 주인과 그 자신의 평가인을 본다.

53.　　　다음과 같은 외관상 이의를 물고 늘어지면 이 장에서 설명한 것을 오인할 수 있다. "있는 그대로의 인간 욕구는 비이성적이다. 이 비이성적 성격을 증명해야 한다. 그러면 사람들이 욕구에서 궁극적으로 해방되는 데에 윤리적 추구를 위한 목표가 들어 있을 수밖에 없다고 인정할 것이다." 그런데 이런 외관상-이의가 사회에 정평이 난 인사들[06] 쪽에서 다음과 같은 말로 제시되었다. "진정한 인생 결산 장부를 작성할 때 사람들 대부분과 동물들이 생각이 없어서 놓치는 것을 보충하는 게 철학자의 일이다." 이런 이의를 제기하는 사람은 다음과 같은 주요 쟁점을 보지 않는 것이다.

---

06 원발행자 이 이의는 에두아르트 폰 하르트만이 제기했다.(이 책 3장 각주08 참조) 이 장 38문단과 관련하는 하르트만의 이의는 다음과 같다.

"루돌프 슈타이너는 손실 잔액의 정당성이 아니라 동물과 인간이 실제로 그들의 가치론적 결산표를 작성한다는 것만 논쟁의 주제로 삼는다. 그러나 이것은 완전히 부차적인 문제. 비관론은 물론 모든 인간이 때때로 무의식적으로 삶의 특정 시기와 상황에서 심정에 따른 대충의 기억 인상에 따라 어림잡은 것에서 행동한다 해도, 일반적으로 그런 고안을 의식해서 그것에 몰두한다고 주장하지는 않는다. 그러나 비관론은 동물과 대부분 인간의 사고 부재가 놓치는 것을 보충하는 것이 철학자의 과제라고 주장한다."

자유가 구현되어야 한다면, 인간 본성 속에서 욕구가 반드시 직관적 사고에 의해 지탱되어야 한다. 그런데 이와 동시에 욕구는 직관 외에 다른 것에 의해서도 규정될 수 있으며, 윤리적인 것과 그 가치는 **오로지** 인간 존재에서 흘러나오는 직관의 자유로운 구현에서**만** 생겨난다는 결과가 나온다. 도덕적 개인주의는 가장 적절하게, 그 완벽한 품격으로 윤리를 보여 준다. 왜냐하면 도덕적 개인주의가 참된 의미에서 윤리적이라 여기는 것은 규범과 욕구의 조화를 외적 양식으로 수반하는 것이 아니고, 인간이 자신 존재 전체의 한 부분으로서 윤리적 욕구를 내면에서 전개하고, 그래서 비윤리적 행위가 자신 존재를 잘라 내 불구로 만드는 것이라고 알아보면, 비로소 인간에게서 생겨나는 것이기 때문이다.

14. 개인과 종속

1.　　　인간은 그 자체로 완결된 자유로운 개인이라는 의견
이 한편에 있다. 그 건너편에 인간은 (인종, 종족, 민족, 가
족, 남성 그리고 여성 등) 자연적인 전체 내부의 구성원이
며 (국가, 종교 조직 등) 전체 내부에서 활동한다는 외관상
사실이 있다. 인간은 그가 속하는 공동체의 일반적 특성을
지니고 있다. 그리고 공동체의 대다수 내부에서 차지하는
위치를 통해 규정된 내용을 자신의 행위에 부여한다.

2.　　　그렇다면 개인성이 과연 가능한가? 전체를 근거로
성장하고 전체 속에 편입되는 인간을 독자적 전체로 볼 수
있는가?

3.　　　전체에 속하는 구성원은 그 특징과 기능에 따라 전체
를 통해서 규정된다. 한 민족은 그 자체로 하나의 전체며,

그에 속하는 사람들은 그 민족의 본질로 전제된 특성을 지닌다. 각자가 어떤 체질인지, 어떻게 활동하는지 등이 민족의 특성을 통해 전제된다. 이로 인해 각자의 생김새, 활동 등이 종속적인 것을 띨 수밖에 없다. 어떤 사람에게서 보이는 이러저러한 것이 왜 그런지 물어보면, 그 개별 존재를 벗어나서 그가 속하는 종속을 보라고 한다. 그 사람의 어떤 것이 우리가 관찰하는 형태로 드러나는 이유를 그 종속에서 찾아볼 수 있다는 것이다.

4.   그런데 인간은 이 종속적인 것을 벗어나 스스로 자유로워진다. 왜냐하면 종속적인 것은 올바르게 체험하는 한 자유를 제한하는 것이 아니며, 인위적 편성을 통해 자유를 제한하는 것으로 만들어져서도 안 되는 것이기 때문이다. 인간은 그 특성과 역할을 독자적으로 발달시키며, 이 특성과 역할을 규정하는 근거는 오로지 인간 내면에서만 찾을 수 있다. 이때 종속적인 것은 인간 내면의 특별한 존재를 표현하기 위한 수단으로 쓰일 뿐이다. 인간은 자연이 부여한 특성을 바탕으로 이용하고, 자신의 본질에 걸맞은 형태를 자신에 부여한다. 그러므로 이 본질의 표현을 위한 근거를 종의 법칙에서 찾는 것은 헛일이다. 여기서 다루는 것은 오로지 그 자체를 통해서만 해명될 수 있는 개인에 관한 문제

다. 한 인간이 종속적인 것에서 풀려나는 지점까지 뚫고 나아갔는데도 그에게 있는 모든 것을 여전히 종속적인 것을 근거로 해명하고 싶어 한다면, 그 사람의 개인성을 알아볼 기관은 우리한테 없는 것이다.

5.　　종속 개념을 판단 근거로 삼으면, 한 인간을 완전히 이해하는 것은 불가능하다. 종속에 따라 판단하는 경향이 가장 심한 경우는 성性에 관한 문제에서다. 남성은 여성에 게서, 여성은 남성에게서 거의 항상 이성의 일반적 성격을 더 많이 보고 개인적 성격은 너무 적게 본다. 이런 경향은 실생활에서 여성들에 비해 남성들에게 손상을 덜 끼친다. 여성의 사회적 위치가 상당히 비인간적인 주된 이유는, 당연히 인간적이어야 하는 많은 사항에 있어서 여성의 위치가 개인적 고유성을 통해서가 아니라 여성의 욕구와 자연스러운 과제에 관한 일반적 표상을 통해서 전제된다는 데에 있다. 남성은 개인적 역량과 소질에 따라 활동한다. 반면에 여성은 여성이기 때문에 주어진 주변 상황을 통해서 배타적으로 전제된 활동을 해야 한다. 여성은 종속적인 것의 노예, 일반적으로-여성적인 것의 노예가 되고 만다. '여자가 타고난 자질에 따라' 이러저러한 직업에 종사하기에 적합한지 남성들이 계속해서 논의하는 한, 이른바 여성 문제

는 가장 초보적인 단계를 절대 벗어나지 못한다. 여성이 타고난 자질에 따라 무엇을 원할 수 있는지, 이는 여성이 스스로 판단하도록 두어야 한다. 여성은 현재 주어지는 직업만 제대로 수행할 수 있다는 생각이 진실이라면, 자신을 근거로 해서는 다른 것에 절대 도달할 수 없을 것이다. 하지만 여성은 타고난 자질에 맞는 것이 무엇인지 스스로 결정할 수 있어야만 한다. 여성을 종속적 인간이 아니라 개인으로 받아들이면 사회가 혼란 상태에 빠질 것이라고 걱정하는 사람들이 있다. 그 사람에게는 다음과 같이 응수해야 한다. "인류 절반이 비인간적 현존을 누리고 있는 사회야말로 절대적으로 개선이 필요하다!"[01]

---

01 1894년 이 책이 처음으로 출판된 직후에 이 생각에 대한 이의가
제기되었다. 그에 따르면 여성들은 원하기만 하면 현재 이미 종속적인
것 내부에서 충분히 개인적 삶을 누린다고 한다. 교육을 통해서,
그 후에는 전쟁과 직업을 통해서 탈개인화된 남성들보다 훨씬 더
자유롭다는 말이다. 나는 이런 이의가 필시 오늘날에는 훨씬 더 강하게
대두되리라는 사실을 잘 알고 있다. 그럼에도 불구하고 이 문장을
그대로 두기로 한다. 다만, 그런 이의가 이 책에서 발달시킨 자유의
개념에 얼마나 심하게 어긋나는지 이해하고 위 문장이 교육과 직업을
통한 남성들의 탈개인화가 아니라 다른 것과 비교 평가되어야 한다는
것을 알아보는 독자 역시 있으리라는 희망을 품으면서.
원발행자 이 이의는 에두아르트 폰 하르트만이 제기했다.(이 책 3장 각주
08 참조) 이 장 5문단과 관련한 이의 내용은 다음과 같다.

6.   종속적 성격에 따라 인간을 판단하는 사람은 인간이 자발적이고 자유로운 결정에 따라 행동하는 존재가 되기 시작하는 경계에 도착할 뿐이다. 이 경계 앞에 머무르는 것은 당연히 학문적 고찰 대상이 될 수 있다. 인종적, 종족적, 민족적, 성적 특성은 특정 학문의 내용이 된다. 오로지 종속적인 범례에 따라서 살고자 하는 사람만 그런 학문적 고찰을 통해 성립된 일반적 형상과 일치할 수 있을 것이다. 하지만 그런 학문 중 어떤 것도 각 개인 특유의 내용까지는 파고들지 못한다. 종속적 법칙에 따라 개인이 규정되는 것은 (사고, 그리고 행위의) 자유 영역이 시작되는 곳에서 멈춘다. 완전한 실재를 파악하기 위해 (5장 15문단 이하) 인간이 사고를 통해 지각과 연결해야 하는 개념 내용은 그 누구도 최종적으로 결정해서 영원히 완성된 것으로 인류에게 물려줄 수 없다. 개인이 자신의 직관을 통해서 자신의 개념을 획득해야 한다. 각자가 어떻게 생각해야 하는지는 어떤 종류든 종속 개념에서 도출되지 않는다. 그것은 오로지, 유일하게 개인만 결정할 수 있는 문제다. 개인이 자신의 욕구

"현재 여성들은 종속적인 것 내부에서 원하는 대로 개인적으로 살고 있다. 먼저 교육을 통해, 그 다음에 전쟁과 직업을 통해 탈개인화된 남성들보다 훨씬 더 자유롭다."

에 어떤 구체적인 목표를 제시할 것인지도 인간의 일반적 성격을 바탕으로 해서는 조금도 결정할 수 없는 문제다. 각 개인을 이해하고 싶어 하는 사람은 반드시 각 개인 특유의 존재 속으로 파고 들어야 하며, 전형적 특성에 머물러서는 안 된다. 이런 의미에서 인간 각자가 하나의 의문이고 문제다. 그리고 추상적 사고내용과 종속 개념을 다루는 모든 학문은, 한 인간 개인이 세상을 바라보는 양식을 우리에게 털어놓으면 우리에게 주어지는 바로 그 인식을 위한 준비며, 우리가 그 개인의 욕구 내용에서 얻는 것을 위한 준비일 뿐이다. "지금 우리는 저 사람에게 있는 것 중에서 전형적 사고 방식과 종속에 들어맞는 욕구에서 자유로워진 어떤 것과 관계하고 있다!" 하고 느낄 때 우리가 그 사람을 이해하고 싶다면, 우리 정신에서 나오는 어떤 개념을 도움 삼으려 하지 말아야 한다. 인식은 사고를 통해서 지각과 개념을 연결하는 데에 있다. 다른 모든 객체의 경우에는 관찰하는 사람이 직관을 통해 개념을 획득해야 한다. 자유로운 개인을 이해하는 경우에는 유일한 중점이, 그 개인 스스로 결정 기준으로 삼는 개념을 (관찰하는 내 개념 내용과 혼합하지 않고) 순수하게 내 정신 속으로 옮겨오는 데에 있다. 타인을 판단할 때마다 곧바로 자신의 개념을 혼합하는 사람은 개인을 이해하는 지점에 절대 도달하지 못한다. 자유로운 개인이 종속적 특성에서 스스로 자유로워지듯이, 인식은 종속적인 것이 이해되는 그 양식에서 저절로 자유로워질 수밖에 없다.

7.　　인간은 이미 설명한 방식으로 종속적인 것에서 자유로워지는 바로 그만큼만 공동체 내부에서 자유로운 정신으로 고찰된다. 어떤 인간도 순전히 종속적인 존재가 아니다. 어떤 인간도 완벽한 의미의 개인이 아니다. 하지만 인간이라면 누구나 자신을 지배하는 권위적 인물의 명령에서도, 동물적 삶의 종속적 요소에서도 자신 존재의 크거나 작은 범위를 차츰차츰 분리해 낸다.

8.　　인간이 그런 자유를 정복할 수 없는 부분을 위해서는 자연 유기체와 정신 유기체 내부에 따로 가지를 형성한다. 이런 부분과 관련해 인간은 타인이 하는 대로 하거나, 타인이 명령하는 대로 삶을 영위한다. 인간 행위 중 진정한 의미에서 도덕적 가치가 있는 것은 단 하나일 뿐이다. 바로 직관에서 솟아나는 행위다. 사회적 본능의 유전을 통해 도덕적 본능으로 인간에 있는 것은 인간이 자신의 직관에 수용해야 도덕적인 것이 된다. 개인의 도덕적 직관에서, 그리고 인류 공동체가 그 직관을 수용하는 데에서 모든 윤리적 활동

이 솟아난다. 다음과 같이 말할 수 있다. "인류의 윤리 생활은 자유로운 개인들의 도덕적 구상력에서 나온 결과의 총합이다." 바로 이것이 일원론의 결론이다.

마지막 의문 사항

일원론의 귀결

1.　　　단일적 세계 해명 혹은 이 책에서 의도한 일원론은
세계 해명에 필요한 원리를 인간 경험에서 얻는다. 행위의
원천 역시 관찰 세계 내부에서, 특히 우리의 자아 인식으로
접근 가능한 인간 천성에서, 더 정확히 말해 도덕적 구상력
에서 찾는다. 일원론은 지각과 사고에 주어진 세계를 위한
최종 근거를 추상적 추론을 통해 이 세계 **외부에서** 찾기를
거부한다. 일원론은 지각의 무수한 다양성에 체험 가능한,
사고하는 관찰이 가져다주는 합일이 동시에 인간의 인식
욕구가 요구하는 것이며, 그 합일을 통해서 인식 욕구가 물
리적, 정신적 세계 영역으로 들어가는 입구를 찾는다고 본
다. 그런 식으로 찾아야 하는 합일의 배후에서 또 다른 것
을 찾는 사람은 인식 욕구가 요구하는 것과 사고를 통해 발

견된 것이 일치한다는 사실을 알아보지 못한다는 것만 드러낼 뿐이다. 인간 개인은 실제로 세계에서 분리되어 있지 않다. 인간 개인은 세계의 한 부분이며, 실재에 따르면 우주 전체와 연결되어 있다. 이 연결이 우리 지각과 관련해 중단되어 있을 뿐이다. 우리는 지각으로 드러나는 부분을 처음에는 독자적으로 존재하는 것이라고 본다. 왜냐하면 우주의 원동력이 인생 톱니바퀴의 움직임을 야기하는 데 이용하는 밧줄과 끈을 보지 않기 때문이다. 이 입장에 머물러 있는 사람은 전체 중에서 지각되는 한 부분을 정말로 독자적으로 존재하는 것으로, 나머지 세계에 대한 기별을 어떤 식으로든 외부에서 받아들여야 하는 단일체로 여긴다. 이 책에서 의도한 일원론은 지각된 것이 사고를 통해 개념 세계의 그물에 아직 얽혀 들지 않은 한에서만 그 독자성이 신봉될 수 있다는 것을 보여 준다. 일단 이 그물에 얽혀 들면, 부분적 실존은 **지각의 외관**으로 밝혀진다. 직관적 사고 체험을 통해서만 인간은 우주 속에 그 자체로 완결된 총체적 실존으로서 자신을 발견할 수 있다. 사고가 지각의 외관을 파괴하고, 우리의 개인적 실존을 우주의 삶에 편입시킨다. 객관적 지각을 내포하는 개념 세계의 단일성은 주관적 개인성의 내용 역시 수용한다. 사고는 실재에 대한 진정한 형상을 그 자체로 완결된 합일로서 우리에게 준다. 그런 반면에 지각의 다양성은 우리 조직으로 인해 전제된 외관일 뿐이다.(10장 1문단 이하) 지각의 외관에 대한 실재의 인식, 이것이 모든 시대에 걸쳐 인간 사고의 목표를 형성했다. 과학은 지각 세계 내부에서 법칙적 연관성을 밝혀냄으로써 지각을 실재로서 인식하고자 노력한다. 그런데 인간의 사고를 통해 매개된 연관성은 주관적 의미만 있을 뿐이라는 의견이고, 바로 그곳에서 단일성의 진정한 근거를 경험 세계 저 너머에 있는 객체(추론한 신, 의지, 절대 정신 등)에서 찾는다. 그리고 바로 이 생각을 바탕으로 경험에서 알아볼 수 있는 연관성에 대한 앎에 더해 경험을 넘어서는 두 번째 앎을 얻으려 하고, 더 이상 경험할 수 없는 존재에 대한 경험의 연관성을 밝히고자 한다.(경험이 아니라 추론을 통해서 획득한 형이상학) 이 입장에 따르면, 우리가 잘 조절된 사고를 통해 세계 연관성을 파악하는 근거는 원초 존재가 논리적 법칙에 따라 세계를 구축했다는 데에 있고, 우리 행위의 근거는 그 원초 존재의 의지에 놓여 있다. 그런데 이런 생각이 알아보지 못하는 것이 있다. 사고는 주관적인 것과 객관적인 것을 동시에 아우르고, 실재는 개념에 지각을 연결함으로써 완벽하게 매개된다는 것이다. 지각을 관통하고 규정하는 법칙성은 개념의 추상적 형태라고 생각하는 한에서만 우리는 실제로 순수하게 주관적인 어떤 것과 관계한다. 하지만 사고의 도움으로 지각에 더해 획득한 개념 내용은 주관적인 것이 아니다. 이 내용은 주관적인 것에서가 아니라 실재에서 덜어내진 것이다. 그것은 실재 중에 지각이 도달하지 못하는 부분이다. 경험이지만 지각을 통해서는 매개되지 않는 경험이다. 개념이 실재라는 것을 표상하지 못하는 사람은 자신의 정신 속에서 고수하는 추상적 형태만 개념이라 생각한다. 그런데 지각의 경우와 똑같이 개념 역시 그렇게 고립된 형태로는 우리 조직을 통해서만 존재할 뿐이다. 우리가 지각하는 나무도 그 자체로 고립된 것으로는 전혀 실존하지 않는다. 나무는 자연의 거대한 톱니바퀴 내부에 한 부분일 뿐이며, 자연과의 실재적 관계 안에서만 있을 수 있다. 한 가지 지각이 그 자체로는 실재가 아니듯, 한 가지 추상적 개념 역시 그 자체로는 실재가 전혀 아니다. 지각은 실재의 한 부분인데 객관적으로 주어진 것이고, 개념도 실재의 한 부분인데 (직관을 통해, 7장 4문단 이하) 주관적으로 주어진 것이다. 우리의 정신적 조직이 실재를 이렇게 두 요소로 갈라놓는다. 이중에 하나는 지각에, 다른 것은 직관에 나타난다. 이 두 요소를 연결하는 것, 즉 법칙적으로 우주에 편입되는 지각이 바로 완벽한 실재다. 단순히 지각 그 자체만 고찰해서 얻는 것은 실재가 아니라 아무 연관성도 없는 혼란일 뿐이다. 그런데 지각의 법칙성만 고찰한다면, 이는 추상적 개념과 관계하는 것일 뿐이다. 추상적 개념은 실재를 내포하지 않는다. 하지만 사고하는 관찰은 확실하게 실재를 포괄한다. 사고하는 관찰은 개념도 지각도 그 자체로 분리된 것으로서 일방적으로 보지 않고 그 양자의 연관성을 고찰한다.

2.　　　우리가 (같은 뿌리를 가진 진정한 우리 존재와 함께) 실재 속에 살고 있다는 것은 가장 정통파에 속하는 주관적 이상주의자도 절대 부정할 수 없다. 그는 우리가 실제로 체험하는 것에도 인식을 통해 관념적으로 도달한다는 것만 문제 삼을 것이다. 그에 반해 일원론은 사고가 주관적이지도 객관적이지도 않은, 실재의 양면을 포괄하는 원리라는 것을 보여 준다. 우리가 사고하면서 관찰하면, 실제 사건들의 연속 자체에 속하는 과정을 완수하는 것이다. 우리는 경험 자체 내부에서 사고를 통해 지각의 일방성을 극복한다. 추상적이고 개념적인 가정을 통해 (순수하게 개념적인 숙고를 통해) 아무리 궁리해도 우리는 실재의 본질을 밝혀낼 수 없다. 하지만 지각에 맞는 관념을 발견하면서 우리는 실

재 안에서 **산다**. 일원론은 경험에 더해 경험할 수 없는 것 (즉 저 너머에 있는 것)을 찾지 않는다. 일원론은 개념과 지각에서 실재를 본다. 일원론은 개념에서 실재의 **한** 면만 보기 때문에 단순하게 추상적인 개념에서 어떤 형이상학도 자아내지 않는다. 실재의 한 면인 개념은 지각에 숨겨져 있으며 지각과 연결되었을 때만 의미가 있다. 하지만 일원론은, 인간이 실재 세계에서 살고 있으며 체험할 수 없는 고차적 실재를 자신의 세계 바깥에서 찾을 필요가 없다는 확신을 인간 내면에 불러일으킨다. 일원론은 경험 자체의 내용이 실재라고 알아보기 때문에 경험 외의 다른 곳에서 절대적–실재를 찾지 않는다. 그리고 일원론은 이 실재를 통해 만족하는데, 그 이유는 그것을 보증할 힘이 사고에 있다는 것을 알기 때문이다. 이원론이 관찰 세계 배후에서 찾는 것을 일원론은 관찰 세계 자체에서 발견한다. 일원론은, 인식과 더불어 우리가 인간과 실재 사이에 끼어드는 주관적 그림이 아니라 그 진정한 형상으로 실재를 파악한다는 것을 보여 준다. 일원론적 관점에서 보면 세계의 개념 내용은 모든 인간 개인에 동일하다.(5장 15문단 이하) 일원론의 원리에 따르면 한 인간 개인은 타인을 자신과 동등한 존재로 고찰한다. 왜냐하면 자신과 타인 내면에서 펼쳐지는 세계 내용이 동일하기 때문이다. 아무리 많은 사람이 사자를 생각한다 해도 몇몇 개념 세계 안에서 사자의 개념은 그들 수만큼 많이 있는 게 아니다. 사자의 개념은 **단 하나**만 있을 뿐이다. 그리고 한 사람이 사자의 지각과 짝짓는 개념은 다른 사람이 지니는 개념과 동일하다. 같은 개념이 다른 지각 주체를 통해 파악될 뿐이다.(5장 20문단 이하) 사고는 온갖 다양한 것의 공통된 관념적 단일성으로 모든 지각 주체를 이끌어 간다. 몇몇 관념 세계는 다양한 개인 내면에서 펼쳐지는 것처럼 온갖 다양한 것 안에서도 펼쳐진다. 인간은 오로지 자아 지각을 통해서만 자신을 파악하는 한에서 현재 되어 있는 개별적 인간을 본다. 그에 반해 자신 내면에서 빛나는, 모든 개별적인 것을 포괄하는 관념 세계를 일별하는 순간 절대적 실재가 내면에 생생하게 빛나는 것을 본다. 이원론은 모든 인간을 관통하고 모든 인간 속에 살아 있는 것으로 신적인 원초 존재를 규정한다. 일원론은 이 공통된 신적 삶을 현실에 있는 것 자체 내부에서 발견한다. 타인의 관념 내용이 역시 내 것이다. 그리고 나는 지각하는 한에서만 타인의 관념 내용이 내 것과 다르다고 본다. 하지만 내가 사고하면, 더 이상 그렇지 않다. 인간 각자는 사고와 더불어 전체 관념 세계 중 한 부분만 포괄한다. 그리고 이런 의미에서 각 개인은 사실상의 사고내용을 통해서도 구별된다. 그렇다 해도 이 내용은 모든 사람의 사고내용을 포괄하는, 그 자체로 완결된 전체 속에 들어 있다. 이로써 인간은 모든 사람을 관통하는 공통의 원초 존재를 사고 속에서 파악한다. 사고내용으로 충만한 현실 속의 삶이 곧 신 안에서의 삶이다. 체험할 수 없고 단순히 추론된 저 너머의 것은 세계 존속 근거가 이 세계 안에는 없다고 믿는 사람들의 오인에 기인한다. 이들은 지각을 해명하기 위해 자기들이 요구하는 것을 사고를 통해서 발견한다는 사실을 깨닫지 못한다. 그런데 바로 이런 까닭에 지금까지 어떤 사변도 우리에게 주어진 현실에서 빌리지 않은 내용은 하나도 건져 내지 못했다. 추상적 추론을 통해 가정된 신은 다른 아무것도 아니고 저 너머로 옮겨 놓은 인간일 뿐이다. 그러니까 쇼펜하우어가 말하는 의지는 절대화된 인간 의지력이다. 하르트만이 관념과 의지를 조합해서 만든 무의식적 원초 존재는 경험에서 빌린 두 가지 추상성을 조합한 것이다. 체험되지 않은 사고에 근거하는 저 너머의 원리에 관해서라면 그것이 어떤 종류든 이와 똑같은 것을 말해야 한다.

3.   인간 정신은 그 진실에 있어 우리가 살고 있는 현실을 절대로 넘어서지 않는다. 그렇게 할 필요가 없다. 왜냐

하면 세계 규명에 필요한 모든 것은 이 세계 안에 놓여 있기 때문이다. 경험에서 빌린 원리와 가정된 저 너머 세계로 옮겨 놓은 원리, 이 두 가지를 근거로 철학자들이 세계를 유도해 낸 다음에 비로소 만족스러워한다면, 바로 이 세계에 그 내용을 그냥 두어도 체험 가능한 사고를 위해서는 그것이 어쨌든 이 세계에 속하니까 역시 그런 만족이 생겨날 수 있다. 이 세계를 넘어서 나아가는 모든 것은 그저 겉치레일 뿐이다. 그리고 저 너머 세계로 옮겨진 원리가 이 세계 안에 있는 원리에 비해 더 낫게 설명하지도 않는다. 그런데 스스로를 이해하는 사고는 이 세계를 벗어나라고 요구하지도 않는다. 왜냐하면 사고내용은 함께 현실을 형성하는 지각 내용을 이 세계 바깥에서가 아니라 내부에서 찾을 수밖에 없기 때문이다. 구상력의 객체 역시 지각 내용을 가리키는 표상으로 바뀌어야 비로소 정당성을 얻는 내용일 뿐이다. 그것은 이 지각 내용을 통해서 현실에 편입해 들어간다. 우리에게 주어진 세계 외부에 있어야 하는 내용으로 개념이 채워져야 한다는 것은 현실에 전혀 들어맞지 않는 추상성일 뿐이다. 현실의 **개념**, 이것만 우리가 곰곰이 생각할 수 있다. 이 개념 자체를 발견하려면 역시 지각이 필요하다. 그 내용이 **고안된** 세계 원초 존재는 스스로를 이해하는 사고를 위해 불가능한 가정이다. 일원론은 관념적인 것을 부정하지 않는다. 심지어 관념적 짝이 없는 지각 내용을 완벽한 실재로 간주하지 않는다. 하지만 일원론은 객관적으로 정신적인 실재의 부정을 통해 사고의 체험 범위를 벗어나도록 강요할 수 있는 것을 사고의 전체 영역에서 전혀 발견하지 않는다. 지각을 관념적으로 보충하는 곳까지 뚫고 나아가지 않고 지각만 설명하는 데에 그치는 학문을 일원론은 어중간한 미봉책으로 본다. 하지만 지각에서 그 보충물을 발견하지 않고, 관찰 가능한 세계를 포괄하는 개념의 그물 속 어디에도 순응하지 않는 추상적 개념들 역시 어중간한 미봉책으로 간주한다. 그러므로 일원론은 경험 저 너머에 있는 객관적인 것을 암시하는 관념과 그저 가정된 형이상학적 내용을 이루는 관념을 전혀 알지 못한다. 인류가 만들어 낸 그런 관념 모두 그 원저자가 경험에서 뽑아낸 추상성이다. 사람들이 이 사실을 간과할 뿐이다.

4.   이와 똑같이 일원론의 원리에 따르면 인간 행위의 목표는 초인간적인 저 너머 세계에서 절대로 이끌어 낼 수 없는 것이다. 행위의 목표는 생각되어지는 한 직관에서 유래할 수밖에 없다. 인간은 (저 너머 세계에 있는) 객관적인 원초 존재의 의도를 자신 개인의 의도로 만들지 않는다. 그는

자신의 도덕적 구상력을 통해 얻은 자신의 의도를 추구한
다. 인간은 자신의 관념 세계에서 행위를 통해 구현되는 관
념을 분리해 내서 자신 욕구의 근거로 삼는다. 그러므로 인
간 행위를 통해서 펼쳐지는 것은 저 너머 세계에서 이 세계
로 불어넣어진 계율이 아니라, 이 세계에 속하는 인간적 직
관이다. 우리 외부에서 우리의 행위에 방향과 목표를 정해
주는 세계 지배자는 일원론에 전혀 알려져 있지 않다. 인간
은 행위를 통해 겨냥해 나아가야 할 목표를 알아보기 위해
그 조언을 탐구해야 하는 저 너머 세계의 궁극적 근원을 전
혀 발견하지 않는다. 오로지 자신만 보아야 할 뿐이다. 인간
스스로 자신의 행위에 내용을 부여해야 한다는 말이다. 현
재 살고 있는 세계 바깥에서 자신 욕구의 규정 근거를 찾는
다면, 그것은 헛된 탐구에 그칠 것이다. 자연이라는 어머니
가 돌보는 자연스러운 욕망을 충족시키는 데에 그치지 않
고 그것을 넘어서고자 하는 사람은 타인의 도덕적 구상력
을 따르는 편안함을 선호하지 않는 한 자신의 도덕적 구상
력에서 욕구의 규정 근거를 찾아야 한다. 이것이 의미하는
바는, 모든 행위를 포기하든가, 아니면 자신의 관념 세계에
서 스스로 건져 낸 규정 근거를 따르거나, 아니면 같은 관념
세계에서 타인이 건져 내 준 규정 근거를 따를 수밖에 없다

는 것이다. 그런데 인간이 감각적 본능 생활을 극복하고, 타인의 명령을 실행하는 것도 극복하면, 자신 외에는 아무것으로도 규정되지 않는다. 인간은 다른 아무것으로도 규정되지 않고 오로지 스스로 결정한 원동력으로 행위를 하도록 되어 있다. 비록 이 원동력이 인간 자신의 관념 세계 내부에 관념적으로 규정되어 있기는 해도, 사실에 입각해서 보면 오로지 인간을 통해서만 그 세계에서 도출되어 현실로 구체화될 수 있다. 일원론은 한 가지 관념이 인간을 통해 바로 지금 현실로 전환된다는 사실을 위한 근거를 오직 인간 내면에서 발견할 수 있을 뿐이다. 관념이 행위로 바뀌는 것은 그것이 일어날 수 있기 전에 반드시 인간이 **원해야** 한다. 그러므로 이런 욕구는 오로지 인간 내면에 근거를 둔다. 인간은 자신의 행위를 최종적으로 결정하는 존재다. 인간은 **자유롭다**.

개정판에 즈음한 주석 ❶

5.　　　이 책 2부에서 인간 행위의 실재성에서 자유를 발견한다는 것을 위한 근거를 제시하고자 시도했다. 그렇게 하

면서, 편견 없이 자아 관찰을 하는 경우에 자유에 관해 언급될 수 있는 부분을 인간의 행위 영역 전체에서 분리해 내는 게 불가피했다. 그것은 다름 아니라 관념적 직관의 구현으로서 드러나는 행위다. 편견 없이 관찰하는 사람은 그 누구도 이와 다른 행위를 자유로운 것이라 부르지 않을 것이다. 그런데 인간은 편견 없이 자아 관찰을 하는 경우 자신이 도덕적 직관과 그 구현으로 향하는 길에서 전진하는 자질을 타고났다고 생각하도록 되어 있다. 단, 인간의 도덕적 본성을 편견 없이 관찰한다 해도, 그 관찰 자체로는 자유에 관한 최종 결정을 절대 내릴 수 없다. 왜냐하면 직관적 사고 자체가 다른 어떤 존재에서 솟아나는 것이라면, 인간 존재는 자체적으로 지탱되지 않는다는 것이고, 그러므로 도덕적인 것에서 흘러나오는 자유 의식은 허상으로 입증된다. 그런데 이 책 2부는 그 자연스러운 버팀목을 1부에서 발견한다. 이 책 1부는 인간이 체험하는 내적 정신 활동으로서 직관적 사고를 제시한다. 그런데 사고의 **이 존재를 체험하면서** 이해하기, 이것이 곧 직관적 사고의 **자유**에 관한 인식과 동등하다. 직관적 사고가 자유롭다는 것을 알면, 자유가 그 속성인 욕구의 주변부도 알아본다. 그 자체로 지탱되는 존재를 직관적 사고 체험의 장본인이라고 내적 경험을 바탕으로 감히 말할 자격이 있는 사람은 행위하는 인간이 **자유롭다고** 간주할 것이다. 그렇게 할 능력이 없는 사람은 자유를 받아들이는 길 중에서 어떤 식이든 논쟁할 여지가 없는 것을 절대 발견하지 못할 것이다. 이 책에서 정당화된 경험은 의식 속에만 그 실재를 두지 않는 직관적 사고를 **의식 속에서** 발견한다. 이로써 그 경험은 의식의 직관에서 흘러나온 행위의 특징으로서 자유를 발견한다.

개정판에 즈음한 주석 ❷

6.　　　이 책의 내용은 모든 지각을 인식하면서 현실에 위치시키는, 순수하게 정신적으로 체험될 수 있는 직관적 사고를 근거로 구축되었다. 이 책에는 직관적 사고의 체험에 의해 조망되는 것 이상으로는 설명하지 않는다. 그러나 이 체험된 사고가 어떤 사고내용 형상을 요구하는지도 정당화되어야 했다. 그리고 그 사고는 인식 과정에서 그 자체로 지탱되는 체험으로서 부정되지 않을 것도 요구한다. 이 체험 외부에 놓인, 추론되어야 하는 세계에서 실재를 찾는 대신에 지각과 더불어 실재를 체험하는 능력을 사고에서 박탈

하지 않는다는 것의 건너편에 인간의 사고 활동은 단지 주관적일 뿐이라 하는 것. —

7.　　　이로써 인간이 실재 속에 들어가 정신적으로 익숙해지는 데 이용하는 요소의 특성을 사고에서 설명했다.(그리고 그 누구도 체험된 사고를 근거로 구축한 이 세계관을 단순한 이성주의와 혼동해서는 안 된다) 그런데 다른 한편으로는 지각 요소가 사고 속에서 파악될 때 비로소 인간 인식을 위해 실재의 정의를 얻는다는 사실이 이 책의 전반적 정신에서 나온다. 사고 **바깥에는** 실재로서의 표지標識가 없다. 그러므로 지각의 감각적 속성이 유일한 실재를 보증한다고 생각해서는 안 된다. 지각으로 등장하는 것, 그것을 인간은 인생 노정에서 그저 **기대하는** 수밖에 없다. 기껏해야 다음과 같은 질문을 할 수 있을 뿐이다. "오직 직관적으로 체험된 사고에서 나온 관점에서 보면, 인간이 감각적인 것 외에 정신적인 것도 **지각할** 수 있으리라 **기대해도** 정당한가?" 그렇게 기대해도 된다. 왜냐하면 직관적으로 체험된 사고는 비록 **한편으로는** 인간 정신 속에서 완수되는 활동 과정이라 해도, 동시에 **다른 한편으로는** 육체적 감각 기관이 없이 정신적으로 파악되는 지각이기 때문이다. 그것은 지각하는 사람 스스로 그 속에서 활동하는 지각이다. 그

것은 활동하는 동시에 지각되는 자아 활동이다. 직관적으로 체험된 사고 속에서 인간은 역시 지각하는 자로서 하나의 정신세계에 들어가 있는 것이다. 이 세계 안에 있는 인간에게 그 자신 사고의 정신적 세계처럼 지각으로서 다가오는 것을 인간이 정신적 지각 세계로 인식한다. 사고에 대해 **이** 지각 세계는 감각적 지각 세계가 감각의 방면을 향하는 것과 똑같은 관계에 있을 것이다. 이 정신적 지각 세계는 인간이 그것을 체험하는 즉시 더 이상 낯설게 머물지 않는다. 왜냐하면 인간이 직관적으로 사고하는 동안에 이미 순수하게 정신적인 성격을 띠는 체험을 하기 때문이다. 내가 이 책에 이어 출판한 책들에서 이와 같은 정신적 지각 세계에 관해 적잖이 서술했다. 나중에 펴낸 책들의 철학적 근간이 바로 이 『자유의 철학』이다. 왜냐하면 올바르게 이해된 사고-체험은 곧 정신-체험**이라는 것**을 보여 주고자 이 책에서 시도했기 때문이다. 이런 까닭에 이 책의 저자에게는 『자유의 철학』에 제시된 관점을 완전히 진지하게 받아들일 수 있는 사람은 정신적 지각 세계로 들어서기를 마다하지 않을 것으로 보인다. 그런데 필자가 후일 펴낸 책에 서술한 것을 이 책 내용에서 ─추론을 통해─ 논리적으로 도출해 내는 것은 불가능하다. 이 책에서 의미하는 직관적 사고

를 생생하게 파악하면, 자연스러운 결과로 더 생생하게 정
신적 지각 세계로 들어서게 된다.

첫 번째 부록

개정판에 즈음한 주석

1.　　　이 책이 출판된 직후 철학적 방면에서 몇 가지 이의[01]
가 나왔기에 짤막한 설명을 덧붙이게 되었다. 이 책에서 다
른 내용은 흥미롭지만 다음 내용은 자신과 무관하고 별 쓸
모없는 추상적 개념 놀이로 간주하는 독자가 더러는 있으
리라 충분히 예상하는 바이다. 그런 사람은 굳이 이 주석을
읽지 않아도 된다. 오로지 철학적으로 세계를 고찰할 때만
생겨나는 문제들이 있다. 그런데 이런 문제의 원천은 인간
사고 자체가 내딛는 자연스러운 발걸음이 아니라 철학자
의 특정 편견에 있다. 이 책에서 다룬 내용이 나에게는 세

---

01 원발행자 에두아르트 폰 하르트만의 이의(이 책 3장 각주08 참조)

계에 대한 인간의 관계와 인간 본질에 관한 명료한 답을 찾고자 노력하는 사람이라면 **누구나** 관심을 갖게 되는 숙제로 보인다. 그런데 다음 사항은, 이 책에 서술된 주제에 관해 이야기하는 경우 특정 철학자들이 —일반적으로는 존재하지 않는 특정 난관을 그들의 표상 양식을 통해 만들어 냈기 때문에— 다루어 주기를 요구하는 문제에 속한다. 이런 것을 무시하고 지나가면, 곧바로 특정 인물들이 나서서 비전문적이니 뭐니 하면서 비난한다. 그리고 이 책 자체에서 논의되지 않은 견해가 있는데, 이 책에 제시된 것과 같은 내용의 저자가 혹시 그것을 전혀 다루지 않는 게 아니냐는 생각이 항간에 생겨난다.

2.   내가 여기에서 말하는 문제란 바로 다음과 같은 것이다. 다른 사람의 영혼생활이 (관찰자인) 내 영혼생활에 어떻게 작용할 수 있는지를 파악하려면 특별한 난관이 생겨날 것이라는 의견을 가진 사상가들이 있다. 그들은 다음과 같이 말한다. "내가 의식한 세계는 내 내면에 완결되어 있다. 이와 똑같이 다른 사람이 의식한 세계도 그 자체로 완결되어 있다. 나는 타인의 의식 세계를 들여다볼 수 없다. 내가 그 타인과 공통된 세계 속에 있다는 것을 어떻게 알 수 있는가?" 의식된 세계를 근거로 의식될 수 없는 세계를 추

론하는 것이 가능하다고 여기는 세계관은 이 난관을 다음과 같은 방식으로 풀어 보려고 한다. "내 의식 속에 있는 세계는 내 의식으로 도달하지 못하는 실재 세계를 대리하는 세계다. 그리고 내 의식 세계를 불러일으키는 미지의 존재가 그 실재 세계 안에 있다. 그뿐만 아니라 그 안에는 내 진짜 존재도 들어 있다. 내 의식 속에는 진짜의 대리만 있을 뿐이다. 내가 만나는 타인의 진짜 존재 역시 그 실재 세계에 들어 있다. 타인이 의식 속에서 체험하는 것에 해당하는 실재는 그 사람 의식과 무관하게 실재 세계에 있는 그의 진짜 존재 속에 들어 있다. 타인의 이 진짜 존재가 의식될 수 없는 영역에서 원리상 의식되지 않는 내 진짜 존재에게 작용한다. 이로써, 의식되는 내 체험과 완전히 별개인 의식 속에 존재하는 것을 위한 대리가 내 의식 속에 만들어진다." 그러니까 내 의식이 도달할 수 있는 세계에 체험으로 도달할 수 없는 다른 세계를 가정해서 추가하는 것이다. 이렇게 하지 않으면, 내 앞에 있다고 생각되는 모든 외부 세계가 그저 내 의식 세계일 뿐이고, 결과적으로 타인 역시 내 의식 속에만 살고 있다는 —유아독존적인— 불합리가 나온다고 주장하도록 다그쳐질 것이라고 믿기 때문이다.

3.　　최근에 몇몇 인식론적 사조를 통해 생겨난 이 질문에

대한 명확한 답은 이 책 내용이 취한 관점, 즉 정신에 상응하는 관찰의 관점에서 주제를 조망하면 얻을 수 있다. 내가 다른 사람을 마주 대할 때 일단 내 앞에 무엇이 있는가? 나는 바로 내 앞에 있는 것을 본다. 그것은 내게 지각으로서 주어진, 타인의 감각적 육체 현상이다. 그 다음에 그 사람이 하는 말을 듣는 등 다른 지각이 더해진다. 그런데 나는 이 모든 것을 그저 멍하게 보거나 듣기만 하지 않고 사고 활동을 개시한다. 내가 사고하면서 타인 앞에 있으면, 지각이 특정한 의미에서 영적으로 투명해지는 특성을 보인다. 사고하면서 지각을 파악하는 동안 나는 그 지각이 외적 감각에 드러나는 그대로가 전혀 아니라고 말하도록 강요된다. 감각 현상은 있는 그대로의 직접적인 상태와 (사고를 통해) 매개된 간접적인 상태에서 각기 다르게 드러난다. 감각 현상이 '내-앞에-들어선다' 함은 동시에 단순한 감각 현상으로는 꺼진다는 말이다. 그런데 이 감각 현상이 꺼지는 중에 드러나도록 하는 것, 이것이 사고하는 존재인 나한테 감각 현상이 작용하는 시간 동안 내 사고를 꺼 버리고 그 자리에 **그 감각 현상의** 사고를 집어넣으라고 강요한다. 그런데 바로 **그 감각 현상의** 사고를 내가 사고 속에서 마치 내 것인 것처럼 체험으로 파악한다. 이로써 나는 타인의 사고를 정말로 지각한 것이다. 왜냐하면 감각 현상으로서 스스로를 꺼 버리는 동안 직접적인 지각이 내 사고를 통해 파악된 것이기 때문이다. 이는 완벽하게 내 의식 **속에** 존재하는 과정이며, 내 사고의 자리에 다른 사람의 사고가 자리 잡는다는 데에 기인한다. 감각 현상이 '스스로를-꺼-버림'으로써 두 의식 범주 사이의 격리가 사실상 사라지는 것이다. 두 의식 범주 사이의 격리가 사라진다는 것은, 내가 타인의 의식 내용을 체험하는 동안에는 깊은 잠에 빠진 상태와 똑같이 내 의식 내용을 거의 체험하지 않는다는 사실을 통해서 내 의식 속에 드러난다. 그러니까 타인의 의식 내용을 지각하는 동안에는 내 자신의 의식 내용이 차단된다는 말이고, 이는 깊이 잠들었을 때 내 일상적 의식이 차단되는 것과 똑같은 이치다. 이렇지 않아 보이는 착각은 두 가지 상황에 기인한다. 첫 번째는 타인을 지각할 때 지각하는 당사자의 의식 내용이 꺼지는 대신 그 자리에 잠을 잘 때처럼 무의식이 들어서지 않고 타인의 의식 내용이 들어선다는 것이다. 두 번째는 의식이 꺼지고 켜지는 교대가 너무 빠르게 잇따라 일어나기 때문에 보통 알아보지 못한다는 것이다. 우리 앞에 놓인 이 문제는 의식되는 것에서 절대 의식될 수 없는 것을 추론하는 인위적 개념 구조를 통해서가 아니라, 사고와 지각이 연결될 때 생겨나는 진정한 체험을 통해서 해결된다. 이는 철학 서적에 등장하는 수많은 질문에도 해당하는 사항이다. 철학자는 편견 없이 정신에 상응해서 관찰하는 방법을 찾아야 한다. 그런데 그렇게 하는 대신에 인위적 개념 구조를 실재 앞에 밀어넣는다.

4.　　　에두아르트 폰 하르트만의 〈인식론과 형이상학의 마지막 문제〉[02]에는 이 『자유의 철학』이 '인식론적 일원론'을 근거로 삼고자 하는 철학 사조로 분류된다.(〈철학과 철학적 비평지〉 108호, 55쪽 이하 참조) 인식론적 일원론의 관점은 에두아르트 폰 하르트만에 의해 불가능한 것으로서 부정된다. 그 이유는 다음과 같다. 그의 논술에 서술되는 표상 양식에 따르면 가능한 인식론적 관점에는 세 가지가 있다. 첫 번째는, 지각된 현상을 인간 의식 외부의 실제 대상으로 여기는 순진한 관점에 머물러 서 있는 것이다. 이 경

---

02 원발행자 〈인식론과 형이상학의 마지막 문제Die letzten Fragen der Erkenntnistheorie und Metaphysik〉 〈철학과 철학적 비평지Zeitschrift für Philosophie und philosophische Kritik〉, 제108호 (라이프치히, 896), 54~73쪽과 211~237쪽. '인식론적 일원론'에 관해서는 66~73쪽 참조. 71쪽에 루돌프 슈타이너의 이름을 직접 든다. 에두아르트 폰 하르트만은 『자유의 철학』에도 "이 책의 제목은 '인식론적 일원론과 도덕적 개인주의'라 …"는 비평을 방주로 달았다.

우에는 비판적 인식이 없는 것이다. 자신의 의식 내용과 더불어 자신의 의식 속에만 있다는 사실을 인정하지 않는다는 말이다. 예를 들어 탁자를 보는 경우 이 관점에서는 '탁자 그 자체'가 아니라 단지 자신의 의식 객체와 관계할 뿐이라는 것을 꿰뚫어 보지 못한다. 이 관점에 머무는 사람이나 요모조모 궁리해서 결국 이 관점으로 돌아오는 사람을 자연적 실재론자라 부른다. 그런데 이 첫 번째는 순진한 실재론자가 의식은 오로지 자신의 의식 객체만 지닌다는 사실을 부인한다는 이유 때문에라도 불가능한 생각이다. 이제 이 실상을 간파하고 완전히 시인하는 사람은 일단 선험적 관념론자가 된다. 그런데 이 사람은 '물자체'에서 어떤 것이 인간 의식 속으로 들어올 수 있다는 사실을 부정하는 수밖에 없다. 문제는, 선험적 관념론자가 아무리 일관되게 자기 생각을 충실히 따른다 해도 절대적 환상주의를 결코 피해 갈 수 없다는 것이다. 왜냐하면 그가 마주 대하는 세계가 의식 객체의 총계로, 더 정확히 말해 그 자신의 의식 객체의 총계로 바뀌기 때문이다. 결과적으로 타인들 역시 −황당무계하게− 오로지 자신의 의식 내용 속에만 존재한다고 생각할 수밖에 없는 상황에 이른다. 이제 가능한 것은 세 번째밖에 없다고 한다. 그것은 선험적 실재론이라 불린다. 이 관점은 '물자체'가 있기는 해도 의식이 그것과 어떤 방식으로든 직접 체험하며 관계할 수는 없다고 가정한다. 물자체는, 의식 객체가 의식 속에 등장한다는 것이 의식되지 않는 방식으로 인간 의식 저 너머에서 작용한다고 한다. '물자체'에 접근하는 것은, 인간이 체험은 했어도 단지 표상만 되는 의식 내용을 근거로 추론할 때 가능하다. 앞에 언급한 논설에서 에두아르트 폰 하르트만은 내 관점이 '인식론적 일원론'이라 하면서, 이 일원론은 사실상 방금 설명한 세 가지 관점 중에 하나를 신봉할 수밖에 없다고 주장한다. 일원론이 그렇게 하지 않는다면, 바로 그 자체적 전제 조건을 일관성 있게 따르지 않아서일 뿐이라 한다. 그리고 이어서 그 논설에 다음과 같이 쓴다. "이른바 인식론적 일원론자가 어떤 인식론적 입장에 속하는지 알아보고 싶다면, 몇 가지 질문을 한 다음에 그에 대한 답을 하라고 요구하면 된다. 왜냐하면 인식론적 일원론자 중 아무도 스스로는 그 점을 말하지 않을 것이기 때문이다. 그리고 어떤 대답이든 앞에 설명한 세 가지 관점 중에 하나로서 인식론적 일원론에 대한 권리가 취소될 것이라 다음과 같은 단도직입적 질문에 온갖 수단을 동원해 대답하기를 피할 것이다. 그 질문은 다음과 같다. 1. 사물은 **지속적으로** 존재하는가 **아니면 간헐적으로 존재하는가?** 사물은 지속적으로 존재한다는 답이 나온다면, 자연적 실재론 중에 어떤 형태와 관계하는 것이다. 간헐적으로 존재한다는 답이 나온다면, 선험적 관념론인 것이다. 사물이 한편으로는 (절대 의식의 내용으로서, 혹은 무의식적 표상으로서, 혹은 지각 가능성으로서) 지속적이고, 다른 한편으로는 (제한된 의식의 내용으로서) 간헐적으로 존재한다는 답이 나온다면, 선험적 실재론이라 정의할 수 있다. 2. 세 명이 탁자에 둘러앉아 있다면, **탁자의 본보기는 몇 개가 있는가?** 한 개라고 답하는 사람은 자연적 실재론자고 세 개라고 답하는 사람은 선험적 관념론자다. 네 개라고 답하는 사람은 선험적 실재론자다. 그런데 이렇게 답을 하려면, 세 사람의 의식 속에 있는 지각 대상으로서 탁자 세 개와 물자체로서 탁자처럼 본질적으로 다른 것을 '탁자의 본보기'라는 공통된 명칭으로 요약해도 된다고 미리 전제해야 한다. 이런 전제가 너무 큰 자유라 생각하는 사람은 '네 개' 대신에 '세 개와 한 개'라고 답해야 할 것이다. 3. 두 사람이 한 방에 함께 있다고 한다면, **이 사람들 본보기는 몇 개가 있는가?** 둘이라 대답하는 사람은 자연적 실재론자다. 넷(두 사람 각자의 의식 속에 있는 자신의 나와 앞에 있는 그 사람)이라고 대답하는 사람은 선험적 관념론자다. 여섯(물자체로서 두 사람, 두 의식 속에 있는 사람들의 표상 객체 네 개)이라고 대답하는 사람은 선험적 실재론자다. 인식론적 일원론이 이 세 가지 관점과 다르다는 것을 증명하고자 하는 사람은 이 세 가지 질문 모두에 반드시 각기 다른 답을 해야 한다. 어떻게 그렇게 답을 할 수 있는지 나는 잘 모르겠다." 『자유의 철학』은 다음과 같이 답한다. 1. 앞에 있는 대상에서 지각 내용만 파악하고 그것만 현실로 여기는 사람은 자연적 실재론자다. 자연적 실재론자는 앞에 놓인 대상의 **지각 내용**은 바라보는 동안에만 존속하는 것으로 간주되어야 한다는 점을 분명하게 하지 않는다. 그러니까 앞에 있는 그대로의 대상은 간헐적인 것이라 생각해야 하는데 자연적 실재론자는 그렇게 하지 않는다는 말이다. 그런데 그가 지각 가능한 동시에 사고 내용으로 관철된 것에만 실재가 들어 있다는 점을 분명하게 알아보는 즉시, **간헐적인 것으로서** 등장하는 지각 내용이 사고 속에서 작업된 것에 의해 관철되면 지속적인 것으로 드러난다는 것도 이해하게 된다. 그러므로 체험된 사고에 의해 파악된 지각 내용은 지속적인 것이라 간주해야 한다. 이 지각 내용에서 그저 지각되기만 한 것은, ─물론 그럴 리 없는데─ 그것이 진짜라면 간헐적인 것에 해당한다.

2. 세 명이 탁자에 둘러앉아 있다면, 탁자의 본보기는 몇 개가 있는가? 단 **하나만** 있다. 하지만 세 사람 모두 자신의 지각 그림에 머물러 있고 싶어 하는 **한에서** 다음과 같이 말할 수 있을 뿐이다. "**이** 지각 그림은 실재가 전혀 아니다." 세 사람 모두 자신의 사고 속에서 파악한 탁자로 건너가는 즉시 그 탁자는 **하나의** 실재로 드러난다. 그 세 사람은 자신들의 세 가지 의식 내용과 더불어 이 하나의 실재 속에 합일된 것이다. 3. 두 사람이 한 방에 함께 있다고 한다면, 그들의 본보기는 몇 개가 있는가? 여섯 개는 절대 아니고, ─선험적 실재론의 의미에서도 그렇지 않고─ 단 두 개만 있을 뿐이다. 두 사람 모두 처음에는 자신뿐 아니라 상대방에 대해서도 비실재적인 지각 그림만 가지고 있을 뿐이다. **이 그림은** 네 개가 있다. 두 사람의 사고 활동 속에 이 그림이 존재하는 데에서 실재의 파악이 일어난다. 이 사고 활동 속에서 두 사람 각자가 상대방의 의식 영역을 침해한다. 그러면 타인의 의식 영역과 내 의식 영역이 사고 활동 속에서 소생한다. 이렇게 소생하는 순간에는 두 사람 모두 잠이 들었을 때와 똑같이 자신의 의식 속에 들어 있지 않다. 바로 그 다음 순간에는 그 소생에 대한 의식이 다른 사람 내면에 등장한다. 이런 식으로 두 사람 각자의 의식이 사고하는 체험 속

에서 자신과 타인을 장악한다. 선험적 실재론자는 이 과정을 자연적 실재론으로 되돌아가는 것이라고 말할 것이다. 나도 그 점을 잘 알고 있다. 하지만 이 책에서 이미 언급했듯이, 자연적 실재론은 체험된 사고를 위한 정당성을 나름대로 유지한다. 이에 반해 선험적 관념론자는 인식 과정 속의 진정한 사실 관계를 절대 인정하려 하지 않는다. 그는 갖가지 생각으로 그물을 짜느라 이 인식 과정을 외면하고 결국 생각의 그물 속에 얽혀 들고 만다. 그리고 『자유의 철학』에 등장하는 일원론을 '인식론적' 일원론으로 불러서는 안 된다. 굳이 어떤 별명을 붙이고 싶다면 사고내용-일원론이라 해야 한다. 에두아르트 폰 하르트만은 이 모든 것을 오인하고 있다.[03] 그는 『자유의 철학』에 서술된 것의 특수성은

---

03 원발행자 이 장 각주02에서 언급한 책 71쪽. 에두아르트 폰 하르트만은 이와 동일한 비판을 『자유의 철학』 논평 결과로 제시하기도 했다.(이 책 3장 각주08 참조)

"이 책에서는 그 자체로 완벽한 흄의 현상론이 신에 근거하는 버클리의 현상학과도, 내재적 혹은 주체적 현상학이 헤겔의 초월적 범논리론과도, 헤겔의 범논리론이 괴테의 개인주의와도 화해되지 않았다. 이 구성 요소들 각 양자 사이에는 도저히 극복될 수 없는 심연이 벌어져 있다. 그러나 무엇보다도 현상론의 피할 수 없는 결론과 함께 독아론, 완벽한 환상주의, 그리고 불가지론으로 이끌어지고 있다는 것이 간과되며, 비철학의 나락으로 낙하하는 것을 방지하기 위한 아무

전혀 다루지 않고, 내가 **헤겔식**의 보편적 범논리론을 **흄**의 개인주의적 현상론에 연결하는 시도를 했다고 주장한다. (〈철학과 철학적 비평지〉 108호, 71쪽 논평 참조) 그런데 사실은 전혀 그렇지 않다. 쓰인 그대로의 『자유의 철학』은 이른바 합일을 시도했다고 주장되는 그 두 가지 관점과 아무 관계도 없다.(바로 이것이, 내가 예를 들어 요하네스 렘케의 '인식론적 일원론'[04]을 다룰 생각이 별로 없는 이유이기도 하다. 간단히 말해서 『자유의 철학』의 관점은 에두아르트 폰 하르트만과 여타 인식론적 일원론자들이 언급하는 것과 완전히 다르다)

대책도 없이 방관한다. 그 위험을 전혀 인식하지 않기 때문이다."

04 원발행자 요하네스 렘케Johannes Rehmke(1848~1930)_ 독일 철학자. 『지각과 개념으로서의 세계Die Welt als Wahrnehmung und Begriff』 (베를린, 1880), 『외부 세계에 대한 우리의 확신Unsere Gewissheit von der Außenwelt』(1894) 참조

두 번째 부록

1.　　이어지는 글은 이 책 초판본에 일종의 '서문'으로 실은 내용을 본질적인 모든 면에서 개서한 것이다. 내가 25년 전에는 이 책 내용과 직접적으로 관계하지 않는 사고 정취로 그 서문을 썼기 때문에, 이 발행본에는 **부록**으로 싣기로 한다. 이것을 완전히 생략하고 싶지는 않다. 왜냐하면 내가 나중에 쓴 정신과학적 저서들 때문에 초기 저서에서 어떤 것을 은폐하려고 한다는 말이 항간에 되풀이해 떠돌기 때문이다.

2.　　우리 시대가 **진실**을 얻고자 한다면, 오직 인간 존재 깊은 저변에서 길어 올릴 수 있을 뿐이다.[01] 그렇게 하기 위

01　여기에서는 초판 서문 중 맨 첫 부분만 생략했다. 그것이 지금은 전혀 중요해 보이지 않아서다. 그런데 그 외에 다른 내용은 우리

해 실러[02]가 알려 준 두 가지 길이 있다.

"진실을 구하니 우리 둘은, 너는 인생 저 바깥에서, 나는 영혼 속
깊은 곳에서, 그 길에서 각자가 틀림없이 발견하리니 진실을.
건강한 눈, 그것은 바깥에서 조우하리니 창조주를,
그것이 영혼이라면, 내면에 선명하게 비춰 주리니 세계를."

오늘날에는 특히 두 번째 길이 도움이 된다. 외부에서 우리
에게 다가오는 진실은 언제나 불확실성의 인장이 찍혀 있
다. 진실로서 우리 각자의 내면에 드러나는 것, 우리는 이것
만 믿기로 하자.

3.　　　오로지 진실만 개인적 능력의 발달을 보장할 수 있
다. 의심으로 괴로워하는 사람, 그의 능력은 마비된다. 수수
께끼로 머무는 세계에서 그는 창조적 활동의 목표를 발견
하지 못한다.

4.　　　우리는 더 이상 **믿고만** 싶지 않다. 우리는 **알고** 싶다.
믿음은 우리가 꿰뚫어 보지 못하는 진실을 인정하라고 요
구한다. 그런데 우리가 꿰뚫어 보지 못하는 것은 가장 깊은

동시대인들의 자연 과학적 사고방식에도 불구하고, 아니 바로 그
사고방식 때문에 지금도 반드시 말해야 할 필요가 있어 보인다.

02 옮긴이　프리드리히 실러Friedrich Schiller(1759~1805)_ 독일 시인,
철학자, 역사가

내면에서 모든 것을 철저하게 체험하고 싶어 하는 개인성에 거슬린다. 외적 기준을 절대 따르지 않고, 개인 내면의 삶에서 솟아나는 **앎**, 바로 이것만 우리를 만족시킨다.

5.　　　얼어붙은 듯 뻣뻣한 학계 규칙에 따라 최종 확정되어서 모든 시대에 해당하는 편람에 보관되는 그런 종류의 앎을 우리는 절대로 원하지 않는다. 우리는 인간 누구나 가장 가까운 경험에서, 가장 직접적인 체험에서 출발하고, 거기에서 우주 전체에 대한 인식으로 올라갈 자격이 있다고 본다. 우리는 확실한 앎을 추구한다. 하지만 각자가 자신의 고유한 방식으로 그렇게 한다.

6.　　　학문적 가르침 역시 무조건 인정하도록 강요하는 듯한 형태는 더 이상 띠지 말아야 한다. 우리들 중 아무도 학술적 논문에 **피히테**가 쓴 다음과 같은 제목을 붙이고 싶어 하지 않는다. "광범위한 청중을 대상으로 하는, 최신 철학의 고유한 본질에 대한 의심할 여지없는 명확한 보고, **독자의 이해를 강요하기 위한 시도**." 오늘날에는 그 누구도 어떤 것을 이해하도록 **강요받아서는** 안 된다. 어떤 견해를 알아보고 싶다는 특별하고 개인적인 욕구에 시달리지 않는 사람한테 우리는 어떤 인정도 동의도 요구하지 않는다. 아직 미성숙한 인간에게, 아동에게 어떤 인식을 주입할 생각도

없다. 우리가 구하는 것은 그들의 능력을 계발하는 것이다. 그렇게 하면 그들에게 이해하라고 **강요할** 필요가 없어진다. 오히려 그들이 스스로 이해하기를 **원하게** 된다.

7.　　　내가 현시대 특성과 관련해 어떤 환상에 빠져 있는 게 절대 아니다. 오늘날 개인성이 부재하는 천편일률적 유형의 사람들이 얼마나 많은지, 그리고 어떻게 그런 사람들이 널찍하게 자리 잡고 있는지 잘 알고 있다. 하지만 내 동시대인 중 다수가 암시한 방향의 의미에서 살기 위해 노력한다는 것도 잘 알고 있다. 바로 이런 사람들한테 이 책을 바치고 싶다. 이 책이 이야기해야 하는 것은 진실을 향해 가는 '유일하게 가능한' 길이 아니다. 이 책은 진실을 다루는 것이 최대 관심사인 사람이 걸어간 길에 관해서 **이야기한다.**

8.　　　이 책이 처음에는 독자를 추상적 영역으로 데려간다. 확실한 지점에 도착하기 위해 그 영역 안에서 사고내용이 뚜렷한 외형을 그려야만 한다. 하지만 그와 동시에 독자는 바로 그 메마른 개념을 근거로 구체적인 인생으로 인도된다. 나는, 모든 방면으로 현존을 철저히 체험하고자 하는 사람은 역시 개념의 에테르 범주로 높이 올라가야 한다는 의견이다. 그저 감각으로만 즐길 줄 아는 사람은 인생의 묘미를 알지 못한다. 동양의 스승들은 제자한테 자신이 알고

있는 것을 가르치기 전에 우선 여러 해 동안 금욕과 고행의 길을 거치도록 한다.[03] 오늘날 서양에서는 학문을 배우기 위해 경건한 수행이나 고행을 하라고 요구하지 않는다. 그 대신에 인생에서 생기는 직접적 인상을 잠시 뒷전에 밀어 두고 순수한 사고 세계 영역으로 들어갈 선한 의지를 요구한다.

9.　　인생에는 많은 분야가 있다. 각 분야마다 특별한 과학이 생겨나 발달한다. 하지만 인생 자체는 단일성을 이루고 있다. 그리고 과학이 개별 영역에서 더 깊이 파고들수록 생동하는 세계 전체를 관조하는 데에서 더 멀어지게 된다. 인간을 통합적 삶으로 다시 데려가는 요소를 과학의 각 분야에서 찾는 앎이 반드시 있어야 한다. 전문 분야의 학자는 인식을 통해서 세계와 그 작용에 관한 의식을 얻고자 한다. 이 책은 다음과 같은 철학적 사항을 목표로 삼는다. "과학 자체가 유기적으로-살아-있는 것이 되어야 한다." 각 분야별 과학은 이 책이 추구하는 과학의 전 단계다. 이와 유사한 관계가 예술에서 지배한다는 것을 알아볼 수 있다. 작곡가

---

03 원발행자 1894년 초판에는 '금욕적인'은 asketischen, '금욕적 수행승'은 Askese로 현대어로 썼는데, 1918년의 개정판에는 고어인 aszetischen, aszese로 쓰였다. 초고가 보관되지 않아서 이렇게 수정한 이유와 출처에 대한 정확한 정보를 제공할 수 없다.

는 작곡 이론을 바탕으로 창작한다. 작곡 이론은 작곡을 하는 전제 조건으로서 반드시 알고 있어야 하는 지식 총계다. 작곡 이론의 규칙은 작곡을 할 때 인생에, 즉 진짜 현실에 봉사하는 요소다. 정확하게 바로 이런 의미에서 철학은 일종의 **예술**이다. 진정한 철학자들은 모두 **개념 예술가**였다. 그들에게는 인간의 관념이 예술 재료가 되었고, 과학적 방법은 예술적 기교가 되었다. 그로써 추상적 사고가 구체적이고 개인적인 삶을 얻는다. 관념이 삶의 힘으로 바뀌는 것이다. 그러면 우리가 가지는 것은 어떤 대상에 관한 단순한 지식이 아니다. 지식을 스스로 지배하는, 실재적 유기체로 만든 것이다. 달리 말해 우리의 활동하는 진짜 의식이 진실을 단순히 수동적으로 받아들이는 단계를 벗어나 그 위에 섰다는 것이다.

10.   예술로서 철학이 인간 **자유에** 대해 어떻게 관계하는지, 인간 자유는 무엇인지, 그리고 우리가 그 자유에 관여하는지 혹은 관여할 수 있게 되는지, 이것이 이 책에 제시된 주요 질문이다. 이 외에 다른 모든 과학적 설명은 단 한 가지 이유 때문에 이 책에 들어 있다. 내가 보기에 인간에 가장 가까이 놓인 것이라 생각되는 질문에 결국 그것들이 답을 하기 때문이다. 일종의 '**자유의 철학**'이 이 지면에 주어

져야 한다.

11.   어떤 과학이든 **인간 개인의 현존재 가치**를 높이기 위해 노력하지 않는다면, 그것은 무의미한 호기심을 충족시키는 것에 불과하다. 과학은 그 결과가 인간에 어떤 의미가 있는지 서술함으로써 비로소 진정한 가치를 얻는다. 개인의 최종 목표는 개별적 영혼 능력을 정제하는 것이 아니라 내면에 잠자고 있는 모든 능력을 발달시키는 것이다. 과학은 인간이 타고난 소질 **전체를 모든 방면으로** 펼쳐 내는 데에 기여할 때만 가치가 있다.

12.   이런 까닭에 이 책은, 인간이 관념에 굴복하고 자신의 힘을 관념의 구현에 바쳐야 하는 게 아니라, 단순한 과학적 목표를 넘어서 나아가는 **인간적** 목표를 위해 관념을 이용하도록 인간이 관념 세계를 장악한다는 의미에서 과학과 인생의 관계를 파악한다.

13.   인간은 관념을 체험하면서 당당히 마주 대할 수 있어야 한다. **그렇지 않으면** 그것의 노예로 전락하고 만다.

참고 문헌

이 책에 서술된 내용을 심화하기 위해 참고할 만한
루돌프 슈타이너의 저술물 및 강의록

○●저술물

GA3 『진실과 과학Wahrheit und Wissenschaft』
_ '자유의 철학' 서곡(1892)

GA10 『고차 세계의 인식으로 가는 길: 어떻게 더 높은 세계를
인식하는가?Wie erlangt man Erkenntnisse der
höheren Welten?』
(밝은누리, 2003)

GA18 『윤곽으로 그린 철학 역사 속 철학의 수수께끼Die
Rätsel der Philosophie in ihrer Geschichte als Umriß
dargestellt』

GA35 『철학과 인지학: 논설집, 1904~1923Philosophie und
Anthroposophie: Gesammelte Aufsätze 1904~1923』
특히, 『인지학과 현시대의 인식론으로서의 정신과학』 참조

○● 강의

GA120 「카르마의 드러남Die Offenbarung des Karma」
총 10회 강의, 1910년 5월 16일~28일, 함부르크

GA150 「정신의 세계와 물질적 존재성으로의 침입. 살아 있는
자들의 세계 속 죽은 자들의 영향Die Welt des Geistes
und ihr Hereinragen in das physische Dasein. Das
Einwirken der Toten in der Welt der Lebenden」
총 10회 강의, 1913년 1월 12일~12월 23일, 여러 도시.
특히, 1913년 6월 10일 강의 『인지학적 인식으로 조명한
영혼의 자유』 참조

GA163 「우연성, 필연성, 섭리. 형상적 앎과 죽음 이후의
과정들Zufall, Notwendigkeit und Vorsehung.
Imaginative Erkenntnis und Vorgünge nach dem
Tode」
총 8회 강의, 1915년 8월 23일~30일, 9월 4일~6일,
도르나흐

GA166 「세계 사건과 인간 행동 속 필수적인 것과 자유
Notwendigkeit und Freiheit im Weltengeschehen
und im menschlichen Handeln」
총 5회 강의, 1916년 1월 25일~2월 8일, 베를린

GA179 「정신 존재와 그들의 영향. 역사적 필연성과 자유.
죽은 자들의 세계에서 오는 운명의 작용. 정신 존재와
그들의 영향. 3권Geistige Wesen und Ihre Wirkung
Geschichtliche Notwendigkeit und Freiheit.
Schicksalseinwirkungen aus der Welt der Toten.
Band III」
총 8회 강의, 1917년 12월 2일~22일, 도르나흐

GA185 「역사적 징후학Geschichtliche Symptomatologie」
총 9회 강의, 1918년 10월 18일~11월 3일, 도르나흐, 1918년
10월 27일의 제6회 강의 『'자유의 철학' 개정판 발간에
즈음한 상황적 고찰』 참조

『'자유의 철학'에 관한 루돌프 슈타이너의 말』
오토 팔머Otto Palmer(제2판, 슈투트가르트, 1967) 루돌프
슈타이너가 수많은 강의에서 이 책을 참고로 이용하기
때문에 참고 서적으로 추천한다.(원발행자)

1861 2월 27일 오스트리아 남부 철도청 소속 공무원의 아들로 크랄예비치(지금은 크로아티아에 속함)에서 태어남. 오스트리아 동북부 출신의 부모 밑에서 오스트리아의 여러 지방에서 유년기와 청소년기를 보냄

1872 비너 노이슈타트 실업계 학교에 입학해 1879년 대학 입학 전까지 수학

1879 빈 공과 대학에 입학. 수학과 자연 과학을 비롯하여 문학, 철학, 역사를 공부하고 괴테에 관한 기초 연구 시작

1882 최초의 저술 활동 시작

1882~1897 요제프 퀴르슈너가 주도하는 〈독일 민족 문학〉에서 괴테의 자연 과학 논문에 서문과 주해를 덧붙이는 일을 맡아 『도입문, 주해를 단 괴테의 자연 과학 논설문』 5권 (GA1a~e) 발간

1884~1890 빈의 한 가정에서 가정 교사로 생활

1886 바이마르 '소피'판 괴테 작품집 발간에 공동 작업자로 초빙. 『실러를 각별히 고려한 괴테 세계관의 인식론 기본 노선들』(GA2)

1888 빈에서 〈독일 주간지〉 발간. 빈의 괴테 회에서 강연 『인지학의 방법론적 근거: 철학, 자연 과학, 미학과 영혼학에 관한 논설집』(GA30)

1890~1897 바이마르에 체류하면서 괴테/실러 문서실에서 공동 작업. 괴테의 자연 과학 저작물 발간

1891 로스토크 대학에서 철학 박사 학위를 취득하고 이듬해에 박사 학위 논문 증보판 출판. 〈진실과 과학: 『자유의 철학』 서곡〉(GA3)

1894 『자유의 철학: 현대 세계관의 특징, 자연 과학적 방법에 따른 영적 관찰 결과』(GA4)

1895 『프리드리히 니체, 시대에 저항한 전사』(GA5)

1897 『괴테의 세계관』(GA6) 베를린으로 거주지를 옮기고 오토 에리히 하르트레벤과 함께 〈문학 잡지〉와 〈극 전문지〉(GA29~32) 발행. '자유 문학 협회', '기오르다노 브르노 연맹', '미래인' 등에서 활동

1899~1904 빌헬름 리프크네히트가 세운 베를린 '노동자 양성 학교'에서 교사로 활동

1900~1901 『19세기의 세계관과 인생관』 집필.(1914년 확장판으로 『윤곽으로 그린 철학 역사 속 철학의 수수께끼』(GA18) 발표) 베를린 신지학 협회 초대로 〈인지학〉 강의 『근대 정신생활 여명기의 신비학, 그리고 현대 세계관에 대한 그 관계』(GA7)

1902~1912 〈인지학〉을 수립하고 정기적인 공개 강연(베를린) 과 유럽 전역을 대상으로 하는 강의 활동 시작. 지속적인 협 력자로 마리 폰 지버스(1914년 슈타이너와 결혼, 이후 마리 슈타이너)를 만남

1902 『신비적 사실로서 기독교와 고대의 신비 성지』(GA8)

1903 잡지 〈루시퍼〉(GA34, 나중에 〈루시퍼-그노시스〉로 바꿈) 창간

1904 『신지학: 초감각적 세계 인식과 인간 규정성에 관하여』(GA9)

1904~1905 『고차 세계의 인식으로 가는 길』(GA10), 『아카샤 연대기에서』(GA11), 『고차 인식의 단계』(GA12)

1909 『윤곽으로 그린 신비학』(GA13)

1901~1913 뮌헨에서 『네 편의 신비극』(GA14) 초연

1911 『인간과 인류의 정신적 인도』(GA15)

1912 『진실의 힘으로 빚어 낸 말들』(GA40) 『인간 자아 인식으 로 가는 하나의 길』(GA16)

1913 신지학 협회와 결별. 인지학 협회 창립. 『정신세계의 문지 방』(GA17)

1913~1922 첫 번째 괴테아눔(목재로 된 이중 돔형 건축물로 스위스 도르나흐에 있는 인지학 본부) 건축

1914~1923 도르나흐와 베를린에 체류하면서 유럽 전역을 순회하며 강의 및 강좌 활동. 이를 통해 예술, 교육, 자연 과학, 사회생활, 의학, 신학 등 수많은 영역에서 쇄신이 일어나도록 자극. 동작 예술 오이리트미(Eurythmie, 1912년 마리 슈타이너와 함께 만듦)를 발전시키고 교육

1914 『인간의 수수께끼에 관하여』(GA20)『영혼의 수수께끼에 관하여』(GA21)『〈파우스트〉와 〈초록뱀과 아름다운 백합〉을 통해 드러나는 괴테의 정신성』(GA22)

1919 남부 독일 지역에서 논문과 강의를 통해 '사회 유기체의 삼지적 구조' 사상을 주장.『현재와 미래 생활의 불가피한 사항에 있어서 사회 문제의 핵심』(GA23),『사회 유기체의 삼지성과 시대 상황(1915~1921)에 대한 논설』(GA24). 같은 해 10월에 슈투트가르트에 죽을 때까지 이끌어 간 '자유 발도르프학교' 세움

1920 제1차 인지학 대학 강좌 시작. 아직 완성되지 않은 괴테아눔에서 예술과 강의 등 행사를 정기적으로 개최

1921 본인의 논문과 기고문을 정기적으로 싣는 주간지 〈괴테아눔〉(GA36) 창간

1922 『우주론, 종교 그리고 철학』(GA25). 12월 31일 방화로 괴테
아눔 소실(이후 콘크리트로 다시 지을 두 번째 괴테아눔의
외부 형태 설계)

1923 지속적인 강의와 강의 여행. 성탄절에 '인지학 협회'를 '일
반 인지학 협회'로 재창립

1923~1925 미완의 자서전 『내 삶의 발자취』(GA28) 및 『인지
학적 기본 원칙』(GA26) 그리고 이타 베그만 박사와 함께
『정신과학적 인식에 따른 의술 확장을 위한 기초』(GA27)
를 집필

1924 강의 활동을 늘리면서 수많은 강좌 개설. 유럽에서 마지막
강의 여행. 9월 28일 회원들에게 마지막 강의. 병상 생활
시작

1925 3월 30일 도르나흐에 있는 괴테아눔 작업실에서 눈을 감다.

옮긴이의 글

주변에 독일 사람들이 종종 나한테 인지학을 좀 알아보려면 무슨 책부터 읽어야 하느냐는 질문을 한다. 그럼 나는 서슴없이 『자유의 철학』을 권한다. 얼마 후 책이 어땠냐고 물어보면 주로 두 부류의 대답이 돌아온다. 도무지 이해할 수 없어서 읽기를 포기했거나, 끝까지 책장을 넘기기는 했어도 무엇을 읽었는지는 기억나지 않는다는 것이다.

내가 『자유의 철학』을 권하는 것은 루돌프 슈타이너의 초기 저서인 이 책이 인지학의 바닥을 이루는 것이기도 하지만, 쉽지 않은 내용을 작업해서 특정한 '영혼 체험 영역'[01]이 마련되면, 그렇지 않은 경우에 비해 인지학의 다른 서적을 지나치게 신비주의적 관점으로 '해석하는' 오류에 빠지지 않을 것이기 때문이다. 물론 『신지학』이나 『윤곽으로 그린 신비학』 같은 인지학 기본 서적으로 시작할 수도 있다. 하지만 그런 책을 위한 기본적 사고 수련을 해야 한다면 결코 건너뛸 수 없는 것이 『자유의 철학』이다.

이 기본적 사고 수련은 인지학과 관계하고 싶지 않은 사람에

---

01 이 책 '머리말' 참조

게도 당연히 해당한다. 이 책의 부제가 그것을 시사한다. '자유의 철학'이라는 제목이 표어처럼 널리 알려진 터라 사람들이 이 책에 **'현대 세계관의 특징: 자연 과학적 방법에 따른 영적 관찰 결과'**라는 굉장히 특이한 부제가 있다는 것은 거의 기억하지 못한다. 그런 것이 과연 어떻게 가능한가, 자연 과학에 대단히 비판적인 루돌프 슈타이너가 왜 하필이면 그 분야의 방법론을 이용하는가 등, 이 부제에서 사실은 적잖은 의문이 생겨나야 한다. 루돌프 슈타이너는 자연 과학계가 그 자체의 해당 소관인 물질 영역을 벗어나 인간 생활의 다른 영역에 영향을 미치는 것을 비판하지 자연 과학적 방법 자체를 부정하지는 않는다. 오히려 오늘날 인간의 사고는 하나의 사실에서 다음 사실로 체계적이고 투명하게 전진하는 자연 과학적 방법으로 수련되어야 한다고 주장한다.

이해하기 어려우니 뭐니 해도 나는 루돌프 슈타이너가 정말로 친절하게 독자를 배려했다는 생각이다. 왜냐하면 개정판의 머리말에서 이미 이 책의 골자를 알려 주는 데 그치지 않고 심지어 희망에 찬 암시까지 하기 때문이다. 일곱 문장으로 된 첫 문단에서 루돌프 슈타이너는 인간 존재와 자유에 대한 두 가지 근본 질문을 제시하며 두 번째 질문인 인간의 '자유'가 첫 번째인 인간의 '진실'에 관한 질문의 답을 통해 정당화될 것이라고 하니 이보다 더 큰 희망을 주는 말이 어디에 있는가?

첫 번째 근본 질문을 다루는 1부 '자유의 과학'은 실제로 읽기가 대단히 어렵다. 그 이유는 루돌프 슈타이너의 특이한 표현 양식이나 새로운 개념 정의에 있기도 하지만, 사실은 자연 과학적 사고 양식으로 완전히 관철된 언어를 사용하는 현대인으로서 우리가 인간의 사고는 두뇌의 기능으로 생겨나는 주관적인 것이며, 관념이나 개념, 영혼, 정신, 정신세계 등은 실재와 무관한 추상적인 것 아니면 믿음의 대상이라는 편견에 철저하게 사로잡혀 있기 때문이다. 이런 편견이 얼마나 뼛속 깊이 천착되어 있는지는 영성적이라 자칭하는 사람, 심지어는 '인지학을 하는 사람도' 정신과 영혼을 제대로 구분하지 못하고 이른바 '신'에 관해 모호한 일반적 개념만 지닌다는 데에서 여지없이 드러난다.

루돌프 슈타이너에게 진정한 의미의 인간은 언제나 '정신 존재'며, 육체는 정신의 외관이다. 육체를 데리고 사는 인간이 감각 기관을 통해 외부 세계의 지각을 조우하는 것과 똑같은 이치로 정신 존재로서 인간은 사고라는 '정신적 기관'을 통해 관념 세계를 직관한다. 실재는 외부의 지각에서 점화된 사고를 통해 관념 세계에서 해당 개념을 건져 내 그 지각에 연결함으로써 인식된다. 그리고 정신적 기관인 사고를 통해 인간이 스스로 만들어 낸 사고내용을 고찰 객체로 삼아 계속 사고하는 예외 상태가 인간이 할 수 있는 가장 중요한 활동이며, 루돌프 슈타이너가 끝없이 강조하는 '감각으로부터 자유로운 사고'의 시작이다. 사고에 대한 편견으로 인해 현대인에게는 그 예외 상태가 어쨌든 '형성 중에 용해되고 마는 사고내용 형상에 얽힌 자신을 보게'[02] 만드는 것이니, '감각으로부터 자유로운 사고'는 황당무계한 소리로 들리기 마련이다. 그런데 루돌프 슈타이너는 바로 그것을 '체험하는' 데에 『자유의 철학』의 주된 의미가 있다고 한다.

"… 『자유의 철학』은 … 일종의 악보다. 독자가 지속적으로

---

02 이 책 5장 개정판에 즈음한 주석 참조

자신을 기반으로 하나의 사고내용에서 다음 사고내용으로 전진하기 위해 내적인 사고 활동을 하면서 그 악보를 읽어야만 하게 되어 있다. … 독자의 사고하는 협력을 고려했으며, 멀리는 그런 사고 작업을 함께하면서 영혼이 다르게 되는 것도 고려했다. 자신의 진정한 영적 사고 작업을 통해 끝까지 읽은 후 영혼생활의 한 가지 요소 속에서 그 이전에는 파악하지 않았던 자신을 파악했다는 것을 고백하지 않는 사람, 자신이 평범한 표상을 벗어나 감각으로부터 자유로운 사고로 고양되었다는 것을 감지하지 못하는 사람, 어떻게 이 사고 속에서 신체성의 전제 조건에서 자유로워졌는지 느끼지 못하는 사람, 그는 『자유의 철학』을 올바른 의미에서 읽지 않은 것이다. 그리고 그렇게 고백할 수 없는 사람은 근본적으로 제대로 이해하지 못한 것이다. 다음과 같이 말할 수 있어야 한다. "내가 거친 영적 사고 작업을 통해서 사실상의 순수한 사고가 무엇인지 이제는 알 수 있다." … "[03]

---

03 『자연 인식의 한계와 그 극복Grenzen der Naturerkenntnis und ihre Überwindung』(GA322) 여덟 번째 강의 참조

자갈밭 갈기에 비교할 수 있을 정도로 힘든 영적 노동을 요구하는 1부가 끝날 무렵부터 문장이 좀 짧아지고 속도가 붙는다. '자유의 실재'를 다루는 2부는 실생활과 직접 관계하는 내용인데다 종종 유머까지 곁들여져서 읽기가 한결 편안해진다. 특히 9장 자유의 관념은 실질적 '자유 연습'을 할 기준을 제시한다. 정기적으로 저녁에 시간을 좀 내서 성격학적 소질과 동기라는 양면의 각세 단계에 따라 하루 일과를 돌아보는 것이다. 예를 들어서 아침에 식구들을 위해 밥상을 차린 것은 성격학적 소질에서 보아 도덕적 예의 혹은 실질적 경험에 따른 것인가? 동기에서 보아 순수한 이기주의 아니면 책략적 도덕 아니면 양심에 따른 것인가? 이런 식으로 하루 종일의 행위를 세세히 분류해 본다. 물론 간사하기 짝이 없는 영혼의 치장을 완전히 걷어 내고 절대적으로 솔직하게 자신을 들여다 보는 게 처음에는 그리 쉽지만 않고, 혐오감이 일어나기도 한다. 하지만 장기간 정기적으로 이 연습을 하면서 자신의 행위를 반추하면, 대부분의 행위가 자유롭지 못하다는 것을 의식하는 동시에 그런 행위를 지양하기 위한 힘도 차츰차츰 생겨나 인생에서 '이미 성취한 것을 이용해 비밀에 가득 찬 삶을 갈망과 숙명이 들어서도록 부추기는 넓이와 깊이로 변화시킬'[04] 가능성도 발견하게 된다.

*

　내 번역서 몇 가지가 나온 후 학식 높으신 분들이 오늘날 철학이나 심리학에서 이 단어는 이렇게 저 단어는 저렇게 번역해야한다고 친절하게 교정한다는 소문이 가끔씩 들려왔다. 기껏 조형예술가인 내가 독어는 Learning by Doing으로 독학했고 머리에 피도 마르지 않은 마흔에 감히 루돌프 슈타이너의 책을 번역하겠다고 나댔으니 첫 번역서가 별로 시원찮다는 것을 무조건 인정하고, 그런 형편없는 물건을 책으로 낸 것에 백배사죄한다. 그리고 번역은 어쨌든 수많은 차선 중에 최선이라 생각되는 한 가지를 선택하는 일이니 다른 사람이 다른 단어를 쓴다는 데 반대할 이유도 없다. 그런데 20년 세월 동안 하루도 빠짐없이 루돌프 슈타이너의 책

04 이 책 '머리말' 참조

을 번역해 온 지금 돌아보면, 철학이나 심리학 등 고귀한 학문을 통해 머리가 여름날 쉰밥처럼 지성적으로 시큼해지지 않게 배려한 내 카르마에 그저 감사할 뿐이다. 만약에 내 전공이 철학이라면, 이 책은 에두아르트 폰 하르트만에게 그랬던 것처럼 수많은 철학 서적 중에서도 어설픈 초보자의 산물로 남았지 내 인생을 바꿀 만한 힘은 주지 못했을 것이다.

이제는 머리에 피가 말라 가는 나이가 되었으니 매우 주제넘은 말을 해도 된다면, '정신 차원'을 간과하고 어떤 학문이나 사상으로 인지학을 다루는 한 오인할 수밖에 없다는 것이다. 인지학을 전형적 서양 정신의 '논증적, 지성적 연구' 대상으로 만들면, 그 결과로 나오는 양상은 다른 어느 곳도 아니고 인지학 협회, 괴테아눔, 발도르프학교 연합 등의 명칭으로 불리는 인지학계 조직에서 선명하게 알아볼 수 있다. 이른바 '코로나 팬데믹' 때 그런 조직이 새로운 것을 일구어 내기에는 직관 부재라 루돌프 슈타이너의 유산으로 연명하며 권력을 행사하는 사람들의 집단이라는 것을 그들 스스로 만방에 당당하게 공개하지 않았던가!

『자유의 철학』을 읽으려면 다른 철학에 관한 지식이 좀 있어야 하는 게 아니냐는 질문도 종종 받는데, 지금까지의 이야기에 따라 그럴 필요가 없다고 짐작할 수 있을 것이다. 이 책에 다수의 유명 철학자들이 인용되는데, 거기에서 중요한 것은 루돌프 슈타이너가 그들의 생각에서 자신의 생각을 점화시켜 발달시키는 양식, 즉 타인의 사고내용을 '영혼의 지각 객체', 더 정확히 말해 '직관 객체'로 만들어 관념 세계에서 다른 개념의 실마리를 찾아내 사고의 직물을 자아내는 '예술적 활동'이다. 루돌프 슈타이너가 그렇게 사고의 직물을 자아내는 과정을 완전한 백지 상태의 영혼으로 함께 오르락내리락하며 생생하게 '체험하는 것'이 최상이다. 물론 원서를 읽을 때 그렇다는 것이고, 번역서는 아무래도 언어의 차이와 번역가의 무능으로 인해 체험의 질이 저하되는 게 사실이다. 20년 만에 완전히 새로 번역한 이 책이 독자의 그 체험에 첫 번역서보다 조금은 더 도움이 되기를 희망해 본다. 그리고 20년 후에 내가 저 세상으로 건너가기 전에 이 두 번째 번역서의 수준에 대해 다시 한번 용서를 구하며 좀 더 나은 세 번째를 세상에 선보일 수 있기를 기대한다.

5년씩이나 내 원고를 붙잡고 씨름한 푸른씨앗 출판사 식구들, 특히 옮긴이가 별 생각 없이 습관적으로 쓰는 표현을 예리하게 지적하고 교정한 최수진님, 수고 많이 했다는 말과 고마움을 전한다. 그리고 늘 내 마음속 깊은 곳에 자리 잡고 있는 '루돌프 슈타이너 원서 번역 후원회' 회원들과 인지학의 기본서 중에 기본서인 『자유의 철학』 개정판 출간의 기쁨을 나누고 싶다.

2024년 6월
독일 에르푸르트에서

함께 읽으면 좋은 ——

푸른씨앗 책

신지학_ 초감각적 세계 인식과 인간 규정성에 관하여 GA9
루돌프 슈타이너 저술 | **최혜경** 옮김

인지학을 이해하는 기본서로 꼽는다. "감각에 드러나는 것만 인정하는 사람은 이 설명을 본질이 없는 공상에서 나온 창작으로 여길 것이다. 하지만 감각 세계를 벗어나는 길을 찾는 사람은, 인간 삶이 다른 세계를 인식할 때만 가치와 의미를 얻는다는 것을 머지않아 이해하도록 배운다."_책 속에서

127×188 | 304쪽 | 20,000원

인간 자아 인식으로 가는 하나의 길 GA16
루돌프 슈타이너 저술 | **최혜경** 옮김

인간 본질에 관한 정신과학적 인식, 8단계 명상. 『고차 세계의 인식으로 가는 길』의 보충이며 확장이다. "이 책을 읽는 자체가 내적으로 진정한 영혼 노동을 하도록 만든다. 그리고 이 영혼 노동은 정신세계를 진실하게 관조하도록 만드는 영혼 유랑을 떠나지 않고는 견딜 수 없는 상태로 차츰차츰 바뀐다."_책 속에서

127×188 | 134쪽 | 14,000원

내 삶의 발자취 GA28
루돌프 슈타이너 저술 | **최혜경** 옮김

루돌프 슈타이너가 직접 어린 시절부터 1907년까지 인생 노정을 돌아본 글. 〈인지학 협회〉 측근들 요구에 따라 주간지에 자서전 형식으로 연재하였다. 인지학적 정신과학의 연구 방법이 어떻게 생겨나 완성되어 가는지 과정을 파악하는 데 중요한 자료이다.

127×188 | 760쪽 | 35,000원 | 양장본

e북

죽음, 이는 곧 삶의 변화이니! GA182
루돌프 슈타이너 강의 | **최혜경** 옮김

세계 대전이 막바지에 접어든 1917년 11월부터 1918년 10월까지 루돌프 슈타이너가 독일과 스위스에서 펼친 오늘날 현실과 직결되는 주옥같은 강의. 근대에 들어 인류는 정신세계에 대한 구체적인 관계를 완전히 잃어버렸지만, 어떻게 정신세계가 여전히 인간 사회에 영향을 미치는지를 보여 준다.

◦ 천사는 우리의 아스트랄체 속에서 무엇을 하는가? (90쪽)
◦ 어떻게 그리스도를 발견하는가? (108쪽)
◦ 죽음, 이는 곧 삶의 변화이니! (90쪽)

105×148 | 112쪽 | 18,000원(3권 세트)
e북

꿀벌과 인간 GA351
루돌프 슈타이너 강의 | **최혜경** 옮김

괴테아눔 건축 노동자를 위한 '꿀벌'에 대한 강의 모음. 양봉가의 질문으로 시작되는 이 강의록에서 노동자들의 거침없는 질문에 답하는 슈타이너를 만난다. 꿀벌과 같은 곤충, 인간, 세계의 연관성을 설명하고, 이를 간과하고 양봉과 농업이 수익만 중시하면 미래에 어떤 일이 일어날 것인지 경고한다.

148×210 | 233쪽 | 20,000원
e북

7~14세를 위한 교육 예술 GA311
루돌프 슈타이너 강의 ┃ 최혜경 옮김

루돌프 슈타이너의 생애 마지막 교육 강의. 최초의 발도르프학교 전반을 조망한 경험을 바탕으로, 7~14세 아이의 발달 변화에 맞춘 혁신적 수업 방법을 제시한다. 생생한 수업 예시와 다양한 방법으로 교육 예술의 개념을 발전시켰다. 전 세계 발도르프학교 교사들의 필독서이자 발도르프 교육에 대한 최고의 소개서

127×188 ┃ 280쪽 ┃ 20,000원
e북

청소년을 위한 교육 예술 GA302
루돌프 슈타이너 강의 ┃ 최혜경 옮김

14, 15세 무렵 아이들에게 나타나기 시작하는 전형적인 특성의 원인을 인지학적 정신과학으로 고찰하고, 지금까지와는 다른 수업 방식을 찾아야 한다고 역설한다. 모든 감각이 세상을 향해 열려 있는 청소년에게는, 의미 있고 삶을 제대로 파악할 수 있는 내용을 아이들 내면에 활기찬 느낌이 가득 차도록 수업해야 한다고 강조하고 있다.

127×188 ┃ 268쪽 ┃ 20,000원
e북

자연 과학에 대한 새로운 접근 I_광학 GA320
루돌프 슈타이너 강의 ┃ 최혜경 옮김

최초 발도르프학교에서 교사들의 요청으로 행해진 첫 번째 자연 과학 강의. 괴테의 '현상 주의' 연구 방법으로 빛, 색채, 음향–질량, 전기, 자기 현상을 탐구한다. 자연 현상에 대한 인간 스스로의 체험이 갖는 의미를 강조하며, 자연 과학이 결국 인간에 대한 앎으로 이어지는 길임을 보여 준다.

127×188 ┃ 384쪽 ┃ 25,000원

'씨앗주머니'는 출간까지 시간이 오래 걸리는 원고를 독자들이 보다 빨리 만날 수 있도록 정식 교정과 편집을 거치지 않은 제본으로 기획한 출판 형태입니다. '도서출판 푸른씨앗'은 씨앗주머니를 통해 인지학과 발도르프 교육의 씨앗이 곳곳에 자리 잡는 데 도움이 되었으면 합니다.(선주문 후 제작)

주문 www.greenseed.kr

윤곽으로 그린 신비학 GA13
루돌프 슈타이너 강의 | 최혜경 옮김
210 × 297 | 236쪽 | 25,000원

인지학적 기본 원칙 GA26
루돌프 슈타이너 강의 | 최혜경 옮김
210 × 297 | 170쪽 | 22,000원

정신과학적 인식에 따른 의술 확장을 위한 기초 GA27
루돌프 슈타이너 강의 | 최혜경 옮김
210 × 297 | 130쪽 | 20,000원

인지학-영혼학-정신학 GA115
루돌프 슈타이너 강의 | 최혜경 옮김
210 × 297 | 260쪽 | 25,000원

감각 세계와 정신 세계 GA134
루돌프 슈타이너 강의 | 최혜경 옮김
210 × 297 | 126쪽 | 20,000원

최혜경 www.liilachoi.com

본업은 조형 예술가인데 지난 20년간 인지학을 공부하면서 루돌프 슈타이너의 책을 번역하고 있다. 쓸데없는 것에 관심이 많은 사람이라 그림 그리고 번역하는 사이사이에 정통 동종 요법을 공부해 왔다.

번역서_ 『발도르프학교와 그 정신』,『교육 예술 1, 인간에 대한 보편적인 앎』,『교육 예술 2, 발도르프 교육 방법론적 고찰』,『교육 예술 3, 세미나 논의와 교과 과정 강의』,『발도르프 특수 교육학 강의』,『사회 문제의 핵심』,『사고의 실용적인 형성』,『인간과 인류의 정신적 인도』,『젊은이여, 앎을 삶이 되도록 일깨우라!』 밝은누리

『천사는 우리의 아스트랄체 속에서 무엇을 하는가?』,『어떻게 그리스도를 발견하는가?』,『죽음, 이는 곧 삶의 변화이니!』,『인간 자아 인식으로 가는 하나의 길』,『꿀벌과 인간』,『신지학』,『내 삶의 발자취』,『7~14세를 위한 교육 예술』,『청소년을 위한 교육 예술』,『자연 과학에 대한 새로운 접근 I _광학』 도서출판 푸른씨앗

저 서_ 『유럽의 대체 의학, 정통 동종 요법』 북피아

재생 종이로 만든 책

푸른씨앗은 친환경 종이에 콩기름 잉크로 인쇄하여 책을 만듭니다.

겉지   한솔제지 인스퍼 시그니처 로즈핑크 250g/m²
속지   전주 페이퍼 Green-Light 80g/m²
인쇄   (주) 도담프린팅 | 031-945-8894
글꼴   윤서체_ 윤명조 700_ 10.3pt
책 크기 127×188

이 책의 표지에는 Yoon 윤명조 700, Yoon 윤고딕 700, DX시인과 나, DX별과그대 내지에는 Yoon 윤명조 700, Yoon 윤고딕 700, 나눔바른고딕, DX시인과 나, DX별과그대, Minion Pro 서체를 사용했습니다.